教育部人文社会科学研究规划基金项目（项目批准号：14YJA630072）
江苏高校优势学科建设工程资助项目
A Project Funded by the Priority Academic Program
Development of Jiangsu Higher Education Institutions

On the Integration of Employment of Lean City Based on the Evolution of Spatial Distribution of Labor Force in the City Group Around Yangzi Delta

基于长三角都市圈劳动力空间演化
精益城市就业集成研究

谢茂拾 / 著

中国财经出版传媒集团
经济科学出版社
Economic Science Press

图书在版编目（CIP）数据

基于长三角都市圈劳动力空间演化精益城市就业集成研究/谢茂拾著．—北京：经济科学出版社，2016.11
ISBN 978－7－5141－7482－3

Ⅰ.①基…　Ⅱ.①谢…　Ⅲ.①长江三角洲－城市群－劳动就业－研究　Ⅳ.①D669.2

中国版本图书馆CIP数据核字（2016）第285587号

责任编辑：刘　莎
责任校对：王苗苗
责任印制：邱　天

基于长三角都市圈劳动力空间演化精益城市就业集成研究
谢茂拾　著
经济科学出版社出版、发行　新华书店经销
社址：北京市海淀区阜成路甲28号　邮编：100142
总编部电话：010－88191217　发行部电话：010－88191522
网址：www.esp.com.cn
电子邮件：esp@esp.com.cn
天猫网店：经济科学出版社旗舰店
网址：http://jjkxcbs.tmall.com
北京万友印刷有限公司印装
710×1000　16开　19印张　230000字
2016年11月第1版　2016年11月第1次印刷
ISBN 978－7－5141－7482－3　定价：66.00元
（图书出现印装问题，本社负责调换。电话：010－88191510）

前　言

长江三角洲地区都市圈（长三角都市圈）作为世界“六大都市圈（城市群）”之一，其地理范围涵盖了上海市，江苏省的南京、苏州、无锡、常州、镇江、扬州、泰州、南通8市，以及浙江省的杭州、宁波、嘉兴、湖州、绍兴、舟山、台州7市，共由沪苏浙16个省级、副省级和地级市组成，国土面积、人口和国内生产总值分别占全国的1.14％、6.32％和15.81％，第二、三产业就业占全国的11.24％[①]，在我国经济中居于十分重要的地位。经过20世纪80年代至今30多年的持续发展，长三角都市圈已经逐步成为全球重要的先进制造业和现代服务业中心，同时也是我国吸引劳动力最多的就业中心，其未来充满希望。但是由于历史与现实的诸多因素的交互作用，长三角都市圈与我国其他发达、较发达地区的城市一样，在区域发展与就业方面仍然存在诸多严峻和亟待解决的问题。譬如，由于过去的贫穷所带来的人们对于经济快速发展的急切期盼，使得社会更多地将着眼点放在物质财富的尽快增长上，而

① 数据来源于浙江省、上海市和江苏省各年出版的统计年鉴和政府公报。

On the Integration of Employment of Lean City Based on the Evolution of Spatial Distribution of Labor Force in the City Group Around Yangzi Delta

在产业扩张上没有对其带来的环境侵蚀给予足够的重视，结果造成了城市发展过程中一系列日益严重的问题。譬如，资源的庞大无节制消耗，城市废渣、废水、废气的大量排放给城市生产生活带来了极大负面效应；面对意料不到的城市空间扩张，管理者缺乏对未来的长远考虑和科学预测规划，使得社会与管理当局只能让其随机式的无序延伸，结果造成了城市基础设施严重失衡，城市老区、核心区和中心区人口高度密集，各种设施投入庞大，地面交通网络和地下管网紊乱，交通拥堵，管理困难，而新城区和城市郊区则又因基础设施薄弱或者规划不当等，其经济发展与就业不得不承受城市配套设施不足的严重掣肘；由于城市对于自身第二、三产业的快速发展缺乏必要的思想准备，大批涌进长三角都市圈就业的外地移民，以及转移到城市二、三产业就业的大批区域内农村剩余劳动力，使得城市社会管理凸显疲态，外来人口在就业、居住、身份、医疗、社会保障、子女上学等方面的一系列问题，不但给城市传统社会生态带来了诸多冲击，而且也对城市的承载力和内在潜力的发挥造成了严重影响……

在长三角都市圈众多的问题中，特别值得指出的是其就业所面临的一系列挑战。表面上看，30 多年来长三角都市圈劳动力空间分布演化似乎有着一个强势政府的行政调节，实际上，劳动力就业的移动变迁还是一个受市场规律驱使的自然过程。正因为如此，30 多年来长三角都市圈就业在取得巨大成就、成为我国第二、三产业吸纳劳动力最多的城市群的同时，其在城市区域、产业和行业就业分布与结构上所面临的挑战也越来越大。这种挑战主要表现在：城市区域间就业严重不合理，即城市核心区、中心区就业与郊区、远郊就业之间存在严重失衡；第二、三产业就业之间在总量和区域分布量上存在严重失衡；第二、三产业内部各个行业就业结构之间，尤其是第三产业内部各个行业就业之间在总量和区域分布上存在严重失衡；第一、二、三产业就业及其内部各个行业就业之间在区域流动转换和行业流动转换上存在严重失衡；等等。从现有实证数据观察，长三角都市圈经济虽然仍在沿袭已有发展势头，但是，其多年来增加就业的势头则在近几年已经明显减弱甚至已出现滞涨态势；同时，如前述已经提到的城市诸多问题，也未能得到根本性的改观，有些问题甚至仍在呈现进一步的累积沉淀之势。

社会对于长三角都市圈的经济发展特别是就业的扩大寄予了很高的期望。而面对长三角都市圈目前所遇到的一系列就业问题与困难，人们也期望能够将这些发展中的问题和困难加以有效的解决，以能使长三角都市圈不仅成为我国经济和就业中心，同时也真正成为影响世界的重要经济与就业中心。基于这样的考虑，本书试图在系统总结长三角都市圈近 30 多年来劳动力空间分布演化历史轨迹、特征和规律，以及该地区就业发展过程的经验教训，并尽可能吸纳已有研究成果的基础上，探讨一条促使长三角都市圈就业的可持续发展路径——走“精益城市就业集成”的新型扩大就业之路，以期使长三角都市圈彻底告别传统的就业粗放型就业城市样式，成为一个能够容纳更多更高质

On the Integration of Employment of Lean City Based on the Evolution of Spatial Distribution of Labor Force in the City Group Around Yangzi Delta

量就业人群，具有高就业、高价值、高节能、高清洁、低碳排的现代城市文明形态，以及一个精益求精和尽善尽美的特大城市群。

“精益城市就业集成”是一个大胆的就业模式设计，也是作者的一个大胆思考，其理论价值和实践意义是显而易见的。本书将对此进行系统实证和初步理论论证。一方面，作者是抱着以天下为己任的态度去尝试研究新的前沿未知地带；另一方面，作者也是抛砖引玉，试图以此引起社会各界对于长三角都市圈精益城市就业集成的关注和批判，以期获得未来这方面研究的新启示和新动力。

目　录

On the Integration of Employment of Lean City Based on the Evolution of Spatial Distribution of Labor Force in the City Group Around Yangzi Delta

On the Integration of Employment of Lean City Based on the Evolution of Spatial Distribution of Labor Force in the City Group Around Yangzi Delta

第一章　理论基础与研究框架设计

第一节　研究的理论基础

一、国外研究就业理论现状与趋势

国外对于就业理论的研究，一般是与对经济增长的研究紧密结合在一起的，其已有 200 多年历史，并形成了系统的理论成果。亚当·斯密（1776）最早阐述了劳动数量增加和质量提高都会引起国民财富增长的就业理论[1]。其后到 19 世纪末的 100 多年时间里，西方经济学界对经济增长、经济结构和就业关系进行了广泛的卓有成效的研究，产生了大量的研究成果。譬如，阿尔弗雷德·马歇尔在 1890 年出版的被公认为经济学发展史上一个里程碑《经济学原理》著作中，不但集 18 世纪 70 年代以后西方经济学发展之大成，从而为西方经济学中的微观经济学理论体系的建立奠定了基础，并且从局部均衡的角度对就业即劳动的供给与需求进行了开创性的研究，认为“任何行业的劳动供给毕竟或多或少是密切适应劳动的需要”，劳动供需均衡可以在充分竞争的市场得到实现[2]。这之后，西方经济学界对于就业问题的研究不断走向拓展与深入，研究成果十分丰富多彩。

1. 20世纪就业理论研究现状

20世纪以来，在众多关于就业与经济增长、经济结构之间关系的理论研究中，克拉克（1940）定律、凯恩斯就业理论、哈罗德（1939）和多马（1946）模型、刘易斯（1954）的二元经济结构理论、索罗—斯旺（1956）模型、奥肯（1962）定律、库兹涅茨（1966）和钱纳里（1975）[3]的产业结构理论、罗默（1986）和卢卡斯（1988）[4]的新经济增长理论等是现代就业理论的经典代表。其中又有不少著名的就业理论成果在世界产生了重大持久的影响。譬如：

（1）克拉克就业定理。

1940年，英国经济学家柯林·克拉克在《经济进步的条件》[5]一书中，采用三次产业分类法，将国民经济结构分为三大部门，运用劳动力指标，考察了若干国家伴随着经济发展过程所发生的劳动力在各产业中分布变化状况，发现了经济发展过程中劳动力就业结构的变动规律：随着人均国民收入的增长，首先是对农产品的需求将不断下降，对工业制成品的需求将不断增加，然后，对工业制成品的需求将不断下降，而对服务的需求将不断上升。在一定发展阶段，劳动力就业结构可能会因国家不同而呈现较大差异，但随着经济的发展和人均收入的提高，劳动力从农业即第一产业向非农的第二产业转移是一个普遍规律。而且，随着人均收入的进一步提高，劳动力又会出现由第二产业向第三产业转移的现象，即劳动力在产业间依次呈现出第一产业减少，第二、三产业增加的分布状况。从克拉克的论证中可以看出，这一规律不仅可以从一个国家经济发展的时间序列分析中得到印证，而且还可以从同一时点的横断面上对处于不同发展水平上国家的比较中得到类似的结论。人均国民收入水平越高的国家，农业劳动力占全部劳动力的比重相对越小，而第二、三产业劳动力占全部劳动力的比重相对越大；相反，人均国民收入水平越低的国家，农业劳动力占全部劳动力的比重相对越大，而第二、三产业劳动力占全部劳动力的比重相对越小。其实，克拉克关于经济发展过程中产业结构变化的经典性理论，早在 17 世纪，经济学家威廉·配第就已经发现，即随着经济的不断发展，不同产业之间收入差异及由此而引起的劳动力产业结构的变动，将使得产业中心逐渐由有形财物的生产转向无形的服务性生产。1691 年，威廉·配第（William Petty，1623～1687）在《政治算术》[6]中就预见到了先导工业化国家的就业结构由于收入差异而导致依次向第二、三产业转移的趋势。经济发展过程中这种由各产业间的收入差异所引起的劳动力就业结构的非农化倾向，即就业结构变动规律，后来被经济学界称为“配第—克拉克定理”。这一定理先后被库兹涅茨[7]、富克斯[8]、钱纳里[3]等众多经济学家的实证研究所证实。

（2）凯恩斯就业理论。

凯恩斯 1936 年发表了其著名《就业、利息和货币通论》一书。认为传统经济学关于市场均衡可以自动实现充分就业的理论存在重大缺陷，因为事实上，总有一部人虽然愿意接受目前的工资而工作，可是却没有工作。因此，在古典理论的自愿失业和摩擦性失业之外存在的非自愿失业现象，这是社会实现充分就业需要解决的重大问题。而非自愿失业则是由于社会的有效需求不足造成的；有效需求不足又源于消费与投资这两大需求不足；正是这两大需求不足，才造成了就业不充分、失业增加的问题；同时，自由市场经济不存在自动达到充分就业均衡的机制，必须在市场之外寻求，即找到增加有效需求从而实现充分就业的途径。基于此，凯恩斯提出采取扩大政府职能，实行政府干预和调节经济的措施来刺激有效需求，运用各种经济杠杆来扩大消费需求，扩大包括政府投资在内的投资需求，增加货币发行量来刺激需求等一系列措施，从而增加就业机会[9]。凯恩斯的政府干预以刺激有效需求从而促进充分就业的理论，不仅对当时各发达国家经济发展和促进就业起到了巨大理论指导作用，而且至今仍然对各国的经济发展和促进就业发挥着巨大的影响力。

（3）哈罗德与多马就业模型。

英国经济学家哈罗德（R. F. Harrod）和美国经济学家多马（E. Domar）将经济增长与就业的关系联系起来考虑，从而开辟了一个新的研究领域。哈罗德于 1939 年发表了《论动态理论》一文[10]，将凯恩斯建立在短期静态均衡分析基础之上的国民收入决定理论长期化和动态化，并在 1948 年出版的著作《动态经济学》中对这一研究成果系统化，创立了经济增长的长期动态模型[11]；同期，多马也进行了类似研究，得出了与哈罗德基本一致的经济增长模型。以充分就业为目标的哈罗德—多马模型，是从凯恩斯的储蓄等于投资出发，并将凯恩斯的分析长期化和动态化后所提出的现代经济学的第一个经济增长模型。这一模型表明，经济增长率取决于储蓄率或投资率；要实现充分就业，就必须使投资保持某种程度的均衡增长率，从而推动经济的相应均衡增长。均衡增长率是有保证的“合意的”增长率，是在储蓄率（投资率）和资本—产出比都合意的情况下的经济增长率；合意储蓄率则是使有效需求达到充分就业的有效需求的储蓄率，合意的资本—产出比是被假定为固定不变的生产能力得到充分利用的资本—产出比率。在均衡增长率状态下，社会将没有失业和通货膨胀，稳定增长能得到完全实现。哈罗德—多马模型研究了经济增长与就业之间的密切关系以及投资在经济增长中的决定作用，并同时提出了均衡经济增长即适度经济增长才能保证充分就业与防止通货膨胀同时实现问题，从而奠定了其模型在理论界的地位。

（4）刘易斯二元经济结构就业理论。

美国著名经济学家威廉·阿瑟·刘易斯（William Arthur Lewis）在1954年发表了《劳动无限供给条件下的经济发展》[12]一文，明确提出了经济增长与就业演变的二元经济结构理论模式。他认为，在以农业和工业相对立的二元经济模型中存在着传统农业部门和现代工业部门两种劳动力市场，而经济发展和就业演变过程就是现代工业部门相对于传统农业部门的扩张过程，这一扩张过程将一直持续到把累积在传统农业部门中的剩余劳动力全部转移到现代工业部门，即传统农业部门中的剩余劳动力被现代工业部门吸收完毕。此时，劳动力由剩余变为短缺，相应的劳动力供给曲线开始向上倾斜，劳动力工资水平也开始不断提高。这种劳动力供给曲线所体现的第一阶段与第二阶段的交点被称为“刘易斯转折点”。二元经济结构国家之所以出现这种情况，一方面是由于传统农业部门存在着大量低收入、非熟练的劳动力，另一方面是由于工业部门与农业部门劳动收入水平存在明显差距，工业部门只要能提供略高于生存条件的工资水平就可以获得部门扩张所需的劳动力无限供给，促使农业劳动力源源不断地从农村流向城市。1955 年刘易斯出版了《经济增长理论》[13]一书，对经济发展的相关问题包括二元经济结构、劳动力供给拐点等进行了广泛而深入的分析，至今仍被认为是第一部论述了经济发展问题的巨著。1972 年，刘易斯又发表了《对无限劳动力的反思》[14]一文，论述了当二元经济发展由第一阶段转变到第二阶段时，劳动力由无限供给变为短缺，基于传统农业部门的压力，现代工业部门的工资此时开始上升，从而形成第一个劳动力供给转折点，即所谓的“刘易斯第一拐点”；在二元经济发展到劳动力开始出现短缺的“第一拐点”后，随着农业劳动生产率的不断提高，现代工业部门的迅速发展将推动工资不断上升，只要工业部门的工资水平超过农业部门的工资水平，农业部门将继续向工业部门排放剩余劳动力；这种劳动力的转移过程会一直持续到传统农业部门与现代工业部门的边际产品相等时，即传统农业部门与现代工业部门的工资水平大体相当时才会停止；此时，城乡一体化的劳动力市场形成，整个经济包括劳动力的配置都将完全商品化，经济发展亦彻底结束二元经济的劳动力剩余状态，开始转化为一元经济状态，这一转折点可以称为“刘易斯第一拐点”。

（5）索罗—斯旺就业模型。

美国经济学家索罗于1956年发表了《对经济增长理论的贡献》一文[15]，提出了一种新的经济增长与就业模型。这一模型综合考虑了凯恩斯等经济学家的理论成果，假设储蓄全部转化为投资和投资的边际收益率递减，并修正了哈罗德—多马模型的生产技术假设，采用了资本和劳动可替代的新古典科布—道格拉斯生产函数，从而解决了哈罗德—多马模型中经济增长率与人口增长率不能自发相等的问题，得出了充分就业均衡可以通过市场机制调整生产中劳动与资本的配合比例来实现的结论。索罗认为，通过市场上资本和劳动的价格即利息率和工资的变动，可以改变资本和劳动的配合比例或资本—产出比，所以，经济的稳定增长是可以实现的。其理由是，如果劳动力比资本增长更快，劳动的价格、工资就相对成比例的随资本价格、利率而下降；反之，工资就会提高。因为企业家对于价格非常敏感，可以采用先进技术，改变要素投入结构。有的学者在评价索罗模型时认为[16]，依据索罗的观点，通过市场机制的调节作用来调整资本和劳动的投入组合比例，可以让经济在短期充分就业的水平上实现稳定增长，但就长期而言，达到经济增长的稳态水平是由技术进步率和人口增

On the Integration of Employment of Lean City Based on the Evolution of Spatial Distribution of Labor Force in the City Group Around Yangzi Delta

长率共同决定的自然增长率，这未免将技术的作用夸大了。在索罗得出经济稳定增长模型的前一年，澳大利亚经济学家斯旺（1955）研究了在开放经济条件下，一国如何实现经济增长与就业的内外均衡问题，并提出了斯旺模型[17~18]。该模型在假定经济体不存在国际资本流动，国际收支等同于经常账户收支的前提下，通过对一国经济与就业的内外均衡冲突的分析，提出了解决内外失衡的问题只有在支出转换政策与支出增减政策搭配运用条件下才能解决的思想。斯旺认为，当一国处于国际国内失衡状态之中时，一种政策工具的使用显然不能解决失衡问题，同时使用支出增减政策和支出转换政策将是经济与就业稳定增长的必要措施[19]。索罗与斯旺从不同角度研究得出的索罗—斯旺模型，在哈罗德—多马模型的基础上又推进了一步。

（6）奥肯就业定律。

1962年，美国经济学家阿瑟·奥肯对美国经济增长率与失业率之间的关系进行研究之后，提出了一条基于经验分析的经济规律：经济增长速度越快，就业岗位增加越多，就业水平越高，失业率越低；反之，经济增长速度越慢，就业水平越低，失业率越高。这一用来描述失业率和实际GNP之间的交替关系可以用以下公式来表示：$\Delta u=-0.5(y-2.25)$；其中，Δu 表示失业率的变化量，y 表示经济增长率。公式表明，当经济增长率高于2.25%时，失业率将下降，以此为基点，经济增长率每增加1个百分点，失业率将下降0.5个百分点；当经济增长率低于2.25%时，失业率将上升，以此为基点，经济增长率每减少 1 个百分点，失业率将上升 0.5 个百分点。这一公式后来被命名为著名的奥肯定律[20]。这一定律曾经被众多经济学家进行了解读。譬如，萨缪尔森（P. A. Samuelson）和诺德豪斯（W. D. Nordhaus）在其合著的《经济学》作了确切表述：按照奥肯定律，GDP 增长比潜在 GDP 增长每快 2%，失业率下降 1 个百分点。GDP 增长比潜在 GDP 增长每慢 2%，失业率上升 1 个百分点[21]。奥肯在这里首创性地提出了潜在 GDP 这个概念，即保持价格相对稳定情况下，一国经济所生产的最大产值，也就是充分就业 GDP。而充分就业就是所有愿意在现行工资下工作的人都就业。奥肯定律特别强调，为防止失业率上升，实际 GDP 增长必须与潜在 GDP 增长同样快；如果想要使失业率下降，实际 GDP 增长必须快于潜在 GDP 增长。奥肯定律关于经济增长与就业之间关系的经验性结论，在成熟市场经济国家得到了比较明显的体现。

（7）托达罗两部门就业模型。

美国发展经济学家托达罗（Michacl P. Todaro）于 1969 年发表的《欠发达国家劳动力转移与城市失业模型》[22]一文，基于传统人口流动模型对工业部门充分就业的假定，面对现实中发展中国家城市工业部门并不能实现充分就业和失业现象时有发生的事实，在研究模型中引入就业概率，从而对传统人口流动模型进行了重大修正，建立了被经济学界称之为托达罗模型的发展中国家两部门就业模型。这一模型与他 1970 年发表的同主题论文《人口流动、失业和发展：两部门分析》[23]和1971年发表的《收入预期：非洲乡城劳动力流动和就业》[24]一文先后呼应，系统解释了发展中国家农村人口向城市流动的决定因素和城市失业现象。托达罗认为，人口迁移过程并不是人们对于实际收入差异作出的反应，而是人们对城乡预期收入差异的反应；由于劳动力流入城市后能否找到工作还是一个未知数，一个劳动力是否向城市迁移，只有当他估计自己在城市部门预期的收益高于他在农村的收入时，迁移的决策才会做出，否则，劳动力将会继续留在农村；因此，决定劳动力流动的不是实际收入水平而是以实际收入乘以就业概率的预期收入水平。托达罗依据自己的人口流动模式，在政策上强调不能仅仅依靠工业扩张来解决当今发展中国家城市严重的失业问题，政府应该尽量减轻因发展战略偏重城市而引起的城乡就业机会不平等现象，积极制定一体化的农村发展规划，把对乡城人口流动的不必要的经济刺激降低到最低限度，将经济发展的重点放在促进农业和非农业收入增加、就业扩张、农村医疗服务提供、教育改善和基础设施发展等方面[25]。

2. 21世纪以来就业理论研究现状与趋势

自80年代以来，国外对于就业理论的研究就已经呈现出多样化分散化趋势，不再有之前那种由一种或几种重要理论引领研究的态势；也不再像之前那样把研究重点放在经济增长与就业理论之间的关系上，以寻求以经济增长的方式来促使就业问题的解决。众多的学者已经把研究的着眼点投向了更为广阔的领域，各自从宏观、中观和微观的各个角度以及各个方面展开发散式研究。2000 年以后，这种多方位、多视角、多方法的研究得到了进一步发展，研究文献也十分浩瀚。譬如：

阿尔甘等（2002）通过收集来自 OECD 国家 1960～2000 年的数据，研究公共部门增加公职雇佣对劳动力市场的影响，发现公职雇佣不仅仅对私人就业部门产生挤出效应，而且增加社会失业总量。原因是公共部门给雇佣者提供了比私人部门更具吸引力的工作环境、其他利益和条件，从而对进入劳动力市场的人员造成额外的吸引力。数据显示，就平均水平而言，这些国家公共部门增加 100 个公职雇佣会挤出 150 个私人部门的人员雇佣，同时增加 33 个失业人员，并降低了劳动力市场参与率。因此，要促进社会就业增加就必须限制和减少公共部门增加雇佣，政府应该创造更多的条件促使私人部门就业的扩大[26]。

阿迪拉（2010）以土耳其私人制造部门 1973～2001 年公开的数据为样本，分析了工资、贸易开放和需求对就业的影响。发现传统贸易自由化增加了就业的工资弹性，其对于一个国家的国内就业影响是多方面的。在整个 1973～2001 年期间，制造业部门的工资弹性及其劳动力需求弹性均比贸易输出弹性要高，甚至在 1980 年以后，其比中高等技术部门的工资弹性也要高，这对增加国内就业是有正面影响的。但是如果对贸易输出量进行控制之后，贸易效果似乎是只有较低的经济意义，甚至值得肯定的劳动密集型产品的出口效果，也被对外贸易中节省劳动力，特别是中高技术部门节省劳动力的效果抵消了。同时，有证据显示，

On the Integration of Employment of Lean City Based on the Evolution of Spatial Distribution of Labor Force in the City Group Around Yangzi Delta

进口对于国内低技术部门就业有明显负面效果，中高级技术部门的国内就业则与进口贸易控制之间形成了互补关系。所以，自由贸易有增加就业的效应[27]。

布朗等（2010）采用纵向研究方法，以匈牙利、罗马尼亚、俄罗斯和乌克兰4个转轨国家3万家国有制造企业的面板数据来检验私有化对就业和工资的影响，结果显示：这些国家在国内实行国有企业私有化对本国就业的影响接近于零，对工资水平的负面影响亦微弱至可以忽略不计；对国外的国有企业实行私有化则对本国就业和工资的影响都是积极正面的。这否定了一些研究所得出的私有化会减少就业机会和大幅降低工资的结论，证实了私有化对于企业更好地发展，增加就业，提高未来工资水平和劳动生产率，以及降低企业成本都是有益的[28]。

帕加诺和皮察（2012）提出了一个预测金融发展对就业影响的模型，且采用1970～2003年的国际产业行业数据，检验以下研究假设：一是金融发展增加就业和提高劳动生产率，或是影响较小；二是依据于是否对获利或现金流支配造成巨大影响，金融发展可以提高或者降低工作再分配作用；三是在金融危机时，企业依靠提供流动性来扩大产量和减少失业，以渡过难关。结果发现，金融发展与就业增长之间存在显著关系，金融发展对行业间工作分配也造成显著的影响。虽然他们的验证仅出现在非OECD国家，但仍然不能否认这一实证结果存在普遍的意义。这一研究同时发现，金融发展也存在负面作用，即在金融业危机期间，工业行业就业增长减少，且企业生存发展更依赖于外部资金，这种情况在那些金融发达的国家更是如此[29]。

此外，豪尤艾斯等（2005）以突尼斯工业为例研究了国际贸易自由化对就业的影响[30]。特哈尔等（2010）研究了欧洲未来社会模式下的就业机会与就业政策[31]，格莱泽等（2010）研究了城市就业与技术之间的互补性[32]，弗里奇和辛德勒（2011）研究了新兴产业对地区就业的贡献[33]，赫吉真等（2011）研究了国际贸易中的生产性服务业对就业和工作流动所带来影响[34]，莱吉纳克和沃亚（2011）使用20世纪下半期的数据回顾分析了就业时间长短对于一个地区或国家就业水平的影响[35]，克劳奇（2012）以欧洲为例研究了就业与消费、债务与产业之间的变动关系[36]，弗里奇和罗赛勒特（2013）研究了企业新业务结构跨地区的间接就业效果[37]，吕埃达等（2013）研究了对外贸易所促成的区域统一市场对于成员国就业的巨大拉动作用[38]。

因研究成果众多，涉及领域十分广阔，研究特色各异，在此不再赘述。展望未来，这种进一步补充发展经典就业理论而又注重适应形势变化的发散性研究趋势仍将延续。

3. 关于国外就业理论研究的简要评述

综上所述，如果将自斯密以来关于经济增长与就业关系理论的研究加以概括，则可以从流派上将主要研究成果分为四个方面：一是关于先行发达国家经济增长与就业增长关系的研究。主要包括古典和新古典学派、凯恩斯学派和货币主义学派等。二是关于发展中国家经济增长与就业增长关系的研究。这一研究虽然在20世纪40年代已经开始，但主要还是体现于50年代以后。随着发展中国家工业化进程加快，发展经济学得以迅速崛起，最为突出的成果是以刘易斯、拉尼斯、费景汉、托达罗为代表的经济学家对发展中国家经济增长和就业增长之间关系所进行的深入系统研究。三是关于经济转轨国家经济增长与就业增长关系的研究。随着20世纪90年代苏联、东欧经济迅速向市场经济转轨，经济转轨国家出现的严重失业问题引起了世界经济学家们的兴趣，从而在理论界掀起了对这一问题的研究热潮，并形成了初步的理论体系。班吉姆·查达（Bankim Chadha）和法布里齐奥·托里拆利（Fabrizio Coricelli）在这方面具有较多的研究成果。四是进入21世纪以来继承经典理论研究基础，对于新形势下众多现实问题的发散性拓展与深化研究，其着重点主要立足在对于当前面临和新出现具体问题的探索。相信将来也会像20世纪30～60年代那样，产生一些能够解决实际问题又具有一般规律发现的经典成果。

二、国内就业理论研究的现状及趋势

1. 国内研究的大致脉络及趋势

国内研究同样沿着国外研究的路径，主线是将就业与经济现象结合起来进行探讨，目前已积累了丰富的成果。经查询CNKI，发现自改革开放以来，最早从学术上探讨就业问题的是周迅等在《学习与探索》1979年第5期上发表的论文《农业现代化与劳动就业》。之后，20 世纪 80 年代，每年均有几十篇就业论文发表；90 年代中期后，随着我国就业问题的逐渐凸显，研究就业的论文亦出现爆发式增长，从 2006 年开始，每年都有 1 万多篇涉及就业的文献出现。截至 2016 年 10 月，仅中国学术期刊网络出版总库收集的发表在各种期刊上研究就业的论文就达 103 885 篇，内容涉及就业问题的诸多方面，研究者云集。众多的研究，其主要内容概括起来表现在以下方面：一是在经济增长促进就业方面，从增长模型和要素贡献率的测度角度进行研究。譬如，舒元（1993）、王小鲁（2000）、郭庆旺和贾俊雪（2005）利用生产函数，估算了我国不同时期的全要素生产率增长以及各要素对经济增长以及就业的贡献率；从潜在产出拉动就业角度，郭庆旺和贾俊雪（2004）、石柱鲜和王立勇及金华森（2005）、梁云芳（2005）用不同模型和方法给出了潜在产出、产出缺口、潜在增长率、潜在就业的估计，并给出了适度增长区间。二是对于经济结构、就业结构及其与经济增长关系的研究。譬如，刘伟和李绍荣（2001，2002，2005）利用生产函数模型分析了地区经济结构、产业结构、所有制结构、就业结构对经济增长及其要素效率的影响；周业安和赵坚毅（2004）利用市场化指数研究了地区、产业、就业发展差距，建议经济与就业结构调整政策应从增长为中心转向以转移支付为中心，缩小收入不均等程度以增加就业。三是对于就业、失业及其与经济增长关系的研究。譬如，周天勇（2003）估计了中国城镇的失业率；王检贵、丁守海（2005）估计了中国农业剩余劳动力；张本波（2005）分析了我国就业弹性系数变动趋势及影响因素；蔡昉、都阳、高文书〔2004）研究了就业弹性、自然失业和宏观经济政策的关系。四是近期研究涉及经济增长与就业问题的诸多方面，研究内容呈现出发散式和多视角趋势。譬如，冯飞鹏（2007）研究了我国经济增长与就业结构的变迁；蒋满元（2007）对我国经济增长与就业增长不一致性进行了研究；蔡昉（2007）研究了“奥肯定律”在中国的失灵；陈安平和李勋来（2007）研究了我国就业与经济增长关系的经验；范伟（2008）研究了我国产业结构和就业结构的现状趋势及国际比较；陈桢（2008）对我国经济增长与就业增长关系进行了实证研究；张车伟（2009）对我国30年经济增长与就业过程中如何构建灵活安全的劳动力市场等进行了探讨；张光南、李小瑛、陈广汉（2010）[39]基于1998～2006年省际工业企业面板数据，研究了中国基础设施的就业、产出和投资效应；田静（2011）[40]在分析中国1980～2009年经济增长与就业相关数据的基础上，探讨了产业依赖、就业与经济增长之间的关系；宋丽敏（2011）[41]利用“奥肯定律”在东北地区的适用性检验，研究了我国就业与经济增长的一致性问题；赵连阁等（214）采用1997～2011年中国30个省份的面板数据，研究了工业污染治理投资的地区就业效应[42]；胡雪萍和李丹青（2015）运用2008～2013年的省际面板数据，研究了我国城镇单位就业总量与技术进步、新型城镇化之间的关系[43]；谢茂拾（2015）基于长三角都市圈劳动力空间演化形态研究了20世纪80年代以来就业变迁的轨迹、特征及其调适问题[44]；王会娟等（2016）借鉴宫泽乘数模型并构建城乡就业群体乘数，研究了城乡就业相互拉动效应[45]。在近些年就业理论与实践的研究中，王诚、杨宜勇、胡鞍钢、张车伟、蔡昉、姚先国、董克用、杨河清、高凌云、陆铭、赖德胜、毛日昇、唐东波、冯子标等都在所研究的领域做出了不同程度的贡献。

目前，我国就业理论研究的前沿仍然在向经济增长与就业测度，经济结构与就业调整，城市化进程与就业形态演进等[46]广泛领域的纵深地带拓展。就研究的未来发展趋势而言，其与国外就业理论研究的发展趋势类似，即除了继续对国外传统经典就业理论进行深化性拓展性阐释、验证之外，更多的是适应形势变化的需要，将研究的视野放在更加广阔的领域进行发散性、实际应对性研究，以期为各级政府的经济政策提供注解或决策参考，其实用性、针对性、应用性进一步增强。

2. 国内研究特点的简要评述

国内理论界对于就业理论的研究具有三大特点：第一，在理论上基本是借鉴国外成熟的就业研究方法、原理、体系和模型来分析、解决我国的就业实际，缺乏理论原创性。我国对于就业问题的研究起步于 20 世纪 80 年代初期。但是，由于当时我国仍然处于改革开放的初期，计划经济体制仍然主导着整个经济的运行，行政性的城乡二元经济结构仍然人为性地将庞大的过剩农村劳动力禁锢在狭窄的乡村土地上，而城镇仍然实行计划为主的就业安排体制，加之苏联模式的意识形态也强大地主导着理论界对于就业问题的定位，从而使得实际上已经十分尖锐的就业问题被隐藏在一种理想的理论幻觉背后。所以，这个时期的就业研究还是没有注重引进成熟的国外就业理论来弥补过去对这个问题研究的不足，其理论研究成果在现在看来则是完全不能解决国家实际问题的空谈。进入 20 世纪 90 年代以后，随着我国在顶层设计上明确了进行市场经济体制改革的取向，我国理论界对于就业问题的研究才真正地走向了与世界接轨的道路，并也才依此开创了我国就业理论研究与实际相结合的新时代。我国就业理论研究与世界相比的严重落后，也就决定了我们理论界需要有一段时间去了解和引进国外先进成熟理论，因此，我国用一二十年吸收和消化外来的理论也就成为一种历史发展过程的必然。同时，我们也可以看到，国外 100 多年来，特别是近几十年来积累的就业理论研究成果确实对于解决我国就业的现实问题发挥了巨大作用。正因如此，我们认为，近 20 多年来，特别是进入 21 世纪之后，基于借鉴型的一系列就业理论研究成果确实是我国理论界的一个巨大功绩。第二，我国理论界在借鉴引进国外研究成果，立足于基本国情研究我国实际问题的同时，还是有一些研究创新。这突出地表现在不少学者针对我国庞大的农村剩余劳动力以及与之紧密相连的户籍就业制度、社会成员身份就业制度、社会观念性的单位就业制度，以及与苏联模式相伴而生的意识形态就业羁绊等所做出的一系列具有独特价值的研究，还是体现了我国学者的探索和创新精神。这些创新性研究成果目前已经成为我国进一步推进经济社会改革的有效力量。第三，就业理论的系统性研究不足，在研究队伍上缺乏持续地、长久地专注于就业研究的研究人员，致使难以成就有较大影响力的理论研究成果。我国社会科学研究工作主要集中在高等教育机构，而我国大学对于从事教学与科研的教师主要采取量化考核的方式，科研成果主要看其发表等级与数量，科研项目也主要集中在立项数量和等级上，至于对论文、著作、项目等所具有的理论与实践价值，以及在国内外的影响力等方面则关注不多。另一方面，高校为了应对行政性的各种评估检查，往往非常强调科研成果的短期数量和等级效应，这无形中使一些需要花费较长甚至很长时间研究的课题被人为地搁置了下来。正因为如此，产生不了具有较大影响力的就业理论成果也在情理之中。

3. 关于长三角都市圈就业的研究现状

国内虽然对于就业理论的研究成果很丰富，但以长三角都市圈就业为研究对象的成果则不多，通过 CNKI 中国知网资源检索，发现仅有 71 篇文献，其中学术期刊 44 篇。其研究内容主要集中在长三角产业结构与就业结构的关系，长三角就业空间分布与就业密度，长三角产业变动与就业结构协调等方面。譬如，俞晓晶[47]实证分析了长三角地区就业结构和就业效应，其结论是三次产业结构的现代化调整显著快于就业结构，第二产业就业效应显著强于第三产业就业效应，第二产业吸引了大量的域内外农业剩余劳动力。赵虎等[48]运用全国经济普查数据，分析了长三角的上海、南京、苏州、无锡、杭州、宁波 6 大中心城市就业的空间结构和集聚规模，发现近年来这些城市的核心区就业呈持续集聚态势，就业空间结构失衡现象趋于加重，城市核心区就业密度均超过 2 万人/km^2，上海超过 3 万人/km^2。牟宇峰[49]利用 1982 年、1990 年、2000 年和 2010 年人口普查数据，分析长三角地区就业的时空演变过程，发现其就业集聚程度整体上呈先向上海单中心聚集，然后逐渐向苏南和浙东南多中心演变格局。劳昕等[50]以空间分析技术和空间统计工具对 2004 年和 2008 年两次全国经济普查的就业数据进行研究，发现长三角就业空间结构以上海为单中心的扩散态势，中心集聚效应弱于扩散效应；这一结论与牟宇峰观点相反。戴志敏等[51]运用协调发展度评价模型分析了长三角 16 市就业结构与产业结构协调性，发现各地分异现象突出，上海、苏州和杭州协调性提升较快，其他 13 市则存在不同程度的滞后，市域间就业吸纳力、就业水平和空间配置仍然存在着许多亟待解决的问题。戴志敏和罗燕[52]认为，从长三角产业结构总体情况看，三次产业发展基本协调，经济增长极与区域辐射基本合理，但从就业结构与产业结构比较的角度看，则存在着第二产业就业比重过高，第三产就业滞后，城市核心区空间就业密度过高等显著的失衡现象。

值得指出的是，在国内外现有研究成果中，鲜有专门研究长三角都市圈就业模式的文献，不过仍有少量研究提到了长三角就业模式问题。其基本观点是：长三角都市圈 20 世纪 70 年代末至今的劳动力分布演化特征，既在就业总体趋势上遵循三次产业劳动力依次转移的配第—克拉克定律[53]，又在就业具体形式上呈现出城乡、区域和单位式所有制分布，以及先集聚再辐射扩散的多中心空间结构样式[54]；在目前情况下，这一就业样式（模式）有着特定环境下的必然性和优势，但其存在的缺陷特别是现有城市发展和就业粗放的问题，却是亟须解决的重要问题[55]。不过，涉及这类问题的研究，其所给出的解决措施仍然局限于对现有就业结构进行政策调整，并未触及系统性解决方案的研究[56]。鉴于我国理论界缺乏专门研究长三角都市圈就业模式问题的现实，本研究将对此作出一个相对比较系统的创新性探讨，尝试性地构建一个长三角都市圈的就业模式。

三、国外关于管理集成的研究现状及分析

在国外，关于集成管理的思想可以追溯到社会系统学派创始人巴纳德 1938 年著述的《管理人员的职能》一书所强调的系统协作思想。这一思想将社会系统看作是两个或更多人的观念、力量、要求和思想的协作，认为相互作用是导致协作系统形成的根本原因。随着贝塔朗菲的一般系统理论的创立，系统管理学派的出现，美国的卡斯特、罗森茨韦克和约翰逊于 1963 年合作出版的《系统理论与管理》较为完整地论述了管理的系统学说，受到了各界的重视。1973 年，美国学者约瑟夫·哈林顿的“Computer Integgrted Manufacturing”一书提出了以集成哲理为基础建立的计算机集成制造系统，它是将企业传统制造技术与现代信息技术、管理技术、系统工程技术等进行有机集成，

借助计算机软硬件，实现企业制造活动中的计算机化、信息化、智能化、集成优化，使企业赢得市场竞争的优势[57]。20 世纪 80 年代初，麦卡锡企业咨询公司的 7－S 体系突出体现了将管理的思想、策略、组织、技术、方法、人员、价值观行为方式等综合为一个有机系统，以发挥其整体功效的管理集成思想。1987 年，安德瑞森等著的《集成产品开发》研究了产品开发集成问题。1988 年，保罗·基德（Paul Kidd）提出了“以人为中心的 HCIMS 系统”（Human Computer/contemporary Integrated Manufacturing Systems）。1991 年，里海（Lehigh）大学的教授和制造业的经理们提出了敏捷制造（Agile Manufacturing），他们对未来制造业组织模式的认识是：制造业组织必须敏捷，企业必须能迅速组织其资源和能力，而不管它们分布在企业内部还是外部企业之间；企业资源具有可集成性，企业具有集成能力[58]。1998 年，查尔斯·萨维奇在《第五代管理》一书中提出集成不仅仅是一种技术手段，集成正在影响着组织的根本结构，集成是企业应对不断变化的市场的手段，集成的过程是保持企业内部和外部联系的关键模式。彼得·德鲁克 1998 年在其《新型组织的到来》一文中，突出强调了组织管理的集成性，强调集成组织内部的各要素的自律性、责任感和自组织性。

国外从事管理集成研究的学者很多，但从国外管理集成理论与实践发展的过程来看，真正创造集成管理理论并把这一理论运用于管理实践是 20 世纪后半期的事情，即 JIT 生产方式在日本诞生之后。世界范围内的集成管理理论研究和实践则是20世纪七八十年代才开始展开的，几十年来取得了丰富的研究成果。如精益生产方式、企业应用集成（EAI）、供应链管理集成、BPR、MRP－Ⅱ、ERP、协同商务、MRPⅡ与JIT及TOC的集成等都是有关集成管理理论的应用性研究的成果。

目前，集成理论仍在延续其强势穿透力，而被创新性地运用到各种前沿科学和高新技术领域，其成果十分丰富。譬如，马哈尼（Mahoney，1992）将集成引入公司治理系统，探讨了公司在所有者直接治理与由代理人治理情境下的公司财富增长问题，其实证结论是，在由代理人运用现代公司理论治理公司的情况下，公司所有权控制者只要建立一套严密的公司治理契约集成系统，并有效地运用于公司经营的实际，则代理人经营公司与所有者直接经营公司的财富效果是相等的[59]。考夫特罗斯等（Koufteros et al.，2005）收集了来自数个行业的244家制造企业的数据，实证产品开发内外集成对企业经营的影响，发现内外部集成显著地影响产品创新、质量和最终盈利能力，集成与绩效之间的模糊性关系呈减轻态势[60]。罗萨尔梅等（Rothaermel et al.，2006）以3500家微型电子企业的样本研究纵向一体化集成与战略外包的平衡对于产品组合、产品成功和企业绩效的影响，发现纵向一体化集成与战略外包的平衡有助于企业创新和企业绩效的提高[61]。比格斯塔德等（Bygstad et al.，2010）研究了社会技术集成的四种集成模式，以使其运用于政府和企业规划的现代信息系统开发管理[62]。图恩（Thun，2010）以来自205家制造企业的经验数据，从集成的视角实证了基于互联网信息技术与全球供应链融合，对于企业经营产生的影响[63]。考夫特罗斯等（2010）基于191家汽车制造企业产品开发项目调查结果发现，产品开发的组织集成对产品开发结果和市场成功有积极影响，而在另一些情况下却妨碍企业整体效能[64]。纳拉西曼等（Narasimhan et al.，2010）通过224家制造企业样本的实证研究，发现产品工艺技术集成与供应链整合之间的集成存在质量、配送、流程柔性、顾客和新产品开发上的互补性[65]。亨宁森和卡尔松（Henningsson & Carlsson，2010）基于管理信息集成理论，开发了一个公司并购的信息系统集成六维理论框架模型，以指导企业的并购行为[66]。萨胡和班德约帕德亚（Sahu & Bandyopadhyay，2010）研究了无污染多重水量分配网络的能量集成问题，发现对于多重水量分配网络进行全局过程性集成管理，是一种节约能源的新方法[67]。特杰森等（Terjesen et al.，2012）以261家制造业样本研究供应链整合中管理差异化集成的对偶性问题，得出的结论是，供应链集成与组织绩效之间存在U型关系，差异化集成的对偶性原理得到实证支持，高水平的供应链集成与高水平的管理规范模块化能够提高组织绩效，制造企业应该追求供应链协调与管理规范模块化差异两者的结合[68]。马奇维罗（Macchiavello，2012）[69]研究了工业企业异质性情势下跨区域垂直集成的金融深化问题，发现金融发展程度越高，越是降低产业的垂直一体化集成，产出则是由更多的小企业来分享，金融发展对于产业垂直一体化集成方面的积极效应由要素市场发展而促成。克拉波赫和芬克（Krapohl & Fink，2013）[70]以欧洲、东南亚和南部非洲的贸易网络和地区制度建设为例，研究了区域集成的不同路径。认为这种集成能够更好地促进区域间贸易结构的优化调整和经济繁荣。斯塔赫等（Stahl et al.，2013）研究了国际不同区域企业并购中的社会文化与人力资源集成整合问题，认为社会文化与人力资源集成整合欠缺是跨国并购失败的主要因素[71]。阿森（Ahsen，2014）以德国汽车制造企业为样本，研究了汽车业推行质量、环境、健康和安全集成的必要性和经营优势，认为公司经营目标系统不仅要考虑质量体系和财务目标，而且也要考虑环境和社会方面的目标，因为质量保证、环境和职业安全管理系统在企业取得目标成功方面扮演着重要角色[72]。

从国外管理集成研究的总体内容看，主要是集中在三个方面：一是对于技术层面的管理集成研究，从而使技术集成更加方便操作与管理；二是对于管理系统本身的集成，从而使管理更加适应现代科学技术发展的要求；三是对于经济社会领域诸多系统的综合管理集成，以促使人类对于社会政治、经济、文化等管理更加便捷和高效率。目前，国外对于集成问题的研究依然呈现出多极化、发散式、交叉性和渗透状的趋势，更多的成果将出现在不断发展演化的新领域。

四、国内关于管理集成的研究现状及分析

在国内，关于集成管理的研究是从 20 世纪 90 年代开

始的。1990 年，我国著名科学家钱学森提出：处理开放的复杂巨系统唯一的有效方法是“性与定量相结合的综合集成方法”。这可以说奠定了集成管理理论的思想和方法的基础。于景元（1993）认为，从定性到定量的综合集成方法是现代科学技术条件下实践论的具体化。王寿云（1994）提出：“以综合集成研讨厅体系”的方式，进行系统分析的综合集成。戴汝（1995）在其《智能系统的综合集成》一书中系统地论述了智能系统综合集成的方法、人工智能与应用人工智能的最新进展。

20 世纪 90 年代下半期以来，管理集成研究成为热点，众多学者分别从各个不同的角度探讨了管理集成的理论和实践问题，包括并行工程的集成模型、制造资源集成模型、计划与控制集成、产品研发集成、创新模式集成、组织集成、知识集成、生产集成、价值集成等等。譬如，马士华和陈荣秋（1996）研究了企业多级生产计划与控制集成系统[73]；刘晓强（1997）提出了集成论的研究对象、内容、若干可能的研究方向及相关的问题；李宝山（1997）较系统地对集成管理的概念、理论、方法等进行了研究和探讨；李必强和胡继灵（1999）以 CIMS 为例对管理集成进行研究后认为，先进制造系统除了信息集成、技术集成之外，管理集成，更能提高制造系统的效率[74]；江辉和陈劲（2000）研究了管理集成的创新模式[75]；顾新建和祁国宁（2000）从管理集成角度研究了知识集成问题[76]；李权兵等（2000）实证性地研究了 MRP－Ⅱ与 JIT 和 TOC 集成创新[77]；张华胜、谢澜（2002）从技术创新角度研究了集成创新范式；庄越等（2002）探讨了现代企业产品创新集成化的基本原理和方法；西宝、杨廷双（2003）等研究了企业集成创新的概念、方法与流程；姜继娇和杨乃定（2004）研究了基于 BFT 和 CDS 的集成供应链避险机制[78]；胡斌和夏功成（2004）研究了组织群体行为集成化知识描述与模拟[79]；姜继娇、杨乃定（2004）等研究了基于 BFT 和 CDS 的供应链集成等；黄超等（2005）针对第三方物流发展存在的诸多问题和瓶颈，从第四方物流的视角研究了物流资源网格体系结构的整合，构建了一个物流资源网格环境中的资源集成框架，并将第三方物流企业组成虚拟的物流网络联盟，使物流企业更好地为社会提供物资调配、运输、装卸搬运和仓储管理等综合性物流服务[80]；戚安邦和于波（2007）研究了天津、河北和山东等地 31 家企业的自主创新能力与组织体制和管理机制之间的关系，发现企业体制和机制的集成对于企业创新之间存在很强的相关性[81]；苏少辉等（2008）研究了工程管理过程中面向产品生命周期管理的项目管理集成问题，并以汽轮机产品为例进行了集成模型的应用验证，初步从产品项目和产品生命周期两个维度上实现了工程项目、过程和产品数据之间的紧密集成，从而大大提高了项目管理的效率[82]；何志勇和李碗红（2010）基于超循环理论，研究了组织集成、战略集成和技术集成所构成的复杂产品系统集成创新机制问题，以促使我国复杂产品系统集成创新超循环体系实现螺旋式上升[83]；邢蕊等（2013）收集了北京、天津、上海、武汉、苏州、杭州、深圳、大连等地 8 个高新区的 19 项统计指标作为产业基础数据，运用系统论识别方法分析区域产业集成创新的影响因素，并依此构建区域产业集成创新支持体系的因果关系模型，发现区域创新文化的投入比例增加对于区域产业集成创新能力的提高具有非常显著的正面作用[84]；吕锋等（2013）以一个农用拖拉机新产品开发为例，验证了粗糙集、DEMATEL 和改进 Kano 模型的集成分析方法的有效性和可行性，解决了企业产品规划中顾客需求的有效评估问题[85]；何振和易臣何（2013）基于企业档案信息的主体合作、服务对象及技术方式研究企业档案信息集成模式，认为企业档案信息采取组织联盟型集成运营模式、互为客户型集成运营模式和垂直水平型集成运营模式更有利于档案信息的合理组织与优化服务[86]；韩春花等（2014）研究了目标耦合、过程耦合、内容和对象耦合在竞争情报分析与知识集成中的运用，并在分析资源共享中需求方与中介的博弈关系基础上，构建了基于知识集成的竞争情报分析模型，以提高需求和中介双方的信息资源共享率[87]；梁茹和盛昭瀚（2015）以港珠澳大桥工程项目投融资决策为例，对重大工程复杂决策问题体系进行了系统化分析，并构建了一个基于综合集成的重大工程复杂问题决策模式，为重大工程复杂决策提供一个解决问题的新视角[88]；姜灵敏和程一芳（2016）基于企业研发外包过程在成本、进度、质量、信息和竞争五个维度所面临的问题，构建了企业应对集成产品开发外包风险的模型[89]。

从国内在集成领域的研究总体看，基本上与国外保持了亦步亦趋的姿态，除了在技术、工程系统进行多方面的拓展深入之外，在管理、经济等领域的研究亦呈现出多角度、多方位、交叉性态势；同时，在集成方法论、集成创新、集成理论体系与模式等方面也有一定的前沿性研究尝试。

值得强调的是，尽管关于就业理论和集成理论的研究均十分广泛，但将集成理论嵌入就业理论之中，形成独具特色的就业集成理论仍然是一个迫切需要研究的前沿课题。因为在当前我国城市发展普遍粗放化的背景下，对于就业集成的研究将为大幅增加城市就业容纳力提供崭新的理论指导；同时，鉴于我国资源和环境的强力约束条件，就业集成亦将是有效促进粗放城市向精益城市转变的一项新型道路选择。所以，以长三角都市圈劳动力空间分布演化历史过程为基础，前瞻性地研究精益城市的就业集成不仅具有十分重要的战略价值，而且亦是一项重要的开创性实际工作。

第二节　研究框架设计

一、研究目标

1. 研究总目标

本书研究的总目标是尝试通过对长三角都市圈 30 多年来劳动力空间分布演化的历史轨迹、特征、规律的系统考察，以及对未来发展趋势的前瞻性预测，找到一条契合于该地区内外部环境情势及其要求的充分就业道路——精益城市就业集成。

“长三角都市圈”在研究中被定义为：上海市、江苏省东南部 8 市和浙江省东北部 7 市所构成的长江和钱塘江在入海处的三角洲地区城市群。这一区域涵盖的定义范围将与包括安徽省合肥、芜湖、马鞍山、铜陵、安庆、滁州、池州、宣城 8 市，以及江苏盐城市和浙江金华市在内的 26 市组成的泛长三角城市群区别开来。目前的“泛长三角城市群”被称为长江三角洲城市群。

“精益城市就业集成”指以就业作为城市发展的出发点和归属点，按照高就业、高价值、高节能、高清洁、低碳排的尽善尽美原则，对城市各组成要素（单元）进行主动优化和选择搭配，以最合理的结构形式将城市整合为一个优势互补匹配、精益求精的就业有机体，从而实现精益城市就业能量倍增的系统化过程。其中：第一，“精益城市”指，以就业作为城市价值创造的出发点，将城市活动全过程融汇于价值流之中并使其像河流一样的流动起来，从而使城市生命有机体能够在就业需求的拉动下，实现可持续发展过程中的尽善尽美。第二，“就业集成”指，将城市中构成就业载体的各个要素（单元）进行主动优化和选择搭配，以最合理的结构形式集合为一个优势互补和匹配的就业有机体，从而实现就业能量倍增的过程。

2. 研究具体目标

研究力图实现三大具体目标：第一，通过统计调查和参与式调查评估，系统掌握长三角都市圈劳动力空间（地域、产业、行业）分布演化的历史轨迹、特点、规律与发展态势，建立数据库，形成长三角都市圈劳动力空间分布演化调查研究报告，为地方政府进行包括就业在内的经济决策提供可靠的信息依据。这一目标将在本书第二章“长三角都市圈劳动力空间分布演化的普遍与特殊性运行轨迹考察”、第三章“长三角都市圈劳动力空间分布演化的逻辑与规律性特征形成动因分析”、第四章“长三角都市圈劳动力空间分布演化的调适策略”的研究中实现。第二，基于长三角都市圈劳动力空间分布演化的调研结果，构建长三角都市圈的精益城市就业集成模式，探讨一条彻底解决我国特殊国情下的就业之路。这一目标将在本书第五章“长三角都市圈劳动力分布演化的城市就业模式缺陷历史审视”，第六章“基于长三角都市圈劳动力分布演化的精益城市就业集成模式建构”，第七章“长三角都市圈精益城市就业集成模式的初步实施策略”的研究中实现。第三，构建长三角都市圈精益城市就业集成的运行机制，为地方政府进行精益城市就业集成的实际操作提供蓝图。这一目标将在本书第八章“精益城市就业集成的动力生成机制——就业熵的生态反身效应”，第九章“精益城市就业集成的演化升华机制——就业生态协同进化效应”，第十章“精益城市就业集成的调节维护机制——就业生命体的内稳态循环效应”的研究中实现。

二、研究思路

1. 研究构念

本研究将在梳理总结国内外关于就业与集成理论文献的基础上，做出两大研究构念设定并对其进行试探性预论证。研究构念之一：20 世纪 80 年代以来 30 多年形成的长三角都市圈是粗放城市的粗放就业体，其劳动力空间分布是传统样式城市化过程中的自然演化结果，就业承载力低下。研究构念之二：基于长三角劳动力空间分布演化的精益城市就业集成，将克服粗放城市就业承载力低下的弱点，实现城市就业的倍增涌现效应。这两大研究构念将是本书力图论证的理论设想。

2. 研究的技术路线

本书采取以下六大步骤进行具体研究：第一步，进行文献梳理与研究构念设定。第二步，进行统计调查和参与式调查评估。对长三角都市圈 16 市劳动力空间分布演化的历史过程进行统计调查，并以此为基础，每市确定一下属单位作为参与式调查的样本，以核实统计调查的准确性。第三步，形成长三角都市圈劳动力空间分布演化调查研究总结，系统掌握长三角都市圈劳动力空间分布演化的轨迹、特点和规律。第四步，基于长三角都市圈劳动力分布演化的轨迹、特点和规律，构建精益城市就业集成模式。将集成城市供给、生产、交易、消费、资源再生循环、人文保障、信息、物流、组织、生态保障系统就业等各个要素，构建精益城市就业集成的整体系统模式和分子系统模式。

第五步，进行长三角都市圈精益城市就业集成的运行机制研究。将从硬件技术管理层面和软件组织管理、文化管理层面，建立精益城市就业集成的运行机制。第六步，进行长三角都市圈精益城市就业集成实现的政策研究。第七步，形成基于长三角都市圈劳动力空间分布演化的精益城市就业集成最终研究成果。研究成果将提供给地方政府和有关方面作为决策参考。具体技术路线如图 1—1 所示：

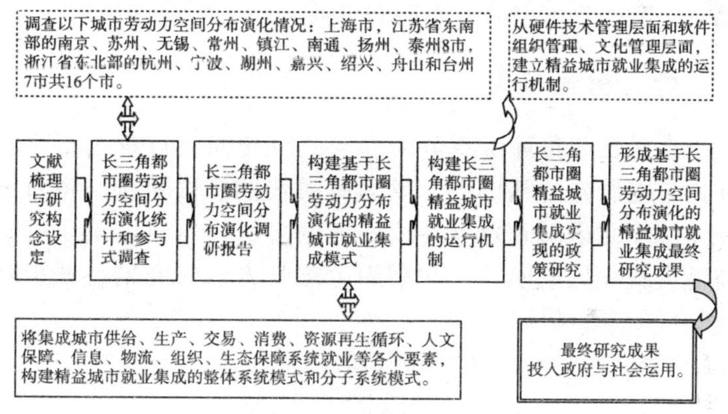

图 1—1　研究技术路线

三、研究方法

综合采用以下研究方法：第一，统计调查方法。购买和收集长三角 16 市统计资料，采集劳动力空间分布演化情况的相关数据，并进行整理分析，为整个研究奠定基础。第二，参与式调查评估方法。在调查统计基础上，每市选择一个下属单位作为样本，对其进行参与式调查评估，以核实评估统计调查数据的准确性。第三，集成理论研究方法。采用区域可持续发展的多目标集成方法研究精益城市就业集成模式。第四，生态研究方法，采用生态学的熵理论、协同进化理论和内稳态循环理论研究长三角都市圈精益城市就业集成的运行机制。第五，数理建模、统计分析与规范分析等相结合的研究方法。此方法将与集成理论研究方法相互借鉴融汇。第六，信息处理技术与方法。其中，第三、第四是本书的核心研究方法。

四、研究模型

在对长三角都市圈劳动力空间分布演化过程进行广泛深入调查研究的基础上，发现其演化的历史轨迹、特点和规律，依此运用区域可持续发展的多目标集成方法研究精益城市就业集成模式，并采用生态学方法研究精益城市就业集成的运行机制。

精益城市就业集成的数学表达模型：

$$E^d=[(|x_i|\cup_i)\cap\Omega]\in C_l$$

式中：E^d 为精益城市就业集成的就业倍增效应；$(|x_i|\cup_i)$ 为城市各个就业要素 x_i 集合的“并集”，i＝1、2、3…10；Ω 为交互式互补匹配的集成机制；∩表示 x_i 与 Ω 之间的有机连接方式；∈表示属于或服从于；C_l 表示精益城市。

长三角都市圈劳动力空间分布演化的精益城市就业集成研究模型如图 1－2 所示：

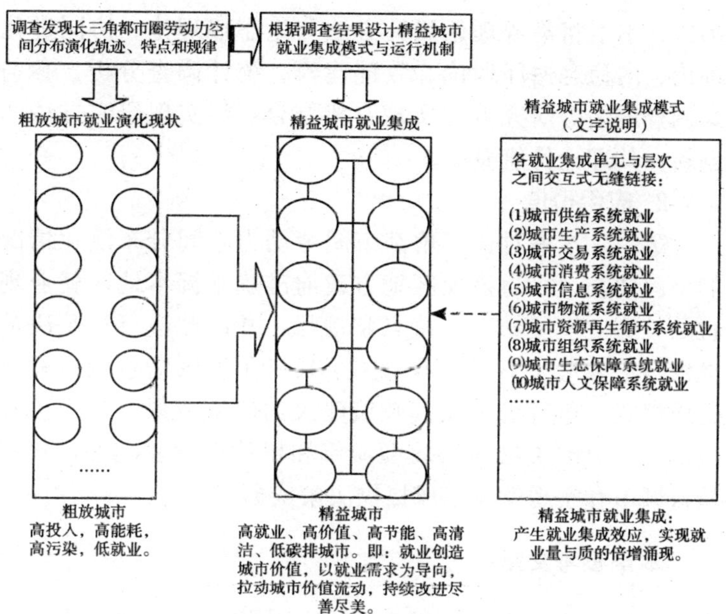

图 1—2　研究模型

五、研究价值

1. 理论价值

第一，本书将集成理论、区域可持续发展的多目标集成方法嵌入就业理论之中，研究基于长三角都市圈劳动力空间分布演化的精益城市就业集成问题，这将实现这些理论与就业理论的有机渗透融合，从而促成对于传统就业理论的创新。可以预见，由此形成的集成就业理论亦将为丰富发展就业理论开辟一条独特的新路，其理论价值显著。

第二，本书将集成理论研究方法与生态熵理论、协同进化理论、内稳态循环理论、数理建模、统计调查分析、参与式调查评估等研究方法实现有机结合，将实现研究方法的创新，其理论价值显著。

2. 应用价值

第一，本书对长三角都市圈劳动力空间分布演化情况的全面调查，将为该地区地方政府准确掌握本地区就业现状及其历史发展轨迹、特点和规律，并以此进行相关决策提供信息参考。第二，本书关于长三角地区精益城市就业集成模式、运行机制及其政策建议的研究成果，将为该地区地方政府解决目前粗放型城市和粗放型就业问题，建设精益城市和实现就业集成提供决策依据。

本章参考文献

[1] 亚当·斯密. 国民财富的性质和原因的研究（中译本）[M]. 北京：商务印书馆，1983.

[2] 阿尔弗雷德·马歇尔. 经济学原理（朱志泰译）[M]. 北京：中国城市出版社，2010.

[3] Chenery H. B. Patterns of development：1950—1970 [M]. Oxford：Oxford University Press，1975.

[4] Lucas R. On the mechanics of economic development [J]. Journal of Monetary Economics，1988，22（1）：3—42.

[5] Clark C. G. The conditions of economic progress [M]. London：Macmillan& Co. Ltd，1940.

[6] 威廉·配第．政治算术［M］．北京：商务印书馆，1981.

[7] 西蒙·库兹涅茨．现代经济增长［M］．北京：北京经济学院出版社，1989.

[8] 维克托·富克斯．服务经济学［M］．北京：商务印书馆，1987.

[9] 凯恩斯．就业、利息和货币通论［M］．北京：商务印书馆，1987.

[10] Harrod R. F. An essay in dynamic theory [J]. Economic Journal, 1939, 49 (193): 14—33.

[11] Harrod R. F. Towards a dynamic economics: some recent developments of economic theory and their application to policy [M]. London: Macmillan, 1948.

[12] Lewis W. A. Economic development with unlimited supplies of labour [J]. The Manchester School, 1954, 22 (2): 139—191.

[13] Lewis W. A. The theory of economic growth [M]. London: Allen and Unwin, 1955.

[14] 阿瑟·刘易斯．对无限劳动力的反思［A］．阿瑟．刘易斯．二元经济论（中译本）［C］．北京：北京经济学院出版社，1989.

[15] Solow R. M. A contribution to the theory of economic growth [J]. The Quarterly Journal of Economics, 1956, 70 (1): 65—94.

[16] Sai Ding, Knight J. Can the augmentedSolow-

modelexplain China's remarkable economic growth? A cross-country paneldataanalysis [J]. Journal of Comparative Economics, 2009, 37 (3): 432—452.

[17] Swan T. Longer-run problems of the balance of payment [A]. Arndt H W, Corden W M. The Australian economy: a volume of readings [C]. Melbourne: Cheshire Press, 1955: 384—395.

[18] Swan T. W. Economic growth and capital accumulation [J]. Economic Record, 1956, 32 (2): 334—361.

[19] Dimand R. W. Spencer B. J. Trevor swan and the neoclassical growth model [J]. History of Political Economy, 2009, 41 (1): 107—126.

[20] Okun A. M. Potential GNP: its measurement and significance, American Statistical Association [M]. Proceedings of the Business and Economics Section, 1962.

[21] 萨谬尔森，诺德豪斯．经济学（第16版）[M]. 北京：华夏出版社，1999.

[22] Todaro M. P. A model of labor migration and urban unemployment in less developed countries [J]. The American Economic Review, 1969, 59 (1): 138—148.

[23] Harris J. R., Todaro P. Migration, unemployment and development: a two-sector analysis [J]. The American Economic Review, 1970, 60 (1): 126—142.

[24] 郭琳，车士义，孟祥舟．城市失业和经济增长之

间关系的实证研究——基于托达罗模型的分析［J］. 辽宁师范大学学报（社会科学版），2010（4）：56－61.

［25］ Todaro M. P. Economic development in the third world ［M］. Longman 1977.

［26］ Algan Y.，Cahuc P.，Zylberberg A. Public employment and labour market performance ［J］. Economic Policy，2002，17（34）：7－66.

［27］ Aydiner-avsar N.，Onaran，Ö. The Determinants of Employment：A Sectoral Analysis for Turkey ［J］. The Developing Economies，2010，48（2）：203－231.

［28］ David Brown J.，Earle J. S.，Telegdy Á. Employment and Wage Effects of Privatisation：Evidence from Hungary，Romania，Russia and Ukraine ［J］. The Economic Journal，2010，120（545）：683－708.

［29］ Pagano M.，Pica G. Finance and employment ［J］. Economic Policy，2012，27（69）：5－55.

［30］ Haouas I.，Yagoubi M.，Heshmati A. The impacts of trade liberalization on employment and wages in Tunisian industries ［J］. J. Int. Dev.，2005，17（4）：527－551.

［31］ Ter Haar B. P.，Copeland P. What are the future prospects for the European social model? An analysis of EU equal opportunities and employment policy ［J］. European Law Journal，2010，16（3）：273－291.

［32］ Glaeser E. L. et al. The complementarity between cities and skills ［J］. Journal of Regional Science，2010，50

(1): 221—244.

[33] Fritsch M., Schindele Y. The contribution of new businesses to regional employment—An Empirical Analysis [J]. Economic Geography, 2011, 87 (2): 153—180.

[34] Hijzen A., Pisu M., Upward R., Wright P. W. Employment, job turnover, and trade in producer services: UK firm-level evidence [J]. Canadian Journal of Economics/Revue canadienne d'économique, 2011, 44 (3): 1020—1043.

[35] Ignaczak L., Voia M. A Retrospective Analysis of Employment Duration: Evidence from the Second Half of the Twentieth Century [J]. LABOUR, 2011, 25 (1): 97—125.

[36] Crouch C. Employment, Consumption, Debt, and European Industrial Relations Systems [J]. Industrial Relations: A Journal of Economy and Society, 2012, 51 (1): 389—412.

[37] Fritsch M., Noseleit F. Indirect employment effects of new business formation across regions: The role of local market conditions [J]. Papers in Regional Science, 2013, 92 (2): 361—382.

[38] Rueda C. J. M. et al. The single market as an engine for employment through external trade [J]. JCMS: Journal of Common Market Studies, 2013, 51 (5): 931—947.

[39] 张光南，李小瑛，陈广汉．中国基础设施的就业、产出和投资效应 [J]. 管理世界，2010（4）：5—31.

[40] 田静．产业依赖、就业与经济增长——基于1980～2009年数据检验 [J]. 经济问题，2011（9）：28—31.

[41] 宋丽敏．就业与经济增长的一致性问题研究——"奥肯定律"在东北地区的适用性检验 [J]. 辽宁大学学报（哲学社会科学版），2011，39（5）：86—93.

[42] 赵连阁，钟搏，王学渊．工业污染治理投资的地区就业效应研究 [J]. 中国工业经济，2014（5）：70—82.

[43] 胡雪萍，李丹青．技术进步、新型城镇化和就业——基于省际面板数据的经验分析 [J]. 华东经济管理，2015，29（12）：62—66.

[44] 谢茂拾．长三角都市圈劳动力空间分布演化轨迹特征及其调适策略 [J]. 湖南社会科学，2015（6）：131—138.

[45] 王会娟，曲双石，陈锡康城乡就业相互拉动效应模型及实证分析 [J]. 管理评论，2016，28（1）：3—10.

[46] 刘宗明，李春琦．劳动交易成本、选择性路径依赖与劳动就业动态 [J]. 管理世界，2013（2）：18—31.

[47] 俞晓晶．长三角地区产业结构与就业结构关系的实证分析 [J]. 科技和产业，2010，10（6）：1—5.

[48] 赵虎等．长三角中心城市"首位就业区"比较研究 [J]. 城市发展研究，2012，19（8）：82—88.

[49] 牟宇峰．长江三角洲地区就业人口分布及其时空变化研究 [J]. 中国人口科学，2013（4）：97—107.

[50] 劳昕等．长三角与珠三角就业密度分布比较研究[J]．城市发展研究，2013，20（12）：12—17.

[51] 戴志敏等．长三角城市群产业变动与就业结构协调程度分析：1994～2013 年数据［J］．经济体制改革，2015（1）：64—68.

[52] 戴志敏，罗燕．长江三角洲 16 地市产业结构与就业变动的协调度分析［J］．经济经纬，2016，33（2）：125—130.

[53] 谢茂拾．我国提前跨入后工业社会就业形态的可行性研判［J］．社会科学，2011，（5）：57—64.

[54] 张学良，杨朝远．论中国城市群资源环境承载力[J]．学术月刊，2014，46（9）：64—70.

[55] 王钰．城市化质量的统计分析与评价［J］．中国城市经济，2011（20）：6—8.

[56] 朱江丽，李子联．长三角城市群产业—人口—空间耦合协调发展研究［J］．中国人口·资源与环境，2015，25（2）：75—82.

[57] Harrington J. J. Computer-integated manufacturing [M]. NY：Industrial Press，1973.

[58] 海峰．管理集成论［M］．北京：经济管理出版社，2003.

[59] Mahoney J. T. The choice of organizational form：Vertical financial ownership versus other methods of vertical integration [J]. Strat. Mgmt. J.，1992，13：559—584.

[60] Koufteros X.，Vonderembse M.，Jayaram J.

Internal and External Integration for Product Development: The Contingency Effects of Uncertainty, Equivocality, and Platform Strategy [J]. Decision Sciences, 2005, 36 (1): 97—133.

[61] Rothaermel F. T., Hitt M A, Jobe L. A. Balancing vertical integration and strategic outsourcing: effects on product portfolio, product success, and firm performance [J]. Strat. Mgmt. J., 2006, 27 (11): 1033—1056.

[62] Bygstad B., Nielsen P. A., Munkvold B. E. Four integration patterns: a socio-technical approach to integration in IS development projects [J]. Information Systems Journal, 2010, 20 (1): 53—80.

[63] Thun J. H. Angles of integration: An empirical analysis of the alignment of internet-based information technology and global supply chain integration [J]. Journal of Supply Chain Management, 2010, 46 (2): 30—44.

[64] Koufteros X. A., Rawski G. E., Rupak R. Organizational Integration for Product Development: The Effects on Glitches, On—Time Execution of Engineering Change Orders, and Market Success [J]. Decision Sciences, 2010, 41 (1): 49—80.

[65] Narasimhan R., Swink M., Viswanathan S. On Decisions for Integration Implementation: An Examination of Complementarities Between Product—Process Technology Integration and Supply Chain Integration [J]. Decision

On the Integration of Employment of Lean City Based on the Evolution of Spatial Distribution of Labor Force in the City Group Around Yangzi Delta

Sciences, 2010, 41 (2): 355—372.

[66] Henningsson S., Carlsson S. The DySIIM model for managing IS integration in mergers and acquisitions [J]. Information Systems Journal, 2011, 21 (5): 441—476.

[67] Sahu G. C., Bandyopadhyay S. Energy integration across multiple water allocation networks with negligible contaminant effects [J]. Asia—Pacific Jrnl of Chem. Eng, 2011, 6 (3): 527—536.

[68] Terjesen S., Patel P. C., Sanders N. R. Managing Differentiation—Integration Duality in Supply Chain Integration [J]. Decision Sciences, 2012, 43 (2): 303—339.

[69] Macchiavello R. Financial development and Vertical integration: Theory and Evidence [J]. Journal of the European Economic Association, 2012, 10 (2): 255—289.

[70] Krapohl S., Fink S. Different Paths of Regional Integration: Trade Networks and Regional Institution—Building in Europe, Southeast Asia and Southern Africa [J]. JCMS: Journal of Common Market Studies, 2013, 51 (3): 472—488.

[71] Stahl G. K. et al. Sociocultural Integration in Mergers and Acquisitions: Unresolved Paradoxes and Directions for Future Research [J]. Thunderbird Int'l Bus Rev, 2013, 55 (4): 333—356.

[72] Ahsen A. V. The Integration of Quality, Environmental and Health and Safety Management by Car Manufacturers-a Long－Term Empirical Study [J]. Business Strategy & the Environment, 2014, 23 (6): 395－416.

[73] 马仕华，陈荣秋. 多级生产计划与控制集成系统 [M]. 武汉：武汉测绘科技大学出版社，1996.

[74] 李必强，胡继灵. 管理集成探讨 [J]. 中国管理科学，1999 (增刊)：31－34.

[75] 江辉，陈劲. 集成创新：一类新的创新模式 [J]. 科研管理，2000 (5)：31－39.

[76] 顾新建，祁国宁. 知识集成初探 [J]. 计算机集成制造系统，2000 (1)：32－36.

[77] 李权兵等. MRP－Ⅱ与JIT和TOC集成的实证研究 [J]. 工业工程与管理，2000 (5)：32－35.

[78] 姜继娇，杨乃定. 基于BFT和CDS的集成供应链避险机制研究 [J]. 中国软科学，2004 (5)：93－97.

[79] 胡斌，夏功成. 群体行为集成化知识描述与模拟研究 [J]. 中国管理科学，2004 (1)：110－116.

[80] 黄超等. 物流资源网格环境中资源集成框架的研究 [J]. 计算机集成制造系统，2005，11 (5)：630－635.

[81] 戚安邦，于波. 面向创新的项目导向型企业体制与机制的集成模型与方法 [J]. 南开管理评论，2007，10 (3)：94－101.

[82] 苏少辉等. 面向产品生命周期管理的项目管理集成模型 [J]. 浙江大学学报（工学版），2008，42 (11)：

On the Integration of Employment of Lean City Based on the Evolution of Spatial Distribution of Labor Force in the City Group Around Yangzi Delta

1951－1956.

[83] 何志勇，李碗红．基于超循环理论的复杂产品系统集成创新机制研究 [J]. 科学管理研究，2010，28 (2)：1－5.

[84] 邢蕊等．基于 SD 的区域产业集成创新支持体系研究 [J]. 科研管理，2013，34 (1)：19－27.

[85] 吕锋等．产品规划中顾客需求分析的集成方法 [J]. 吉林大学学报（工学版），2013，43 (4)：45－51.

[86] 何振，易臣何．企业档案信息集成的几个运营模式探讨与设计 [J]. 档案通讯，2013 (4)：57－61.

[87] 韩春花等．基于知识集成的竞争情报分析模型研究 [J]. 情报理论与实践，2014，37 (1)：84－89.

[88] 梁茹，盛昭瀚．基于综合集成的重大工程复杂问题决策模式 [J]. 中国软科学，2015 (11)：123－134.

[89] 姜灵敏，程一芳．基于集成产品开发的五维度研发外包风险模型研究 [J]. 中国高新技术企业，2016 (2)：19－21.

第二章　长三角都市圈劳动力空间分布演化的普遍与特殊性运行轨迹考察

劳动力空间分布演化在世界近现代经济发展的历史进程中，已经被证明有一定的规律，这在众多的经济学说中已经得到多方面的证实。早在 1691 年，威廉·配第在《政治算术》中就已经发现，随着经济的不断发展，先导工业化国家的劳动力空间结构因居民收入差异而导致依次由第一产业向第二、三产业转移，产业中心逐渐由有形财富的生产转向无形服务性财富生产的趋势[1]。1940 年，英国经济学家柯林·克拉克考察了若干国家发展过程所发生的劳动力在各产业中分布变化状况，发现随着一个国家经济的发展和人均收入的提高，劳动力从农业即第一产业向非农的第二产业转移，然后又进一步向第三产业转移是一个普遍规律[2]。这一规律后来被经济学界称为“配第—克拉克定理”，并被众多经济学家如库兹涅茨[3]、富克斯[4]、钱纳里[5]等的实证研究所检验。特别是刘易斯关于劳动力空间演变[6]的二元经济结构[7]和劳动力供给拐点[8]等理论模式，托达罗关于城乡劳动力空间移动决定于人们对城乡预期收

On the Integration of Employment of Lean City Based on the Evolution of Spatial Distribution of Labor Force in the City Group Around Yangzi Delta

入差异反应的实证理论[9]，使得先期发达国家已经验证的“配第—克拉克定理”在发展中国家亦得到了进一步发展丰富[10]。我国作为发展中大国，其近年来劳动力的产业空间演化过程同样验证了“配第—克拉克定理”的普遍适用性[11]，其研究成果众多[12]，既有全国宏观层面的[13−14]，也有地区中观层面的研究[15−16]，而且基本都是基于实证的成果；同时，除了得出与世界其他国家相似的结论之外，也发现了基于我国具体情况的劳动力空间移动的特殊现象，如产业空间结构与劳动力就业空间结构的变动关系失衡性[17]，劳动力时空变动板块割裂[18]，劳动力空间密度在区域间呈现不同的聚集与扩散效应等[19]。但是，我国在近30多年来城市化进程中，其劳动力空间分布演化到底呈现出何种规律与特点，并朝着何种趋势演变，政府当局应该采取何种政策策略对此进行调适？对于这些问题的研究目前仍然是一个亟待深入与拓展的课题。本章将在吸收国内外现有研究成果的基础上，以我国经济最发达的“双三角”中的长三角都市圈为例，并在全面收集该地区历史统计资料的基础上，探讨其劳动力空间分布演化轨迹特征，以期能够为全国劳动力空间分布演化轨迹特点以及对应性措施提供一个分析样本与借鉴。

现有研究“长三角”劳动力空间分布的文献都囿于数据资料搜集的难度而局限于两个视角：一是将“长三角”定义为沪浙苏三省市，二是将以上海或者浙江东南、江苏南部的某一地几地作为样本来定义“长三角”。这些定义的研究结果要么泛化了“长三角”，要么“窄化”了“长三角”，均难以真实地反映“长三角”劳动力空间分布情况。本研究按照国家规范定义的“长三角”地理范围，将其涵盖区域严格限定于上海市，江苏省东南部的苏州、无锡、常州、镇江、南京、南通、扬州、泰州 8 市，以及浙江省东北部的杭州、宁波、湖州、嘉兴、绍兴、舟山和台州 7 市所构成的长江和钱塘江入海处的三角洲地区城市群，共计 16 市，并称之为长三角都市圈（下同），且在全面搜集、分析综合该 16 市 1978～2014 年间的统计数据的基础上，试图探寻到长三角都市圈 30 多年来劳动力空间分布演化的历史运行轨迹。

第一节　长三角都市圈劳动力产业空间分布演化轨迹与“配第—克拉克”定理形成印证

一、三次产业劳动力空间分布演化轨迹

从长三角都市圈 1978 年至今 30 多年来经历的三次产业劳动力空间分布演化轨迹看，其总体上呈现出规律性变迁过程，即：第一产业劳动力首先持续地转向第二产业就业，在经历自 1978 年到 90 年代末的 20 多年大规模转移后，向第二产业移动的劳动力速率开始减缓，并逐渐转向第三产业就业；2000 年以后的近 15 年来，第一产业劳动力进一步加速减少，第二产业劳动力逐渐走向高峰并开始平台振动式回落，第三产业劳动力呈加速上升趋势。这一演

On the Integration of Employment of Lean City Based on the Evolution of Spatial Distribution of Labor Force in the City Group Around Yangzi Delta

化的历史进程，印证了中国现代化过程中的劳动力移动轨迹总体上依然符合“配第一克拉克”定理所给出的经典结论。其运行轨迹可以从图 2—1 和图 2—2 得到体现。

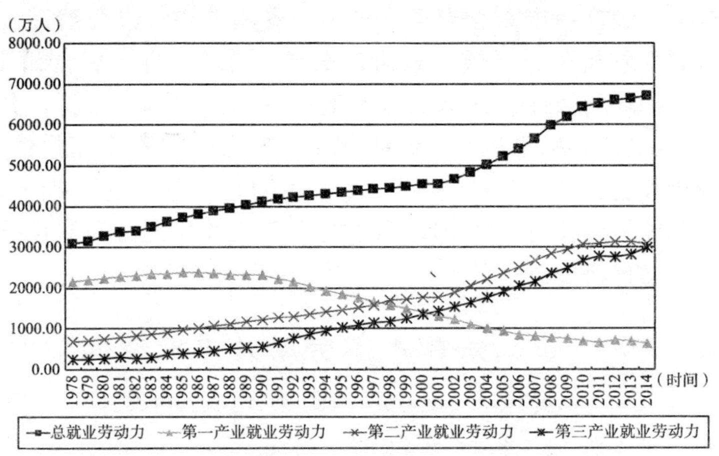

图 2—1　1978～2014 年长三角都市圈三次产业劳动力就业空间分布演化情势

资料来源：根据长三角都市圈江苏 8 市、浙江 7 市和上海市发布的统计年鉴、统计公报和相关统计资料计算汇总。

从图 2—1 所描述的劳动力就业绝对量的空间分布演化情况看，长三角都市圈劳动力就业总量自 1978 年以来一直呈持续增长态势，同时也可以分四个阶段进行观察：第 1 阶段是 1978～1989 年的高速增长期，就业劳动力从 1978 年的 3088.92 万人增加到 1989 年的 4038.82 万人，总增幅为 30.75%，年均增幅为 2.80%；第 2 阶段是 1990～2001 年的平缓增长期，就业劳动力从 1990 年的 4112.87 万人增

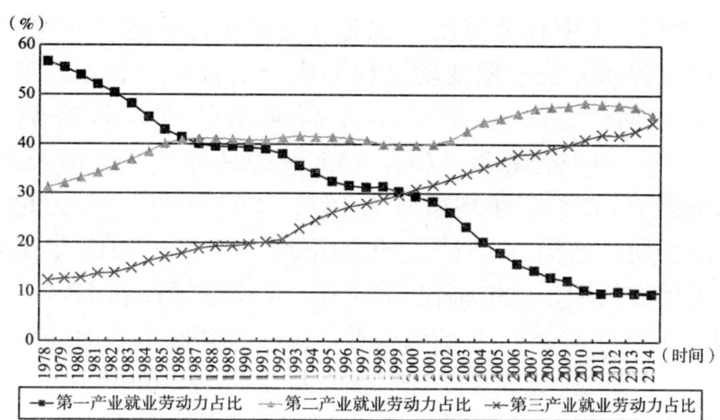

图 2—2　1978～2014 年长三角都市圈三次产业劳动力就业占比空间分布演化情势

资料来源：根据长三角都市圈江苏 8 市、浙江 7 市和上海市发布的统计年鉴、统计公报和相关统计资料计算汇总。

加到 2001 年的 4539.58 万人，增幅为 10.37%，年均增幅 0.94%，若以 1978 年为基数则增长 13.81%，年均增幅为 1.26%，比上一阶段低 1 倍多；第 3 阶段是 2002～2010 年的超高速增长期，就业劳动力从 2002 年的 4665.83 万人增加到 2010 年的 6446.80 万人，增幅为 38.17%，年均增幅达 4.77%，分别为第一阶段增幅的近 2 倍和第二阶段增幅的近 4 倍，若以 1978 年为基数则增幅达 57.66%，年均增幅达 7.21%，分别为第一阶段增幅的近 3 倍和第二阶段增幅的近 6 倍；第 4 阶段是 2011 年至今的缓慢增长期，就业劳动力从 2010 年的 6446.80 万人增加到 2014 年的 6712.22 万人，增幅为 4.17%，年均增幅 1.03%，为 30 多年来最低增幅。

图 2—1 中有关劳动力就业总量的运行轨迹亦与第二、三产业劳动力就业量变动过程形成了增长对应关系。第二产业方面：1978～1989 年为高速增长期，总增幅为 72.24%，年均增幅 6.57%；1990～2001 年为平缓增长期，总增幅 45.78%，年均增幅 4.16%；2002～2010 年为超高速增长期，增幅 61.51%，年均增幅 7.69%；2011 年至今为缓慢增长期，总增幅仅 0.51%，年均增幅仅 0.13%，如果从 2013 年与 2014 年的数据看，2014 年则比 2013 年下降了 1.33%。第三产业方面：前三阶段即 1978～1989 年、1990～2001 年和 2002～2010 年，均与第二产业运行轨迹一致，所不同的是在第 4 阶段增长达 11.21%，年均增幅达 2.8%，远远高于第二产业 0.13%的增幅。与第二、三产业劳动力就业量变动轨迹相反，第一产业劳动力就业量 1978～2014 年一直呈持续下降状态，从 1978 年的 2162.24 万人降低至 647.59 万人，36 年间的劳动力就业绝对量下降了 1514.65 万人，降幅达 70.05%，2014 年人数若与农业劳动力就业最高峰 1986 年的 2393.72 万人相比则下降了 1746.13 万人，降幅达 80.76%。第一产业劳动力就业量的持续大幅下降和第二、三产业劳动力就业量分阶段的增长，说明大量的第一产业劳动力大规模地转移到了第二、三产业就业，其变动轨迹凸显长三角都市圈劳动力的产业空间分布呈“配第—克拉克定理”所表达的性状。如果从图 2—2 所表达的长三角都市圈第一、二、三产业劳动力就业比重考察，则更能印证“配第—克拉克定理”的适应性：第二产业劳动力就业从 2010 年的三次产业历史占比最高峰

48.53%开始逐年回落，至2014年占比降至46%，回到了2006年占比46.26%的水平，降低了2.53个百分点；第三产业劳动力就业占比则升势不减，从2010年的41.02%上升至2014年的44.36%，升幅达3.34%个百分点，超过了第二产业的降幅；第一产业劳动力就业占比则进一步下降至9.65%。

二、第二、三产业劳动力就业量变动过程的回归分析

通过回归分析第二、三产业劳动力就业量变动过程，亦可以得出与以上描述性统计分析同样的结论。在长三角都市圈第二产业劳动力就业量与总劳动力就业量之间变动关系方面：1978～1989年变动系数为1.951（见表2—1），说明两者之间强相关；1990～2001年变动系数为0.704（见表2—2），两者之间相关偏弱；2002～2010年变动系数为1.525（见表2—3），两者再次进入强相关；2011～2014年变动系数为0.418（见表2—4），但拟合程度几乎为0，且不能通过检验，说明此一阶段第二产业劳动力就业量之间并未形成对总劳动力就业量的有效贡献，因为从具体数据看，2011年与2014年的第二产业劳动力就业量相差不到5万人，其与总劳动力就业量增长态势没有什么相关性。与此同时，在第三产业劳动力就业量与总劳动力就业量之间变动关系方面，前三阶段可以得出类似于以上描述性统计分析的结论（见表2—5～表2—8），即第三产业劳动力就业量与总劳动力就业量之间变动系数分别为2.952、

0.520、1.600，分别属于两者之间的强相关期、偏弱相关期和强相关期；第4阶段的变动系数为0.842，但由于本阶段时间系列很短，只能通过10%水平的检验，这说明第三产业在变动趋势上与总劳动力就业量变动保持一致，其仍在强劲地吸收其他两次产业所移动的劳动力。

表2－1　1978～1989年第二产业在总劳动力就业的贡献度参数估计值

方程	模型汇总					参数估计值	
	R方	F	df1	df2	Sig.	常数	b1
线性	0.989	881.994	1	10	0.000	1811.037	1.951

因变量：总劳动力就业量；自变量：第二产业劳动力就业量。

表2－2　1990～2001年第二产业在总劳动力就业的贡献度参数估计值

方程	模型汇总					参数估计值	
	R方	F	df1	df2	Sig.	常数	b1
线性	0.982	556.660	1	10	0.000	3288.259	0.704

因变量：总劳动力就业量；自变量：第二产业劳动力就业量。

表2－3　2002～2010年第二产业在总劳动力就业的贡献度参数估计值

方程	模型汇总					参数估计值	
	R方	F	df1	df2	Sig.	常数	b1
线性	0.986	499.594	1	7	0.000	1659.607	1.525

因变量：总劳动力就业量；自变量：第二产业劳动力就业量。

表 2—4　2011～2014 年第二产业在总劳动力就业的贡献度模型汇总参数估计值

方程	模型汇总					参数估计值	
	R 方	F	df1	df2	Sig.	常数	b1
线性	0.016	0.032	1	2	0.874	5318.754	0.418

因变量：总劳动力就业量；自变量：第二产业劳动力就业量。

表 2—5　1978～1989 年第三产业在总劳动力就业的贡献度参数估计值

方程	模型汇总					参数估计值	
	R 方	F	df1	df2	Sig.	常数	b1
线性	0.920	114.717	1	10	0.000	2516.149	2.952

因变量：总劳动力就业量；自变量：第三产业劳动力就业量。

表 2—6　1990～2001 年第三产业在总劳动力就业的贡献度参数估计值

方程	模型汇总					参数估计值	
	R 方	F	df1	df2	Sig.	常数	b1
线性	0.988	843.710	1	10	0.000	3816.142	0.520

因变量：总劳动力就业量；自变量：第三产业劳动力就业量。

表 2—7　2002～2010 年第二产业在总劳动力就业的贡献度参数估计值

方程	模型汇总					参数估计值	
	R 方	F	df1	df2	Sig.	常数	b1
线性	0.998	2918.769	1	7	0.000	2180.016	1.600

因变量：总劳动力就业量；自变量：第三产业劳动力就业量。

On the Integration of Employment of Lean City Based on the Evolution of Spatial Distribution of Labor Force in the City Group Around Yangzi Delta

表 2—8　2011～2014 年第三产业在总劳动力就业的贡献度模型汇总和参数估计值

方程	模型汇总					参数估计值	
	R方	F	df1	df2	Sig.	常数	b1
线性	0.797	11.750	1	3	0.042	4223.335	0.842

因变量：总劳动力就业量；自变量：第三产业劳动力就业量。

第二节　长三角都市圈劳动力空间分布演化轨迹，呈现出中国特色的城乡、区域所有制空间结构特征

自 1978 年以来至今的长三角都市圈劳动力空间分布演化过程，虽然从总体上看体现了“配第—克拉克定理”的一般规律。但由于中国情况在过去一段时间的特殊性，即 1949 年至 20 世纪 70 年代末照搬了原苏联的公有制加计划经济体制，致使中国劳动力空间分布呈现出农村与城市分割的二元构造模式，全国超过五分之四的人口聚集在农村，超过 70％的劳动力囤积在农村从事公社制的农业生产，只有不到 30％的劳动力在以国有制为主的城镇第二、三产业就业。这种以公有制一统天下的劳动力二元空间分布，使得长三角都市圈 1978 年至今 30 多年来的劳动力空间演化打上了中国特色的所有制变迁特征。

一、长三角都市圈农村劳动力就业的所有制空间分布结构发生了巨大转化性演化

长三角都市圈农村劳动力就业的所有制空间分布结构

发生的巨大转化性演化，主要表现在三个方面：一是农业劳动力不再被强制性禁锢在土地上从事公有制的集体生产，农民可以自由选择进行分散的以家庭为单位的农业作业。二是农民开始自主在农村进行第二、三产业的创业活动，使得农村单一的农业就业空间步入多元化时代。譬如，2000年无锡市155.13万人的乡村就业人员中，就有105.85万人在非农行业就业谋生①。三是越来越多的农民陆续脱离土地移动到城市，成为城市的新兴劳动者。即具有乡村公有制集体身份的劳动力在逐渐向城市迁徙的过程中转化成了城市非公有制的第二、三产业就业者，并同时以个体劳动者、小微企业劳动者、非单位型劳动者、非公有制单位型劳动者以及各种雇佣性质劳动者等身份出现在城市的劳动大军中，从而对原有的城市劳动力空间分布格局形成了前所未有的巨大冲击，带来了城市劳动力空间分布演化形态的划时代转型。受此推动，城市的产业、行业和所有制劳动力就业状态亦由简单化逐渐向多元化和复杂化变迁。

二、长三角都市圈城市劳动力就业的所有制空间分布结构发生了广泛深刻的逆转性演化

几乎在20世纪50～70年代的30年中，像当时全国的情况一样，长三角城市的绝大多数劳动力亦聚集在以国有为主体的第二产业就业，第三产业发展受到强制性行政抑制，不但就业人员不到城市劳动力的五分之一，而且在第

① 数据来源于无锡市统计局2001年出版的《无锡市统计年鉴》。

三产业中的就业者所从事的工作，也局限在政府行政、国有文教卫事业和国有以及集体所有制的商业领域中的批发零售等少数几个行业，第三产业就业所含行业不到10个[20]。从所有制形态上看，这个时期的非公有制单位和经济实体完全在城市失去了承载劳动力的资格，甚至个体劳动者也以小集体的形式被纳入了城市公有制经济之中。这种局面，随着1978年开始推行的改革政策而被逐步打破，劳动力就业的所有制空间被迅速拓宽，城市原有的所有制空间分布结构随之发生了巨大逆转性演化。其主要表现在四个方面：一是部分具有非农业户籍的城市劳动力开始在政策的允许下走向非公有制领域就业。如独立谋求个体就业，兴办各种非公有制的小微企业等。二是政府为扩大城市过剩劳动力的就业出路而大力在原有行业和新行业大办实业。不过，政府兴办的公有制经济实体在经过80年代的迅速发展之后，很快就遇到了社会向市场经济转轨过程中的巨大困难而不得不走向衰落，这可以从图2—3所示的公有制单位职工人数的变迁轨迹得到充分印证（下文将详细说明）。三是农村劳动力越来越多地进入城市谋生，并以巨大的吃苦耐劳精神和创造力开辟了广阔的就业市场空间。农村劳动力的到来不仅大规模地扩充了城市原有行业的就业容量，而且亦使城市的一系列新兴行业应运而生，成为新生劳动力集聚的洼地。四是随着外资的逐步进入长三角都市圈，其所具有的“鲶鱼效应”亦大大改变了城市劳动力就业生态。正是由于以上几个方面的劳动力分布格局的空间变化，使得长三角都市圈劳动力就业行业到90年代初就已经由70年代末的不到10个增加到 60 余个，目前则进一步增加到了 100 余个①。

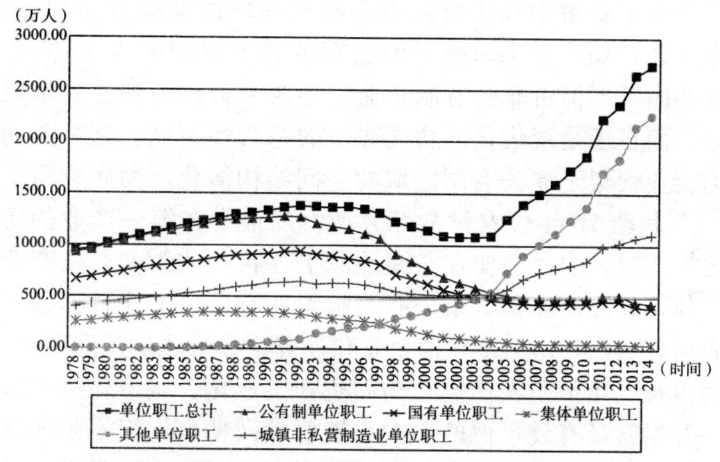

图 2—3　1978～2014 年长三角都市圈不同所有制单位职工（就业劳动力）数量分布演化轨迹

资料来源：根据长三角都市圈江苏 8 市、浙江 7 市和上海市发布的统计年鉴、统计公报和相关统计资料计算汇总。

三、长三角都市圈劳动力就业的区域所有制空间分布结构发生了突兀性演化

长三角都市圈劳动力就业的区域所有制空间分布结构发生的突兀性演化，具体表现是在浙、沪、苏的长江沿岸广大农村地区快速兴起了由农民企业家和外资主导的大量非公有制民间企业，一座座工厂从农业土地上拔地而起，

① 数据来源于浙江省、上海市和江苏省统计局 2014 年出版的统计年鉴。

并逐渐地由工业园区发展成综合性新城，从而改变了第二、三产业主要集中在原有城市公有制领域的空间分布状态。据统计，长三角都市圈目前已有各种工业园区 1196 个[①]。这些园区不但由非公有制企业主导成为劳动力就业的集聚地，而且还是现代化的功能齐全的综合性新城。这一劳动力就业聚集于非公有制区域的空间结构演化，彻底改写了 50 年代至 70 年代农村全部劳动力都集中在第一产业的历史。当时，农村即使在空间地域上存在一些第二、三产业实体，其归属亦是城市公有制组织所有。以上这种创办于农村区域内，由诸多乡镇企业和外资企业组成的工业园区，使得长三角都市圈产业结构面貌和工业化、城市化进程从一开始就具有繁星似的多中心辐射发散特点，而不是像其他国家和国内其他地区一般情况下所出现的先聚集后发散辐射的变迁形态。这种情况本书将在后面予以实证。

第三节　长三角都市圈劳动力空间分布演化轨迹，呈现出中国特色的单位式所有制空间结构特征

单位曾是 1949 年以后在中国社会使用频率最高的一个词，它曾经是中国人社会身份和地位的外在化身和经济状况的标志。在 20 世纪将近整个后半期的 50 年间，单位是公有制行政、事业和企业实体的代名词，单位就业也主要指

① 数据来源于浙江省、上海市和江苏省各年出版的统计年鉴和政府公报。

劳动力在公有制单位就业，并被统称为“职工”，即职工身份意味着在公有单位就业的劳动力。不过，从20世纪末期和21世纪初开始，单位就业和职工的概念范围被拓展了。根据目前国家统计局的界定，单位指全部公有制行政、企事业单位，以及就业人数达到国家统计局规定基数的规模以上民营和外资企业，不包括企业所有者为个人（私人）的企业。其基本涵盖了社会正规稳定就业部分。职工则是指所有在以上这些单位就业的人员。从图2—3、图2—4长三角都市圈各类单位就业演化轨迹观察，其劳动力空间分布演化呈现的中国特色所有制空间结构带有显著的单位式特征。

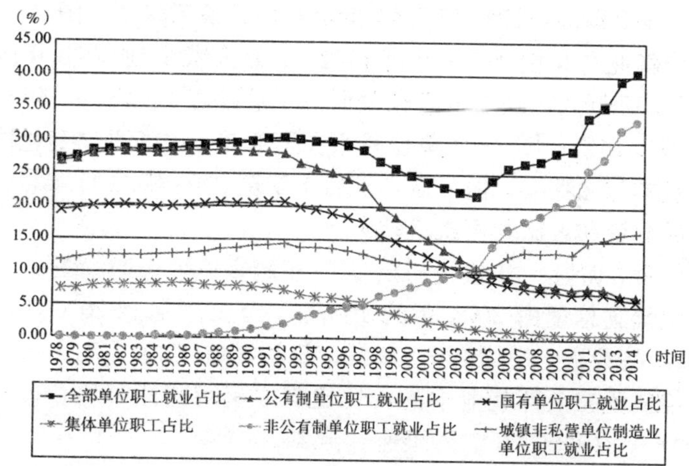

图2—4　1978～2014年长三角都市圈不同所有制单位职工就业占比结构演化情况

资料来源：根据长三角都市圈江苏8市、浙江7市和上海市发布的统计年鉴、统计公报和相关统计资料计算汇总。

一、长三角都市圈1978～2014年间全部单位职工就业演化，经历了平缓增长期、调整下降期、高速增长期和超高速膨胀期4个阶段

第1阶段：1978年开始至90年代初的平缓增长期。图2—3单位就业总量由1978年的940.77万人增加到1992年的1377.05万人，创出本阶段最高就业量，总增幅42.12%，年均增幅3.01%；图2—4单位就业在全部就业中的占比也与之对应，由1978年的占比27.24%上升至30.45%；之后总量和占比均开始下降。

第2阶段：1993年至21世纪初的调整下降期。图2—3单位就业总量由1993年的1374.17万人减少到2003年的1077.57万人，跌至本阶段最低点，总跌幅21.58%，年均跌幅2.16%；图2—4单位就业在全部就业中的占比变化情况基本与之呼应，但最低点延后1年至2004年的21.63%。之后总量和占比均再次逆转向上。

第3阶段：21世纪初至2010年的高速增长期。图2—3单位就业总量由2004年的1087.54万人增加到2010年的1857.78万人，总增幅70.82%，年均增幅11.8%；图2—4单位就业在全部就业中的占比也与之呈对应性高增长，由2004年的占比21.63%迅速升至28.58%。

第4阶段：2011年至今的超高速膨胀期。图2—3单位就业总量到2014年猛增至2734.33万人，以2010年为基数增长了47.18%，以可比的2004年为基数计算则增长了151.42%，4年间年均增幅达37.86%；图2—4单位就业

在全部就业中的占比也与之对应由 2010 年 28.58%膨增至 2014 年的 40.39%，几乎比 2004 年增长了 1 倍。

全部单位职工就业演化轨迹说明，我国具有大中型单位所提供的职业稳定型正规就业，在 1978 年至 90 年代初主要受政府鼓励公有制单位发展的政策驱动而带来了平缓增长；在 1992 年国家正式提出市场经济改革目标之后，公有制单位不再受到鼓励，故单位就业进入下降通道；同时，民营经济和外资单位发展受到越来越多的政策放松与鼓励，其吸纳的劳动力逐渐扭转了公有单位萎缩所产生的单位职工就业下降走势，从而使全部单位就业职工人数再次进入了增长轨道，并随着整个经济体制改革不断深入而得以进一步地快速高速增长。

二、长三角都市圈 1978～2014 年间包括国有和集体制在内的全部公有制单位职工就业，与全部单位职工就业相比则走出了前两个阶段相似，后两个阶段完全相反的演化轨迹

如果仅从公有制单位职工与全部单位职工总量及占比增幅衡量，可以将其划分成两阶段：

第 1 阶段；1978 年至 90 年代初的正增长期。图 2—3 公有制单位职工就业量由 1978 年的 927.39 万人增至 1992 年的 1271.05 万人，总增幅 37.05%，年均增幅 2.65%；与此同时，构成公有制单位就业量的国有单位职工和集体单位职工就业量亦与公有制单位职工就业量演变轨迹一致；图 2—4 公

有制单位职工、国有单位职工和集体单位职工就业等三项在全部就业中的占比的变动轨迹与之基本一致，仅将增长的高点提前了一年至1991年的28.39%、28.39%和20.74%。

第2阶段：90年代初至今的负增长期。图2—3公有制单位职工、国有单位职工和集体单位就业量，分别由1993年的1210.80万人、905.69万人和305.11万人降至2014年的442.92万人、399.09万人和43.83万人，总降幅分别为63.42%、55.94%、85.64%，年均降幅5.77%、5.09%、7.78%；图2—4公有制单位职工、国有单位职工和集体单位职工就业等三项在全部就业中的占比的运行路径与之基本一致，分别由1993年的占比26.65%、19.93%和6.71%降至2014年的6.54%、5.90%和0.65%，总降幅分别是75.45%、70.40%和90.31%，年均降幅6.86%、6.40%和8.21%。包括国有和集体制在内的全部公有制单位职工就业演化轨迹说明，1978年至90年代初，公有制单位仍然扮演着整个城市社会正规稳定就业的主渠道角色。但随着市场发挥的作用日益重要，其增长逐渐到达极限，并于国家正式确定市场经济体制改取向后的次年，即1993年开始逐步下降且再无回升机会。公有制单位从此逐渐退出了正规就业的主流渠道而成为整个社会就业的配角。

三、长三角都市圈1978～2014年的非公有制单位职工就业演化，经历了空白期、快速增长期、高速增长期和超高速增长期4个阶段

第1阶段：20世纪70年代末到80年代初的空白期。

这一时期政策上并不允许非公有制单位的存在。

第 2 阶段：20 世纪 80 年代中期至 2002 年的快速增长期。图 2—3 非公有制单位职工就业量从无到有得到快速发展，2002 年人数达到 435.97 万人；图 2—4 非公有制单位职工就业在全部就业中的占比的变动轨迹与之一致，2002 年占比达 9.29%。

第 3 阶段：2003～2010 年高速增长期。非公有制单位职工就业人数由 2003 年 482.98 万人高速增至 2010 年的 1362.42 万人，7 年间总增幅达 125.63%，年均增幅达 17.95%；图 2—4 非公有制单位职工就业人数高速增长轨迹与之一致，由总就业占比的 10.01%高速增至 20.96%，总增幅超过 1 倍。年均增幅 15.63%。

第 4 阶段：2011～2014 年超高速增长期。图 2—3 非公有制单位职工就业人数由 1362.42 万人增至 2248.75 万人，4 年总增幅达 65.06%，年均增幅 16.26%；图 2—4 非公有制单位职工就业人数在总就业中占比由 20.96%增至 33.22%，4 年总增幅 58.49%，年均增幅 14.62%。本阶段非公有制单位职工就业人数在总就业中占比，出现了与第 3 阶段基本持平的情况，其主要是增长基数的急剧扩大所致，并不影响本阶段的超高速增长判断。

非公有制单位职工就业演化轨迹说明，其正好是公有制单位职工就业逐渐退出社会主流的承接者；21 世纪初以后，非公有制单位已经成为吸纳社会稳定职业正规就业的主流渠道，人们的社会地位与身份不再以到公有制单位就业作为标志；另外，这一演变也昭示了市场经济改革所释放的巨大就业活力将进一步得到延续的势头。

四、长三角都市圈 1978～2014 年间的城镇非私营制造业单位职工就业，经历了缓慢增长期、逐渐下降期和快速增长期 3 个阶段

第 1 阶段：1978～1995 年缓慢增长期。图 2—3 城镇非私营制造业单位职工就业量由 1978 年的 406.07 万人增至 1995 年的 650.37 万人，年均增幅 3.54%；图 2—4 城镇非私营制造业单位职工就业在全部就业中的占比，由 1978 年的 11.76%增至 1992 年的 14.38%，年均增幅 1.59%，增长顶点比数量增长的顶点提前了两年。

第 2 阶段：1996～2004 年逐渐下降期。图 2—3 城镇非私营制造业单位职工就业量由 1996 年的 614.14 万人降至 2004 年的 528.09 万人，年均降幅 1.75%；图 2—4 城镇非私营制造业单位职工就业在全部就业中的占比，亦由 1993 年的 13.81%降至 2004 年的 10.50%，年均降幅 3.00%，低点与图 2—3 一致。

第 3 阶段：2005～2014 年快速增长期。图 2—3 城镇非私营制造业单位职工就业量由 2005 年的 579.23 万人增至 2014 年的 1105.85 万人，年均增幅 10.10%；图 2—4 城镇非私营制造业单位职工就业在全部就业中的占比，由 2005 年的 10.50%增至 2014 年的 16.33%，年均增幅 6.40%。

由城镇公有制制造业单位和排除个人（即私营）经营的城镇民营和外资制造业单位吸纳劳动力变动所显示的运行轨迹说明，城镇公有制单位在 20 世纪 70 年代末至 20 世纪 90

年代中期的近20年间均在制造业中扮演着该产业的就业主力军角色，如果不计算行政事业单位，其亦是整个单位就业中的主体。但是，20世纪90年代中期以后，随着国家市场经济体制的建立，城镇公有制制造业单位就业量快速萎缩，其腾挪出来的就业空间被快速兴起的民营和外资制造业单位所填补。21世纪初期以来，民营外资制造业单位进入空前发展扩张期，公有制制造业单位就业在整个就业中的占比已经无足轻重，非公有制制造业单位成为单位型企业就业的绝对主体。

第四节　长三角都市圈劳动力空间分布演化轨迹，呈现出中国特色的先聚集再辐射扩散的多中心空间结构特征

曾有研究认为，长三角都市圈劳动力空间分布演化轨迹在区域空间上，呈现出以上海为就业密度核心区的单中心结构状态[19]。本研究发现，该结论存在数据单薄和区域泛化的问题，与实际情况有较大差距。原因是，其采用的资料是2004年和2008年的经济普查数据，属于两个时间点上的截面调查数据，且时间上严重滞后，不能真实反映历史演化情况；同时，其研究区域泛化到远离长三角中心的苏北和浙西地区，摊薄了苏南和浙东南的劳动力密度；另外其将全部劳动力就业作为计算就业密度的指标，并不能反映长三角以第二、三产业为主要就业形式的实际情况。本研究采用1978～2013年的时间列数据，将研究区域界定在长三角都市圈16市核心区位，同时采用就业密度和就业

区位基尼系数两种计算方法，并把计算就业密度的重点集中在第二、三产业劳动力就业量上，而不包括第一产业就业的劳动力，所得出的结论是：长三角都市圈劳动力空间分布演化轨迹呈现出中国特色的先聚集再辐射扩散的多中心空间结构特征。

一、运用就业密度方法考察第二、三产业就业情况，可以发现长三角都市圈劳动力空间分布演化轨迹显示出先聚集再辐射扩散的多中心空间结构特征

我国特殊的二元经济结构形成的农业人口大量囤积于农村的情况，使得采用全部劳动力就业密度来衡量地区经济聚集情况的方法可能失真，因为现代经济聚集实际上是城市人口和就业的聚集，而大量农业人口所产生的大量农业劳动力，可能使表面上就业密度大的区域并不具有第二、三产业经济聚集的优势。基于此，现在除去农业劳动力就业量的基础上，仅计算 1978～2013 年长三角都市圈的浙江 7 市、上海市和江苏 8 市第二、三产业劳动力就业空间分布密度，发现长三角都市圈劳动力空间分布演化轨迹如图 2—5 和图 2—6 所示。其具备了先聚集再辐射扩散的多中心空间结构特征：

(1) 1978～2000 年上海一直是长三角的单一劳动力就业中心。其 1978 年非农第二、三产业劳动力就业密度是 0.0705，远远高于浙江 7 市的 0.0321 和江苏 8 市的 0.0420；2000 年非农就业密度是 0.1166，大大高于浙江 7 市的 0.0915 和江苏 8 市的 0.0875；图 2—5 显示的三地区

就业密度曲线亦相距较远。

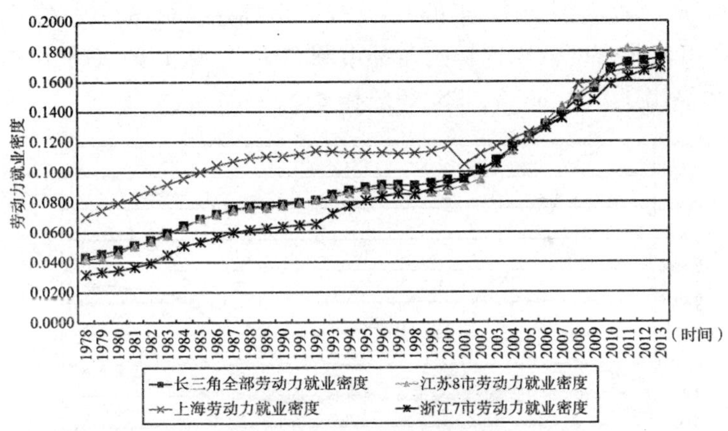

图 2—5　1978～2013 年长三角都市圈非农产业劳动力就业密度演化轨迹

资料来源：根据长三角都市圈江苏 8 市、浙江 7 市和上海市发布的统计年鉴、统计公报和相关统计资料计算汇总。

(2) 2000～2013 年上海的单一就业中心地位急剧下降，长三角三地区逐渐演化为基本平分秋色的就业多中心空间分布。图 2—5 所示的三地区就业密度曲线呈现紧密接近汇聚状态；其 2013 年上海就业密度为 0.1721，浙江为 0.1691，江苏为 0.1829，数据差异微弱。

(3) 2000～2013 年，江苏 8 市中形成了以苏州、无锡和南通为代表的高聚集劳动力就业中心，其就业密度大大高于长三角都市圈整体平均水平。如图 2—6 所示，苏州的非农就业密度由 1978 年的 0.0688 提高到 2013 年的 0.4064，增幅达 490.70%；无锡由 1978 年的 0.0530 提高到2013年的0.2257，增幅达325.85；南通由1978年的0.0492提高到2013年的0.2127，增幅达332.32%。以上3市就业密度分别比长三角都市圈2013年0.1757的平均水平高出了131.30%、28.46%和21.06%。

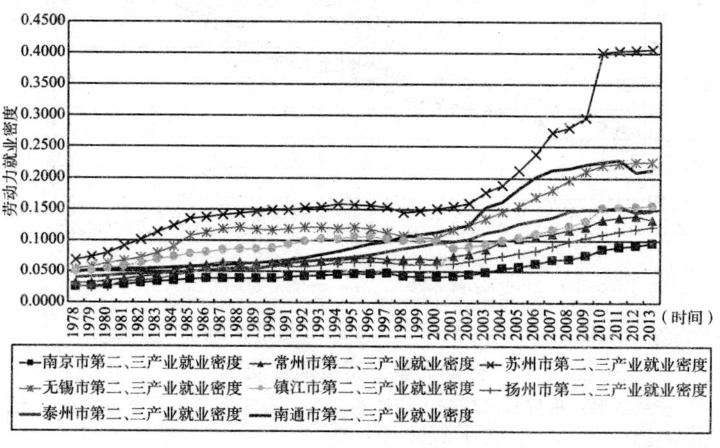

图2—6 江苏省长三角8市第二、三产业劳动力就业密度演化轨迹

资料来源：江苏省统计局主编的1996～2014年统计年鉴。

（4）2000～2013年，浙江7市中形成了以嘉兴、台州、宁波和杭州为为代表的高聚集劳动力就业中心。如图2—7所示，嘉兴就业密度由2000年的0.1329提高到2013年的0.3082，增幅131.90%；台州由2000年的0.1305提高到2013年的0.2216，增幅69.81%；宁波由2000年的0.1058提高到2013年的0.1928，增幅82.23%，杭州由2000年的0.0947提高到2013年的0.1892，增幅99.79%。该4市近15年来劳动力就业密度的大幅提高使之分别成为

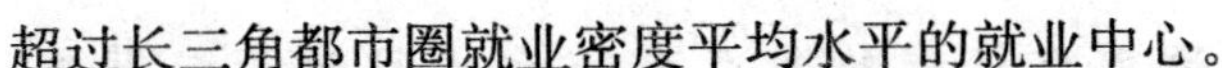
超过长三角都市圈就业密度平均水平的就业中心。

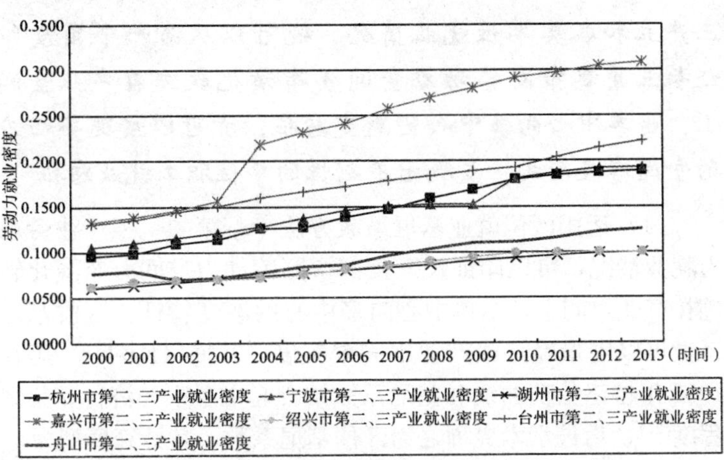

图 2—7　2000～2013 年浙江省 7 市第二、三产业劳动力就业密度演化轨迹

资料来源：浙江省统计局主编的 2000～2014 年统计年鉴。

纵观 1978 年以来长三角都市圈 30 多年来非农第二三产业劳动力就业密度变迁过程，充分说明其劳动力空间分布已经由上海市的单中心聚集，完成了向以苏南和浙东南的多中心聚集，并形成了以上海市，江苏南部的苏州市、无锡市和南通市，以及浙江东南部的杭州市、嘉兴市、宁波市和台州市等 8 大市为核心集聚区的高就业中心。同时，这些城市也成为中国经济迈向现代发达阶段的典型代表。

二、运用区位就业基尼系数方法同时考察第二、三产业和各类单位就业情况，既可以从另一个角度印证长三角都市圈劳动力空间分布演化轨迹在产业空间上，由单中心向多中心的渐变特征，亦可以发现劳动力的空间存在形式，呈现出差别性的单位职工就业特征

（1）运用区位就业基尼系数方法考察第二、三产业劳动力就业情况，可以印证长三角都市圈劳动力空间分布演化轨迹在产业空间上，由单中心向多中心的渐变特征。区位基尼系数可以度量经济或产业空间聚集度，基博（Keeble）等在1986年将洛伦茨曲线和基尼系数结合起来考察经济行业集聚程度[21]，后被学术界称之为区位基尼系数，其计算模型为

$$G_i = \frac{1}{2n^2\,\overline{S_i}}\sum_{k=1}^{n}\sum_{i=1}^{n}\left|S_{ij}-S_{ik}\right|,$$

式中：G_i 表示区位基尼系数，S_{ij}表示某产业在 i 地区的比重；S_{ik}表示产业 i 在地区 k 的比重；n 表示地区数量，$\overline{S_i}$表示某地区（城市）在全部区域产业中所占份额的均值。为了考察长三角都市圈劳动力就业空间演化过程的需要，现以 20 世纪 90 年代初为我国推进改革进程的拐点，将 1978～2013 年劳动力就业数据截成 1978～1999 年和 2000～2013 年两阶段，通过计算都市圈三地区三次产业的就业区位基尼系数来观察其演化轨迹，其结论是 1978～1999 年间，上海市是第二、三产业劳动力就业中心，江苏浙江两地区 15 市第二、三产业吸纳劳动力就业的集聚效应不明显，未能成为就业中心。运用以上区位基尼系数模型，所计算出来的 1978～1999 年和

2000～2013 年长三角都市圈三地区三次产业就业区位基尼系数比较如表 2－9 和表 2－10 所示，并据此画出“雷达”图 2－8 和图 2－9。其两个时间段的具体变化情况如下：

第 1 阶段：1978～1999 年。如表 2－9 和图 2－8 所示，长三角都市圈三地区第一、二、三次产业劳动力就业区位基尼系数，分别是浙江长三角 7 市 0.05754、0.03135、0.03377，上海市 0.02054、0.06450、0.05301，江苏长三角 8 市 0.04651、0.03746、0.03606。从数据看出：在第一产业就业方面，上海市基尼系数大大低于其他两地区，吸纳农业劳动力就业最少，浙江 7 市基尼系数最高，吸纳农业劳动力就业最多，江苏略低于浙江；在第二产业就业方面，上海市基尼系数大大高于其他两地区，远远高于江苏 8 市和浙江 7 市基尼系数，其吸纳的劳动力就业量巨大；在第三产业方面，上海市基尼系数亦大幅高于江苏 8 市和浙江 7 市。表 2－9 和图 2－8 所直观展示的这种情况说明，在去除第一产业劳动力就业这个受二元经济结构体制性制约因素之后，这一时期的上海市是长三角唯一的就业中心。

表 2－9　1978～1999 年长三角都市圈三地区三次产业就业区位基尼系数比较

地区	第一产业区位基尼系数	第二产业区位基尼系数	第三产业区位基尼系数
浙江长三角 7 市	0.05754	0.03135	0.03377
上海市	0.02054	0.06450	0.05301
江苏长三角 8 市	0.04651	0.03746	0.03606

资料来源：根据长三角都市圈江苏 8 市、浙江 7 市和上海市发布的统计年鉴、统计公报和相关统计资料计算汇总。

表 2—10　2000～2013 年长三角都市圈三地区三次产业就业区位基尼系数比较

地区	第一产业区位基尼系数	第二产业区位基尼系数	第三产业区位基尼系数
浙江长三角 7 市	0.06553	0.03923	0.02833
上海市	0.02575	0.02797	0.05289
江苏长三角 8 市	0.05587	0.04352	0.02781

资料来源：根据长三角都市圈江苏 8 市、浙江 7 市和上海市发布的统计年鉴、统计公报和相关统计资料计算汇总。

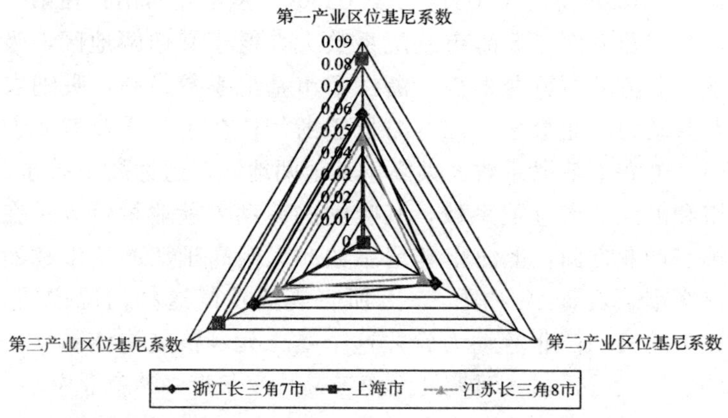

图 2—8　1978～1999 年长三角三地区三次产业劳动力就业区域基尼系数比较

资料来源：根据长三角都市圈江苏 8 市、浙江 7 市和上海市发布的统计年鉴、统计公报和相关统计资料计算汇总。

第 2 阶段：2000～2013 年。如表 2—10 和图 2—9 所示，长三角都市圈三地区第一、二、三次产业就业区位基尼系数，分别是浙江长三角 7 市 0.06553、0.03923、0.02833，上海市 0.02575、0.02797、0.05289，江苏长三角 8 市 0.05587、

0.04352、0.0278。可以看出：在第一产业方面，虽然浙江与江苏已经大幅减少了农业劳动力就业，但三地区依然维持了1978～1999年期间上海、江苏到浙江的依次升高格局；在第二产业方面，江苏8市基尼系数已经替代了原来上海的最高位置，浙江7市则紧随其后，上海的就业龙头地位已经丧失，其基尼系数已经远远低于苏浙两地；在第三产业方面，上海的领先地位进一步强化，苏浙两地2000～2013年间第三产业劳动力就业虽然获得了巨大增长，却仍然大幅低于上海。图2—9所展示的第二、三产业就业基尼系数在两个时期的巨大变迁说明，长三角都市圈自20世纪90年代末以来，已经形成了苏浙沪三大块就业中心。上海能够继续维持原有就业中心地位，主要依靠第三产业吸纳巨量劳动力；而江苏8市和浙江7市能够上升到就业中心地位，则主要依靠第二、三产业特别是第二产业吸纳劳动力的巨大能量所获得。

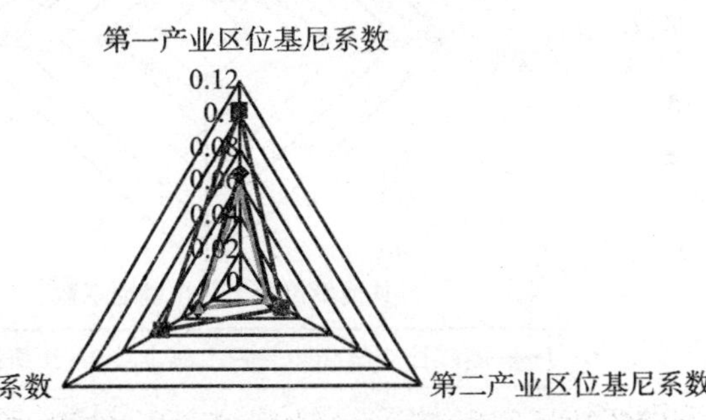

图2—9　2000～2013年长三角三地区劳动力就业区位基尼系数比较

资料来源：根据长三角都市圈江苏8市、浙江7市和上海市发布的统计年鉴、统计公报和相关统计资料计算汇总。

（2）运用区位就业基尼系数方法考察各类单位职工就业情况，发现长三角都市圈三地区劳动力的空间存在形式呈现差别性的单位职工就业特征。表2－11和图2－10显示，1978～1999年长三角都市圈三地区全部单位职工、公有单位职工、其他单位职工、城镇制造业单位职工等各类单位职工就业区位基尼系数，分别是浙江长三角7市0.11092、0.11151、0.05468、0.12394，上海市0.21225、0.20722、0.04673、0.22977，江苏长三角8市0.09106、0.09291、0.05242、0.11124。上海市在全部单位职工、公

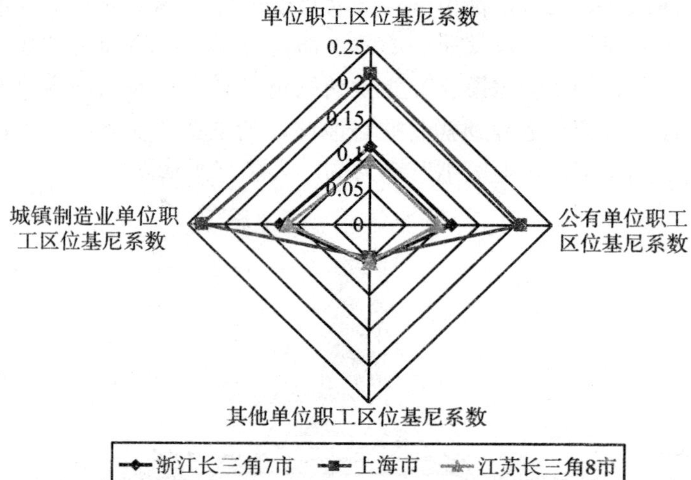

图2－10　1978～1999年长三角都市圈三地区各类单位职工就业区位基尼系数比较

资料来源：根据长三角都市圈江苏8市、浙江7市和上海市发布的统计年鉴、统计公报和相关统计资料计算汇总。

有单位职工和城镇制造业单位职工三方面均对浙江7市和江苏8市居于绝对优势地位。这反映了上海作为1949年以来全国经济格局上的中心地位，其公有单位和制造业单位在1978～1999年间依然拥有苏浙地区难以比拟的就业优势，从而在整体上衬托了其就业中心地位。苏浙两地区因为不是国家重点发展地区，其全部单位职工、公有制单位职工和城镇制造业单位职工就业均大幅落后于上海，只有其他单位职工区位基尼系数与上海接近。因为在公有制体制外发展单位职工就业，1990年以前全国都处于初期尝试阶段，非公有制单位职工的正规就业尚未获得制度的认可，20世纪90年代上半期亦处于初步发展阶段。这也从另一个角度说明了上海市当时作为长三角就业中心形成的一个特殊制度背景。随着时间的推进，长三角都市圈三地区各类单位职工就业发生了巨大变化。表2－12和图2－11显示，2000～2013年长三角都市圈三地区全部单位职工、公有单位职工、其他单位职工、城镇制造业单位职工就业区位基尼系数，分别是浙江长三角7市0.12956、0.10518、0.11356、0.08251，上海市0.21225、0.20722、0.04673、0.22977，江苏长三角8市0.09106、0.09291、0.05242、0.11124。图表的数据说明，上海的公有制单位就业职工大幅减少了，基本与长三角苏浙两地处于同一水平，而全部单位职工和城镇制造业单位职工继续维持显著高于苏浙两地的优势，则是得益于其他单位职工就业的快速增长，其弥补了传统的公有制单位职工就业快速下降的缺口；江苏长三角8市和浙江长三角7市，在其他单位职工和城镇制造业单位职工就业上得到了大幅增长，而与上海市比较仍然存在较大的距离。不过，苏浙 15 市在单位职工就业上的差距，却未能影响其在长三角都市圈整个第二、三产业上所确立的两大新兴就业中心地位。其原因是大量的未能统计入单位职工就业范畴的民间和外资企业扮演了两地区就业主力军的角色。关于长三角都市圈各类单位职工就业所具备的如此特点，将会在接下来的研究中得到进一步论证。

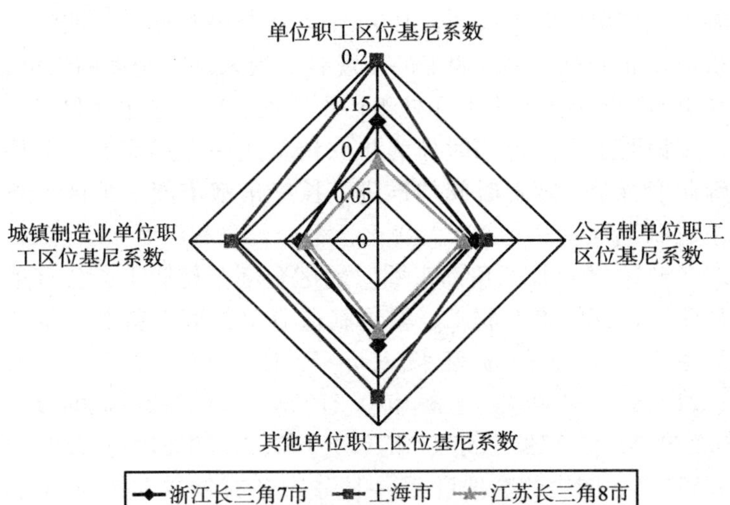

图 2－11　2000～2013 年长三角都市圈三地区各类单位职工就业区位基尼系数比较

资料来源：根据长三角都市圈江苏 8 市、浙江 7 市和上海市发布的统计年鉴、统计公报和相关统计资料计算汇总。

表 2—11　　1978～1999 年长三角都市圈三地区各类单位职工就业区位基尼系数比较

地区	全部单位职工区位基尼系数	公有制单位职工区位基尼系数	其他单位职工区位基尼系数	城镇制造业单位职工区位基尼系数
浙江长三角 7 市	0.11092	0.11151	0.05468	0.12394
上海市	0.21225	0.20722	0.04673	0.22977
江苏长三角 8 市	0.09106	0.09291	0.05242	0.11124

资料来源：根据长三角都市圈江苏 8 市、浙江 7 市和上海市发布的统计年鉴、统计公报和相关统计资料计算汇总。

表 2—12　　2000～2013 年长三角都市圈三地区各类单位职工就业区位基尼系数比较

地区	全部单位职工区位基尼系数	公有制单位职工区位基尼系数	其他单位职工区位基尼系数	城镇制造业单位职工区位基尼系数
浙江长三角 7 市	0.12956	0.10518	0.11356	0.08251
上海市	0.19585	0.11549	0.16975	0.15425
江苏长三角 8 市	0.08624	0.09068	0.09638	0.0762

资料来源：根据长三角都市圈江苏 8 市、浙江 7 市和上海市发布的统计年鉴、统计公报和相关统计资料计算汇总。

本章参考文献

[1]［英］威廉·配第．政治算术［M］．北京：商务印书馆，1981.

[2] Colin Clark Grant. The Conditions of Economic Progress [M]. London：Macmillan& Co. Ltd，1940.

[3] 西蒙·库兹涅茨．现代经济增长 [M]. 北京：北京经济学院出版社，1989：128—134.

[4] 维克托·富克斯．服务经济学 [M]. 北京：商务印书馆，1987：40—42.

[5] H. 钱纳里，M. 赛尔昆．发展的型式 [M]. 北京：经济科学出版社，1988；65—66.

[6] Lewis W. A. Economic development with unlimited supplies of labour [J]. The Manchester School，1954，22 (2)：139—191.

[7] Lewis W. A. The theory of economic growth [M]. London：Allen and Unwin，1955.

[8] 阿瑟．刘易斯．对无限劳动力的反思 [A]. //阿瑟．刘易斯．二元经济论（中译本）[C]. 北京：北京经济学院出版社，1989：102—129.

[9] Todaro Michael P. A Model of Labor Migration and Urban Unemployment in Less Developed Countries [J]. The American Economic Review，1969，59 (1)：138—148.

[10] Ignaczak L.，Voia M. A Retrospective Analysis of Employment Duration：Evidence from the Second Half of the Twentieth Century [J]. LABOUR，2011，25 (1)：97—125.

[11] 雷原，韩伟．三大产业技术选择、劳动力产业间分布与经济增长 [J]. 经济问题探索，2013 (10)：1—6.

[12] 郑思齐，孙聪．城市经济的空间结构：居住、就业及衍生问题 [J]. 南方经济，2011 (8)：18—31.

[13] 沈体雁等．我国就业密度分布的空间特征 [J]. 地理与地理信息科学，2013，29 (1)：64—68.

[14] 杨胜利，高向东．我国劳动力资源分布与优化配置研究 [J]. 人口学刊，2014，36 (1)：78—88.

[15] 张祥晶．区域在业人口分布格局变动分析——以浙江省为例 [J]. 杭州师范大学学报，2011 (3)：106—111.

[16] 张丹，孙铁山，李国平．中国首都圈区域空间结构特征——基于分行业就业人口分布的实证研究 [J]. 地理研究，2012，31 (5)：899—908.

[17] 陈祯．产业结构与就业结构失衡的实证分析 [J]. 山西财经大学学报，2007，29 (10)：32—37.

[18] 牟宇峰．长江三角洲地区就业人口分布及其时空变化研究 [J]. 中国人口科学，2013 (4)：97—107.

[19] 劳昕等．长三角与珠三角就业密度分布比较研究 [J]. 城市发展研究，2013，20 (12)：12—17.

[20] 国家统计局．中国统计年鉴 [M]. 北京：中国统计出版社，1996.

On the Integration of Employment of Lean City Based on the Evolution of Spatial Distribution of Labor Force in the City Group Around Yangzi Delta

第三章 长三角都市圈劳动力空间分布演化的逻辑与规律性特征形成动因分析

实证表明，长三角都市圈劳动力产业空间分布演化轨迹，既具有符合经典“配第—克拉克定理”的普遍性，亦展现出了中国国情的特殊路径。是什么动因促使其具有如此的演化逻辑与规律性特征呢？这不仅需要从社会经济发展的层面去思考长三角都市圈乃至中国整体的劳动力产业空间分布演化轨迹，而且需要从社会其他层面诸如政治、文化乃至人性等多维度去发散性思考，方能全面真实地诠释出其背后的推动力。

第一节 长三角都市圈劳动力空间分布演化的逻辑与规律性特征，符合“配第—克拉克”定理的普遍原则动因分析

20 世纪 70 年代末期以来，中国社会开始逐渐变革 1949 年后建立起来的苏式社会模式，经济领域的公有制控制逐渐松动，社会许多方面的大一统也开始走向多元化，

被长期人为塑化的人性得以回归其本来面目，人们追求生存与发展，以及体面与幸福生活的人性原始动力被体制变化所激活。于是，在公有体制外的经济创业和公有制体制内的经济拓展，成为推动中国社会劳动力同时也是长三角地区劳动力空间分布演化重新选择“配第—克拉克定理”路径的最核心动因。其可以从以下几个方面得到佐证：

一、旧体制下农业和农村所面临的严重人地矛盾，使得庞大的农业人口不可能在极为有限的人均耕地条件下实现符合人性追求的经济发展，其出路只有实现劳动力和人口的空间转移

1978 年全国总人口已达 96 259 万人，其中农村人口为 79 014 万人，占 82.08%，包括水田旱地在内的耕地 14.9 亿亩，农村人均耕地仅 1.88 亩①；而同期长三角区域内的农民人均耕地还不足 1.5 亩②。在耕地面积相对不变的情况下，人口却在快速增长，1981 年全国总人口突破 10 亿，达到 100 072 万人，1988 年突破 11 亿，达到 111 026 万人，1995 年突破 12 亿，达到 121 121 万人，人均耕地与人口的矛盾空前激烈。在当时农业产出率极其低下的情况下，有限的耕地要维持日益增长的人口生存几乎达到了极限；长三角作为全国人口的聚集区，其面临的人地矛盾则更为突出。为了解脱这一困境，唯一有效途径就是将大量囤积于

① 数据来源于国家统计局 1996 年《中国统计年鉴》。

② 数据来源于浙江省、上海市和江苏省 1996～2000 年出版的统计年鉴。

农村的人口和农业的劳动力转移到非农的第二、三产业和城市。长三角地区开始率先实行了这种转移，图 3－1 和图 3－2 已经证实了三次产业间劳动力就业的转移过程。在人口转移方面的情况则基本与三次产业劳动力就业转移相一致。如图 3－1 所示：按农业与非农户籍计算的两类人口占比，1978 年分别是 76.60％和 23.40％，到 2013 年则变动为 44.79％和 55.21％。这一期间，按户籍计算的非农人口占比即城市化率上升了 31.81％，农业人口占比减少了 31.81％；按实际常住人口而非按户籍计算的农业与非农业人口占比，1978 年同样分别是 76.60％和 23.40％，到 2013 年则变动为 29.21％和 70.79％，农业人口占比和城市化率对应性减增了 47.39％。之所以出现户籍划分不同而引起农业与非农人口计算的差异，则是户籍改革滞后造成的统计差异，实际的农业人口转移情况则应当依据常住人口而非户籍人口统计数据。正因为 30 多年来这种持续的劳动力与人口转移，长三角地区与全国的情况一样，严重的人地矛盾基本得到了缓解。

二、旧体制下农村与城市、农业与非农间存在的巨大经济收入和福利保障差距，使占人口和劳动力绝大多数的农村和农民失去了获得与市民和第二、三产业劳动者平等国民身份的机会，从而大大限制了其人力资源发挥的潜力，其出路亦只有实现劳动力和人口的空间转移

1978 年，我国农村人均纯收入仅 133.6 元，而城镇居民家庭年人均货币收入为 343 元，这个显性的收入差距看

起来不大，只有 2.57 倍①。但是，当时的城市居民享受了政府给予的“包起来”的全方位福利保障，其蕴含的隐性收入远远超出显性收入。如仅仅加上每年人均的三项实物福利，即住房补贴 114.1 元，劳保福利 45.29 元，价格补贴 104.28 元，则城镇居民人均可支配收入就达 607.07 元，为农村居民人均纯收入的 4.54 倍②。如果进一步考虑城镇居民在享受文教卫福利、就业保障、城镇公共设施消费、身份尊严等，这些仅为城镇居民所专有的诸多项目，城乡之间的差距则有着不可跨越的天壤之别。除此之外，由于体制性的工农业产品的巨额剪刀差，城镇居民所从事的第二、三产业生产出来的产品价格已大大高于农副产品的价格。这一时代背景下所呈现的类似情况，长三角与全国是相同的。所以，在巨大的利益之差面前，长三角农业人口和劳动力本身就存在着向城市及其第二、三产业移动的客观内在动因。正如托达罗所论证的，农业人口对于城乡间和三次产业间预期收入差异的反应，决定了农业劳动力向城市及其第二、三次产业的空间移动[1]。

三、体制变革和政策放松所产生的环境拉力，促使超负荷的农业人口和劳动力重新进行空间布局，从而为长三角乃至全社会回归市场经济条件下才有的“配第—克拉克定理”发挥作用创造了制度前提

20 世纪 70 年代末开始的渐进性体制变革和政策放开，

①② 周志太，翟文华．计划经济时期城乡收入差距悬殊的实证研究［J］．西安交通大学学报（社会科学版），2014，34（5）：28—37.

On the Integration of Employment of Lean City Based on the Evolution of Spatial Distribution of Labor Force in the City Group Around Yangzi Delta

不仅表现在对农村和农业的公社体制、土地体制、劳动体制、分配体制等方面的变革，也表现为对城镇及其第二、三产业的计划经济体制、财产所有制体制、企业体制、生产流通体制、劳动就业体制等诸多方面的渐进性变革。特别是 20 世纪 90 年代初确定了整个社会经济体制改革的最终目标是建立市场经济体制之后，农业劳动力在城乡间、三次产业间的空间调整布局，并持续实现“配第—克拉克定理”终于获得了制度性的环境拉力。图 3—1 基于户籍划分的长三角城市化率、农业人口与非农人口变迁轨迹显示，按户籍计算的城市化率显著低于非按户籍计算的城市化率，按户籍计算的农业人口占比显著大于非按户籍计算的农业人

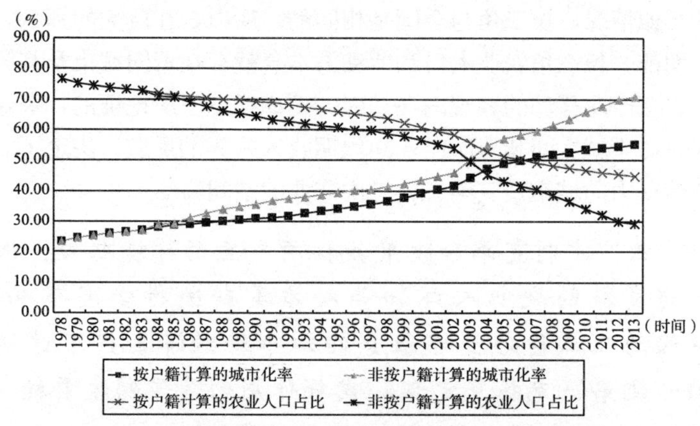

图 3—1　1978～2013 年长三角都市圈基于户籍划分城市化率、农业与非农业人口变迁轨迹

资料来源：根据长三角都市圈江苏 8 市、浙江 7 市和上海市发布的统计年鉴、统计公报和相关统计资料计算汇总。

口占比，这说明大量农业人口在未获得非农户籍的情况下，已经转移到城市生活和非农产业就业。其从另一个角度印证了体制改革为人们改变生活模式所提供的制度环境保障前提，即在户籍管理问题未能彻底改革到位的情况下，大量追求城市生活的农业户籍人口仍然可以在未获得非农户籍身份的情况下常住于城市。

第二节　长三角都市圈劳动力空间分布演化轨迹，呈现出中国特色的城乡、区域、单位式所有制空间结构的特殊动因分析

从1978年至今30多年来长三角都市圈劳动力空间分布演化轨迹考察，其所显现中国特色的城乡、区域、单位式所有制空间结构有着自身变迁的特殊动因。具体如下：

一、长三角都市圈劳动力空间分布演化轨迹，呈现出中国特色的城乡、区域所有制空间结构的首要动因，是20世纪70年代末到1990年中期国家推进的所有制体制改革具有的时代特殊性所锚定

这个时代特殊性是，在这一近20年的时间里，国家关于经济所有制的改革仍然处于意识形态上的诸多论争之中，即改革是否要在全面突破1949年以来确定的公有制经济地位，而让民营经济彻底展放能量的问题上，一直未能在根本性的指导思想上得到解决。这一问题在20世纪70年代末不

可能讨论，在整个20世纪80年代也只是争论，1992年虽然中央提出了建立市场经济体制的改革目标，但在所有制问题上仍然不是那么一目了然；直到20世纪90年代下半期，当国家经济面临极大难题时，才促使中央在所有制争论问题上形成共识，决定全面纵深地推进国有企业的体制改革，并将深圳、珠海等特区改革开放经验推向长三角乃至全国，以彻底解除所有制的约束而放手让民营企业发展。正是这一改革时间上的特定性，造就了长三角都市圈劳动力空间分布演化轨迹在城乡、区域和单位式所有制空间结构上呈现出自身的特色。

（1）20世纪70年代末到1990年中期，城市仍然沿袭了大力发展公有制的思路，民营经济处于补充的角色，从农村转移到城市的劳动力大多局限在公有制经济未能到达或者不能全面到达的领域，所以，这个时期要从农村大规模转移劳动力无疑受到政策限制。这种情况可以从该地区城市化率的变迁轨迹图3—2看出：江苏8市城市化率1978年19.17%，1998年33.8%，20年提高14.63%；浙江7市城市化率1978年13.18%，1997年21.99%，近20年提高8.81%；上海城市化率1978年58.75%，1998年72.99%，20年提高14.24%。三地区在此期间的城市化进程缓慢，其城市化率迅速加快是20世纪90年代末21世纪初开始的。从图3—1所示的按非户籍城市常住人口计算的城市化率变迁轨迹看，亦很好地说明了，长三角都市圈城市化率快速提高时期发生在1999～2013年的14年间。期间城市化率年均增幅高达6.09%，大大超过了1998年以前年均2.91%的增幅。这种情况也可以从构成长三角组成部分的各市相关数据得到证实。譬如，1998 年江苏省无锡市乡村全部就业人员为 158.48 万人，其中外出务工的合同工和临时工仅为 3.96 万人，只占乡村总就业人数的 2.52%。

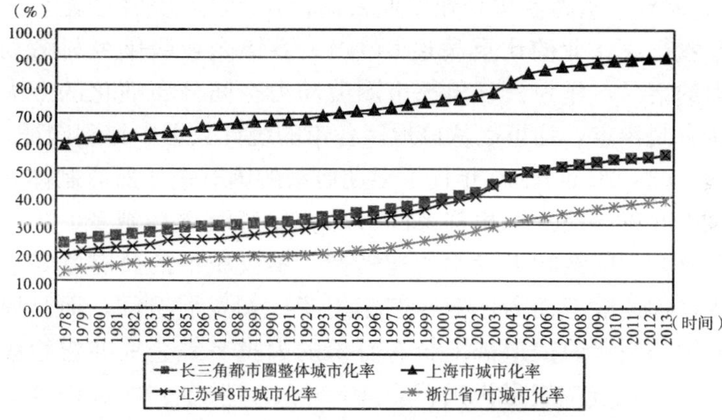

图 3—2　1978～2013 年长三角都市圈各区域以户籍计算的城市化率变迁比较

(2) 鉴于 70 年代末到 90 年代中期公有制仍是这一时期经济发展的大方向，迫切希望获得在第二、三产业发展机会的广大农村劳动力，只有把就地转移就业方式作用权宜之计，于是以名义公有制形式存在的乡镇企业便成为了农民改变自身处境的另一条出路，其大发展也成为了长三角地区的一道奇特经济风景线。譬如，1995 年江苏省无锡市乡村全部就业人员为 159.79 万人，其中在乡镇工业企业就业 81.78 万人，在乡镇建筑企业就业 8.94 万人，在交通运输仓储、邮电业企业就业 4.08 万人，在批零贸易业、餐饮业就业 5.81 万人，在金融保险业就业 0.23 万人，在其他非农行业就业 20.51 万人；乡村中非农行业合计就业人数达 121.35 万人，占全部乡村就业人数的比例高达 75.94%；若将乡镇企业就业人员合并计算，其在全部乡村非农行业就业的比重高达 81%[①]。乡镇企业吸纳乡村劳动力的情况，作为长三角都市圈劳动力空间分布演化的一大所有制特点，均可以从该地区各市的统计数据中得到印证。

（3）20 世纪 90 年代下半期启动的国有企业所有制体制全面改革，使长三角都市圈劳动力分布演化在城乡、区域所有制空间结构上发生快速转变，不仅城市的公有制经济规模加速缩减而为民营经济腾出了广阔发展空间，而且原来因体制所限被迫戴上公有身份的大批乡镇企业亦纷纷脱去“红帽子”变身为民营企业，所以，城乡和区域内公有制体制内劳动力就业的迅速递减和公有制体制外劳动力就业的迅速递增便成为 20 世纪 90 年代末至目前劳动力分布演化的又一特色。图 3—2 中长三角都市圈公有制体制内职工运行轨迹正是这一特色的最好说明：公有制职工在 1991 年达到峰值 1277.91 万人之后，其增长便进入了疲弱区；1997 年之后，则随着全面国企改革的推进而开始锐减，到 2014 年仅剩下 442.92 万人，只有峰值年份三分之一；其在整个长三角都市圈劳动力中的占比，也由 1988 年的 28.61%减少至 2014 年的 6.54%[②]。与此对应，民营企业

① 数据来源于无锡市统计局 2001 年出版的《无锡市统计年鉴》。

② 数据来源于浙江省、上海市和江苏省各年出版的统计年鉴和政府公报。

劳动力就业比例无论在城镇还是乡村都占据了绝对优势。

二、长三角都市圈独特的区位优势与文化特质是其劳动力空间分布演化轨迹，呈现出中国特色的城乡、区域、单位式所有制空间结构特征的环境和内在动因

从30多年来长三角都市圈劳动力分布演化轨迹看（图3—1和图3—2所示），其呈现的城乡、区域和单位式所有制空间结构特征，可以从时间分段角度进行描述。一是乡村在70年代末到90年代中期的近20年中，劳动力以家庭和个体形式存在的第一产业就业人数逐步减少，而以集体公有制乡镇企业形式存在的第二、三产业就业人数逐步增加；在20世纪90年代末至目前的近20年中，以家庭和个体形式存在的第一产业就业人数继续呈减少趋势，以公有制乡镇企业形式存在的第二、三产业就业人数亦大幅减少，而以民营企业形式存在的第二、三产业就业的人数大幅增加。二是城市在1970年代末到20世纪90年代中期的近20年中，第二、三产业的公有制体制内就业人数呈增长趋势，而体制外就业人数则经历了从无到有然后进一步增长的过程；在90年代末至目前的近20年中，主要以单位式职工形式存在的第二、三产业公有制体制内就业劳动力急剧减少，而包括外资在内的第二、三产业非公有制就业劳动力则呈现出快速膨胀之势。三是长三角都市圈的区域劳动力分布演化，在70年代末到90年代中期的近20年中，苏浙沪三大区域间及其内部各市间均呈各自为政的独立就业体

系空间架构状，公有制就业也仍然是这一时期的主要就业形式；在20世纪90年代末至目前的近20年中，苏浙沪三大区域间及其内部各市间各自为政的独立就业体系空间架构被逐步打破，苏浙沪三大区及其内部各市间经济逐渐实现一体化，原来分隔三大区及其内部各市间的农村逐渐实现了城市化，大部分劳动力进入了非公有制的就业领域。四是单位式职工就业在30多年间走出了先期增加，中期逐步减少，后期快速增加的运行轨迹。图3－2显示，1996年长三角全部单位职工人数为1345.96万人，之后即出现连续性大幅下降，2003年达到谷底1077.57万人后开始快速增长，2014年创出2734.33万人的新高，10年间增幅高达153.75%，年增幅达15.38%。需要指出的是，近10年来的单位职工增长并非公有制单位职工的增长，而是非公有制单位职工的增长①。

根据以上情况可以推断，长三角都市圈劳动力分布演化轨迹，为何以城乡、区域和单位式所有制空间结构特征形式出现，其主要动因表现在两大方面：

(1) 长三角都市圈独特的区位地理优势所促成。濒海、临江、东部、交通、地势、气候和非农产业基础等，应当是长三角都市圈优越于除珠三角以外全国所有地区的最大客观环境条件。这些优越条件为劳动力就业于第二、三产业创造了无可替代的先天机会。特别是在作为改革开放先

① 单位职工属性在20世纪90年代末已由原来的公有制单位就业人员重新定义为不分所有制的单位就业人员，民营单位和外资单位都包括在内。

行试验区的珠三角地区发展接近就业饱和域值的情况下，长三角地区无疑成为国家规划的又一个改革开放区。所以，分析该地区劳动力分布演化的动因，同样可以从两个时间段来看。

第一时间段是 1978 年到 90 年代中期。一方面是劳动力由第一产业向第二、三产业移动已经不可逆转；另一方面是公有制仍然在第二、三产业中居于主体的情况下，劳动力由第一产业向第二、三产业的转移，主要以本地内部流动形式出现，很少吸纳区域外的转移劳动力。

第二时间段是 90 年代中期至今。不仅该地区人们创业激情继续高涨，而且外资也蜂拥而至，对外贸易亦高速增长，使其像珠三角一样持续不断地吸引了大量本地农村以外地区的劳动力。譬如，上海市从 90 年代中期开始，外商投资开始大规模进入，1995 年实际利用外资达到 36.38 亿美元，比 1991 年增长了 20 倍，2013 年则达到了 167.8 亿美元，在 1995 年基础上增长了 361.24%，是 1991 年的 206 倍。而之前的实际利用外资，1981 年才 0.03 亿美元，直到 1991 年也仅 1.7527 亿美元，对整个经济贡献很小。在对外贸易上，上海的大发展也出现在 90 年代中期，1990 年上海进出口总额仅有 74.31 亿美元，1996 年增至 222.63 美元，增长了 3 倍；2006 年增至 2274.89 亿美元，10 年增长了 10 倍；2014 年达到 4666.20 亿美元，在 1996 年基础上增长了 20 倍，在 1990 年基础上增长了 62 倍。位于长三角的苏浙 15 市的情况亦与之类似。譬如，江苏苏州市实际利用外资 1985 年仅 0.1070 亿美元，1990 年才 0.6954 亿美

On the Integration of Employment of Lean City Based on the Evolution of Spatial Distribution of Labor Force in the City Group Around Yangzi Delta

元，1995 年即增至 23.7779 亿美元，增长了 33 倍多；2012 年增至 91.6490 亿美元，是 1990 年的 131 倍；在外贸进出口方面，1990 年仅 1.8816 亿美元，1995 年即增至 45.9223 亿美元，增长 23 倍多；2014 年达到创纪录的 3113.1783 亿美元，增长了 1653 倍多。外资投资和外贸进出口在 1990 年中期后的爆发式增长，充分证明了国家先期在珠三角实行的优惠式改革开放政策向内地推广之后，长三角随即以自己的独特区位优势成为外商云集和外贸进出口超级繁荣之地，并由此进一步带动了该地区民营经济的高速发展，并使之成为超过珠三角的另一个大规模吸纳劳动力之地。由此，长三角都市圈劳动力亦走出了自己特有的城乡、区域和单位式就业分布演化轨迹。

（2）长三角都市圈独特的人文特质所造就。苏沪浙长三角地区属吴文化圈，是天下著名的水乡，长江、钱塘江、太湖、运河、东海……均在这里交汇。在这样一种独特的以水为本的环境中，孕育并形成了吴文化的人与自然协调，以水为本的处事民风：柔和内敛，多元兼蓄，深邃博创，温情卓然……。这一系列的“吴人”特质，构成了长三角都市圈中最富有经济创造性和吸引外来生产要素投入的文化源泉。

长三角都市圈独特的人文特质蕴涵了两大经济优势：一是苏沪浙吴文化圈本地人的经济创造性。自唐宋 1000 多年以来，这里既是江南鱼米之乡和富庶之地，更是历代朝廷的经济贡献之地，纺织业一直得以千年兴盛，其个中缘由无疑是“吴人”的勤劳与善于致富的本性使然。故至改革开放伊始，其经济创造性就很快得以显现。今天中国的诸多经济模式，如工业园区等就是长三角率先创造。30 多年来，苏沪浙长三角并未像当初珠三角那样享受许多国家特殊政策，而是以自己独特的“吴人”个性创造了经济奇迹。其不仅自身生活水平步入了现代化，而且还吸纳了 2000 多万域外的劳动力①。二是苏沪浙吴文化圈对外地和海外人进行经济创造所具有的强大吸引力。前述已经列举该地区海外投资和贸易进出口增长的数据，来佐证其地理区位优势所具有的经济创造力。其实，长三角 16 市对于外部资金和市场的吸引力，并不仅仅是可以用单一的区位地理优势来说明的，其独特的吴文化优势正是这种吸引力不可缺少的另一面。可以说，外商外资钟情于吴文化特质，是其将资金投入长三角和将市场开放给长三角的内在推动力。譬如，2010 年长三角 16 市实际使用外资达 455.51 亿美元，其占当年全国实际使用外资 1088.21 亿美元的 41.86%；该年 16 市对外货物进出口额达 10 378.59 亿美元，其占全国对外货物进出口额 29 740 亿美元的 36.59%；2013 年长三角 16 市实际使用外资 577.29 亿美元，占全国 2013 年 1187.21 亿美元的 48.63%②。随着海外资金涌入和外贸进出口剧增，大量外商人士移居长三角。譬如，2005 年上海市台商居住人数即已超过 50 万人[2]；2012 年仅江苏省苏州市台商人数就达 30 万人[3]。所以说，大量的外商外资入

①② 数据根据长三角都市圈浙江 7 市、上海市、江苏 8 市政府和国家统计局各年统计年鉴和政府公报等资料计算。

驻和庞大的外贸进出口增长，除了区位地理优势外，吴文化所造就的苏沪浙长三角人固有的特质，应当是其经济得以超速发展和劳动力分布空间形成独特演化轨迹的内在动力因素。同时，还有一个重要的情况值得强调，即长三角都市圈劳动力分布演化在20世纪90年代中期后，非公有制的单位式就业获得了巨大发展，并在目前占据了整个就业的40%以上比例。这说明，长三角劳动力就业的正规化达到了一个相当高的水平，其对该地区经济的长期持续发展具有强大的支撑作用。

第三节　长三角都市圈劳动力空间分布演化轨迹，呈现出先聚集再辐射扩散的多中心空间结构特征主要动因分析

前述运用就业密度和区位就业基尼系数方法已经得出的结论是，长三角都市圈劳动力空间分布演化轨迹，在20世纪70年代末到20世纪90年代末呈现出以上海为单一中心的空间聚集结构特征；在20世纪90年代末以后则呈现出苏沪浙三地平分秋色型多中心的空间扩散结构特征。形成这种特征的主要动因可以做如下分析：

一、20世纪70年代末到20世纪90年代末呈现的以上海为单一中心的空间聚集结构特征，主要是历史上全国范围内经济布局政策所致

1949年至1970年代，除上海之外，长三角和珠三角地

区并不是国家经济建设的重心，固定资产投入一直薄弱。20 世纪 80 年代，珠三角被纳入发展重点，但长三角除上海之外被重视却至少滞后了 10 年时间，固定资产的投入亦十分有限。譬如，上海 1983 年工业基本建设投资 32.60 亿元，江苏省 12.99 亿元，浙江省 6.4 亿元，分别只有上海的 2/3 和 1/5 左右，而其中投入到江苏所属长三角都市圈 8 市的仅 7.98 亿元，投入到浙江长三角都市圈 7 市的仅 3.3 亿元，分别只有上海的 1/4 和 1/10 左右①。这种情况也可以从长三角各个城市基本经济情况的对比中得到说明。譬如，在国家划定的全国 20 个重点城市中，1983 年度上海市和南京市的相关经济数据如表 3—1 所示，其在固定资产投入、企业销售收入、职工人数等各个方面，上海市都大大高于南京市。在 80 年代，长三角的苏浙两省仅有南京列入国家重点城市，如今经济发达的苏州、无锡、常州、杭州、宁波等大城市均未受到国家全局性的重视，其经济发展基本靠自身力量。如目前居于长三角 16 市第二位的副省级城市苏州，在 1949～1983 年的 30 多年中，其工业企业全部固定资产总额中仅有 20%来源于省和中央投资[4]。国家经济布局使得上海市在长三角取得了远远优于其他 15 市的政策性历史优势。所以，即使在 80 年代末和 90 年代初，长三角发展受到了国家宏观布局调整的重视之后，苏浙 15 市经济发展后来居上的情况下，上海仍然得以维持 90 年代的长三角单一经济中心和就业中心的地位。

---

① 数据根据长三角都市圈浙江 7 市、上海市、江苏 8 市政府和国家统计局各年统计年鉴和政府公报等资料计算。

On the Integration of Employment of Lean City Based on the Evolution of Spatial Distribution of Labor Force in the City Group Around Yangzi Delta

表 3—1　　1983 年全国 20 个重点城市中上海与南京的部分经济情况比较

比较项目	上海市（亿元）	南京市（亿元）	上海与南京之比
全民所有制单位基本建设投资	43.01	6.01	7.16∶1
其中生产性投资	31.64	2.99	10.58∶1
全民所有制单位基本建设新增固定资产	17.91	4.11	4.36∶1
全民所有制单位更改投资	17.44	2.32	7.52∶1
其中生产性更改投资	13.60	1.67	8.14∶1
全部工业企业单位数（个）	8562	2033	44.21∶1
全部工业总产值	6784.58	85.41	7.94∶1
全民所有制独立核算工业企业固定资产原值	235.02	51.49	4.56∶1
全民所有制独立核算工业企业固定资产净值	146.10	31.70	4.61∶1
全民所有制独立核算工业企业产品销售收入	535.12	56.73	9.43∶1
财政预算内收入	153.70	11.15	13.78∶1
年底职工人数	483.01	123.33	3.92∶1
全民所有制单位职工人数	377.522	84.89	4.45∶1

资料来源：国家统计局．中国统计年鉴［M］．北京：中国统计出版社，1984.

二、20 世纪 90 年代末至今长三角都市圈所呈现的苏沪浙三地多中心的空间扩散结构特征，主要是该区域的“产业同构谐振”与“生产要素同质化”市场效应所致

（1）市场选择了长三角都市圈的“产业同构谐振”，促使三地经济获得了同步发展，从而使得长三角劳动力空间分布均衡化，其多就业中心态势自然形成。关于长三角产业同构问题，学术界已有不少研究。有学者运用产业结构相似系数法，计算出2000年江苏和上海第一、二、三产业的相似系数为0.966，浙江和上海为0.9674，江苏与浙江为0.9998；2010年江苏和上海第一、二、三产业的相似系数为0.9678，浙江和上海为0.9836，江苏和浙江为0.9986[5]。如此之高的产业相似系数，而且2000～2010年十年间基本保持不变，这说明三地产业同构已经是一个市场自然选择的生态样式。从理论上分析，地区间的产业同构会产生诸如重复建设，投资和生产分散，区域间难以发挥比较优势等负面效应。但是，由于长三角本身及其在全国地理区位的独特性，其产业同构并非只产生一般情况下的消极效应，而是主要产生一种“产业同构谐振”的积极效应，即产业间存在的同构和谐共振，它具有的促进经济发展的积极能量会远远胜过消极能量。譬如，从区域本身的角度看，其产业同构谐振产生的充分竞争，促进了产业区域内的集聚，使得产业内部分工日益精细化，并导致产业链不断延伸，进而进一步扩展了产业内部跨行政贸易和跨行政区的产业集聚；从全国乃至国际视野看，其产业同构谐振产生的产业集聚效应，使长三角在全国和国际市场的竞争中，能够形成一种区域性集团的内部化效应，即长三角的同构性产业通过谐振效应，可以加强产业间的联系，并通过产业内部纵向化分工和贸易，从而使三地区域内的共同产业，发展成为事实上一体化大集群和大集团性质的超级产业，结果形成对外超强的区域性竞争实力。这些年来长三角地区在全国经济实力的不断增长，以及外资的大规模进入和国际贸易的发展，都足以证明这种产业同构谐振的积极效应所产生的市场竞争力量。所以，经济和就业从上海单一中心过渡到苏沪浙 16 市多中心，正是长三角产业同构谐振积极效应的必然结果。

（2）“生产要素同质化”效应是长三角都市圈劳动力分布演化，由单一就业中心过渡到就业多中心的另一个客观动因。古典经济学将生产要素概括为土地、劳动和资本，现代经济学则在此基础上将企业家、技术、信息、组织、文化、制度等均视为生产要素。从长三角都市圈生产要素的构成情况看，其同质化现象是其一个显著的特点。一般地，生产要素都存在一定的异质化问题，即具有同一规定性的生产要素在不同的时间、地点和条件等情况下并非产生同质的效果。譬如，同质量的一块土地、一个劳动力、一额度资本、一位企业家、一项技术、一种文化等等，都会因为所处情境条件的相异而发挥出不同的效果，产生巨大能量差别；同一位企业家在上海做得很有成就，换到北京则可能连连失败；同额度资本用于创办某种实体能够获得巨大收益，投资另一种实体确亏本而终；等等。但是，长三角则普遍存在着生产要素同质化现象，即质量等同的生产要素能够获得等同的回报，这类似于经济学理论上充分竞争市场所显示出来的状态。近年来长三角地区一系列生产要素投入产出情况可以予以证实。如利用回归方程分析长三角都市圈苏沪浙三地区 1990～2013 年期间投资与地区生产总值之间的变动关系，其系数分别为 1.7568、1.8275 和 1.7012；分析 1990～2013 年期间第一、二、三产业投资与地区生产总值之间的变动关系，其系数分别为江苏 8 市 0.9823、2.6572、3.0821，上海市 0.8976、2.7814、3.1549，浙江 7 市 0.9689、2.4876、2.9674；分析 1990～2013 年期间制造业对外贸易综合回报率，分别为江苏 8 市 13.86%、上海市 14.97、浙江 7 市 12.76%；分析 1990～2013 年期间第二产业综合投资回报率，分别为江苏 8 市 18.74%、上海市 20.11%、浙江 7 市 17.83%；分析 1990～2013 年期间包括房地产业在内的金融业投资综合回报率，分别为江苏 8 市 26.76%、上海 28.25、浙江 7 市 27.47%；分析高新技术行业增值率为江苏 8 市 25.43%、上海市 27.18%、浙江 7 市 24.95%；分析人力资源投资综合回报率，分别为江苏 8 市 27.92%、上海 29.01%、浙江 28.33%[①]。以上数据显示，1990～2013 年长三角都市圈三地区之间，在生产总投入产出、三次产业投入产出、制造业投入产出、外贸投入产出、第二产业投资回报率、金融业投资回报率、高新技术行业增值率、人力资源投资综合回报率等方面均差距较小。这说明三地区间相对充分的市场竞争与合作，使各地区间生产要素得到了合理配置与流动，从而保证了同质量的生产要素能够得到基本等同的回报，即产生了“生产要素同质化”市场效应。这一效应的

① 数据根据长三角都市圈浙江 7 市、上海市、江苏 8 市政府和国家统计局各年统计年鉴和政府公报等资料计算。

产生与长三角苏沪浙三地的地域、人力、资本、企业家、技术、信息、组织、制度、文化等一系列要素的同质同构紧密呼应，并造就了该地区经济与就业的多中心形成。可以说，“生产要素同质化”与“产业同构谐振”所产生的双重市场效应，既是推动长三角都市圈劳动力分布演化形成多中心轨迹的不可替代因素，也是其他地方难以复制的独特条件。

本章参考文献

[1] Todaro Michael P. A Model of Labor Migration and Urban Unemployment in Less Developed Countries [J]. The American Economic Review，1969，59 (1)：138－148.

[2] 吴泽斌，李瑾. 基于区位基尼系数分析的江西省产业空间集聚分析 [J]. 资源与产业，2014，16 (6)：100－103.

[3] 徐志凤.50 万台商上海就医用台湾健保 [N]. 上海商报，2005－07－01.

[4] 于欣伟. 关注在苏州生活 30 万台湾商人 [N]. 福音时报，2012－07－04.

[5] 中国经济年鉴编辑委员会.1984 年中国经济年鉴 [M]. 北京：经济管理出版社，1984.

[6] 周荣荣. 长三角产业结构优化调整与经济转型升级 [J]. 统计科学与实践，2012 (7)：6－10.

第四章　长三角都市圈劳动力空间分布演化的未来调适策略

从整体看，长三角都市圈劳动力空间分布演化显示出积极健康的轨迹，经济发展与就业增长呈现良性运行态势。但是，要使该地区更好地发挥其所具有的主客观优势，仍然有许多方面值得进一步优化调适，才能促进其未来劳动力就业体现更多的确定性发展前景。

第一节　长三角都市圈劳动力空间分布演化，需要从第二、三产业就业量增长与人口城市化交互式提速上进行调适

长三角 16 市 1978 年至今，第二、三产业劳动力就业总量获得了巨大增长，其不仅吸纳了转移自本地区的大量农业过剩劳动力，还吸纳了来自区域外的大量农业劳动力。表 4－1 即体现了本地农业劳动力的转移速度和比例，与城市化发展步伐存在的显著差距。其可以从以下数据观察：

表 4—1　1978～2013 年长三角都市圈 16 市人口与三次产业劳动力就业变迁情况

年份	总人口	农业人口	非农业人口	按户籍计算城市化率%	总就业人数	劳动参与率%	第一产业就业人数	第二产业就业人数	第三产业就业人数
1978	6888.55	5276.73	1611.80	23.40	3088.92	44.84	2162.24	678.92	247.76
1979	6986.73	5258.54	1728.20	24.74	3153.28	45.13	2207.30	703.88	242.10
1980	7055.16	5258.04	1797.10	25.47	3261.24	46.22	2250.26	745.35	265.63
1981	7093.80	5243.13	1851.10	26.09	3367.75	47.47	2290.07	777.21	300.47
1982	7176.43	5265.62	1912.50	26.65	3401.22	47.39	2312.83	817.49	270.90
1983	7236.31	5273.97	1963.80	27.14	3502.78	48.41	2346.86	867.54	288.38
1984	7275.44	5237.88	2038.40	28.02	3618.23	49.73	2351.85	902.29	364.09
1985	7330.94	5216.55	2114.40	28.84	3722.38	50.78	2382.32	958.72	381.34
1986	7406.05	5248.40	2157.70	29.13	3812.45	51.48	2393.72	1011.23	407.50
1987	7490.55	5280.60	2210.00	29.50	3882.39	51.83	2368.26	1066.78	447.35
1988	7572.24	5303.23	2269.00	29.96	3952.17	52.19	2331.78	1102.99	517.40
1989	7651.40	5323.21	2328.20	30.43	4038.82	52.79	2332.13	1169.36	537.33
1990	7700.98	5324.27	2376.70	30.86	4112.87	53.41	2330.17	1219.22	563.48

续表

年份	总人口	农业人口	非农业人口	按户籍计算城市化率%	总就业人数	劳动参与率%	第一产业就业人数	第二产业就业人数	第三产业就业人数
1991	7745.54	5333.67	2411.90	31.14	4171.15	53.85	2229.89	1273.38	667.88
1992	7780.99	5312.42	2468.60	31.73	4217.34	54.20	2152.94	1301.34	763.06
1993	7819.81	5260.17	2559.60	32.73	4256.48	54.43	2037.14	1348.21	871.13
1994	7856.79	5233.63	2623.20	33.39	4297.56	54.70	1937.42	1422.09	938.05
1995	7892.16	5197.50	2694.70	34.14	4333.76	54.91	1842.15	1467.23	1024.38
1996	7931.85	5166.96	2764.90	34.86	4373.21	55.13	1758.36	1515.54	1099.31
1997	7961.08	5129.86	2831.20	35.56	4417.93	55.49	1668.91	1589.27	1159.75
1998	7983.15	5071.78	2911.40	36.47	4452.27	55.77	1579.29	1699.76	1173.22
1999	8011.69	4983.38	3028.30	37.80	4491.39	56.06	1494.63	1733.32	1263.44
2000	8051.41	4892.44	3159.00	39.24	4544.91	56.45	1410.58	1768.63	1365.70
2001	8085.05	4819.36	3265.70	40.39	4539.58	56.15	1325.01	1777.43	1437.14
2002	8123.89	4743.27	3380.60	41.61	4665.83	57.43	1227.18	1901.75	1536.91
2003	8162.00	4540.21	3621.80	44.37	4827.14	59.14	1117.21	2063.53	1646.40
2004	8214.65	4338.55	3876.10	47.19	5009.31	60.98	1015.68	2219.71	1773.91

On the Integration of Employment of Lean City Based on the Evolution of Spatial Distribution of Labor Force in the City Group Around Yangzi Delta

续表

年份	总人口	农业人口	非农业人口	按户籍计算城市化率%	总就业人数	劳动参与率%	第一产业就业人数	第二产业就业人数	第三产业就业人数
2005	8265.40	4235.21	4030.20	48.76	5218.07	63.13	938.95	2363.63	1915.49
2006	8321.61	4183.89	4137.70	49.72	5403.40	64.93	848.05	2504.22	2051.13
2007	8371.56	4104.25	4267.30	50.97	5648.36	67.47	813.66	2679.15	2155.56
2008	8411.55	4058.09	4353.50	51.76	5991.52	71.23	781.63	2847.88	2362.01
2009	8450.69	4014.35	4436.30	52.50	6181.38	73.15	761.09	2935.61	2484.69
2010	8490.76	3957.24	4533.50	53.39	6446.80	75.93	698.70	3071.55	2676.55
2011	8532.78	3924.81	4608.00	54.00	6517.51	76.38	650.11	3083.32	2784.09
2012	8562.52	3901.57	4660.90	54.43	6601.41	77.10	714.96	3125.77	2760.68
2013	8602.34	3852.82	4749.50	55.21	6642.27	77.21	696.25	3129.06	2816.96

资料来源：根据长三角都市圈 16 市统计年鉴分析整理。

一、本地区人口增长与就业增长极不协调

1978 年 16 市总人口 6888.55 万人，总就业人数 3088.92 万人，劳动参与率 44.84%；到 2013 年，总人口为 8602.34 万人，就业人数为 6642.27 万人，劳动参与率达 77.21%的水平，前后差距为 32.37 个百分点，实际上，劳动参与率远达不到这个水平。如果按照 1978 年劳动参与率水平计算，与之对应的 2013 年劳动力就业人数才 3857.29 万人，与 2013 年实际就业人数差距达 2784.98 万人。显然，这一劳动参与率倚高部分，主要是来自域外的就业劳动力移入长三角所致。

二、非农就业劳动力增长与人口城市化率极不协调

如果将第二、三产业就业人数合并计算，2013 年这两大产业就业人数为 5946.02 万人；与此同时，长三角 16 市按户籍人口计算的城市化率，2013 年仅为 55.21%，非农人口才有 4749.50 万人，比同年的第二、三产业就业劳动力还少 1196.52 万人。可见，长三角城市化与非农劳动力就业量增长之间存在严重矛盾。其原因是我国特殊的户籍制度制约了城市化发展步伐，即长三角在大量吸纳农业转移劳动力就业的同时，一方面是外地农业移入非农的人口未能将户籍转入就业地，另一方面是本地农业劳动力转移滞后和移入非农的人口亦未能将户籍转移至城市。从而造成了长三角 16 市在经济与就业高速增长的同时，城市化率

提高却相对缓慢。所以，将来需要从第二、三产业就业量增长与人口城市化交互式提速上进行调适，以使长三角都市圈劳动力空间分布演化未来更加符合发展规律。

三、具体可从以下方面展开工作

一是从法律法规上彻底实现城乡人口二元户籍制度的并轨，以非农就业增长促进人口城市化。解决这一问题还需推进一系列配套改革，包括转移人口享受普遍无差别的各项权利的市民待遇，农业人口移入城市后原有土地财产的产权保障等，都必须得到立法保护。二是推进乡村城市化进程，扩展城市功能，在空间上实现城乡一体化，进一步拓展非农就业量。目前长三角 16 市仍有许多乡村兴办第二、三产业的地带尚未实现与城市的连接，不仅其就业者的身份未能转换，而且在空间上仍呈孤悬状态，要素配置效率不高。如果各中心城市能实时将城市功能扩展到这些空间，其释放的第二、三产业就业能量将会进一步增强，从而加快城市化进程。三是加快长三角 16 市之间的一体化进程，创造各市间劳动力就业与城市人口互动增长的新空间。长三角一体化问题虽然已经提出多年，但是，由于苏沪浙三省市之间行政体制大壁垒和苏浙 15 市之间行政体制的小壁垒，真正的经济一体化进程仍未有大的突破。接下来的工作主要应放在打破各地区间行政壁垒，真正将 16 市当作一个超级特大市来进行建设，实现 16 市的行政一体化，从而实现政治、经济、社会服务的全面一体化。如果能够实现这一目标，其整体城市功能发挥所带动的城市服务业就业机会将呈爆发式增长态势，同时，第二产业及其就业也将在一体化的带动下获得巨大的再次增长机会。

第二节　长三角都市圈劳动力空间分布演化，需要从就业质量升级与就业样式后工业化趋势之间的互动式促进上进行调适

一、长三角30多年来不仅劳动力空间分布发生了巨变，而且劳动力就业质量也得到了显著提高

1978年至今，第一产业就业在三次产业中占比持续下降，已经由1978年的56.54%降至2013年的9.76%，下降了46.78个百分点；第二、三产业就业占比均呈上升趋势，其中第二产业就业占比由1978年的31.11%提高至2013年的47.56%，提高了16.45个百分点，其1997～2002年间则有一段向下波动；第三产业就业占比由1978年的12.35%上升至2013年的42.74%，提高了30.39个百分点。这说明绝大部分劳动力已经从繁重且效率低下的农业领域转移至劳动强度较低和效率较高的非农产业。但从非农就业看，第二产业就业47.56%的占比凸显了第二、三产业间结构与长三角本身经济发展水平的不相协调。如果按2013年长三角16市国内生产总值94 074.03亿元计算，其人均国内生产总值为17 600多美元，已经达到发达国家水平。而按照进入发达国家的一般标准，三

次产业就业构成比例应该是由高向低的三、二、一次序，不是长三角的二、三、一。这可以从表4—2显示的发达国家产业就业演进过程得到证明。英国“二战”后60年代开始迈入发达国家行列，其1960年第三产业就业已达48.80%，第一、二产业分别是4%和47%，之后第二产业就业快速下降，第三产业就业快速上升，第二、三产业就业之比1970年为52.00%和45.00%，1980年是59.00和38.00%，1990年是65.00%和33.00%，1999年是73.00%和25.00%；美国1950年第二、三产业就业之比即已达到50.80%和35.7%，到1994年则是75.00%和22.00%；日本1970年开始进入发达国家行列，其三次产业就业比重的次序亦是三、二、一，即45.00%、38.00%和17.00%。如今长三角16市经济发展程度已经完全与这些国家当年所处水平相同，但高倚的第二产业就业比重表明长三角就业结构仍不具备发达社会所应有的后工业化形态。即就业质量仍然不高，相对较为体面和轻松的服务业仍未成为大多数人就业领域。另外，目前长三角劳动力产业就业结构情况，即使与我国情况类似的发展中国家相比也有较大差距。如表4—3显示，2005年，一些人口较多的发展中国家，其服务业就业比重都已大大超过了长三角2013年的水平，埃及、南非和巴西分别达到50.40%、65.10%和57.90%，分别超过长三角水平的7.66、22.36和15.16个百分点。

表 4—2　　英国、美国、日本 50～90 年代相关年份三次产业就业比重一览

年份	英国农业	美国农业	日本农业	英国工业	美国工业	日本工业	英国服务业	美国服务业	日本服务业
1950	5.00	13.30	50.10	49.10	35.70	21.90	45.90	50.80	26.30
1960	4.00	8.20	32.10	47.20	34.50	27.40	48.80	57.30	39.30
1970	3.00	5.00	17.00	45.00	30.00	38.00	52.00	65.00	45.00
1980	3.00	4.00	10.00	38.00	28.00	37.00	59.00	68.00	53.00
1990	2.00	3.00	7.00	33.00	24.00	37.00	65.00	73.00	56.00
1999	2.00			25.00			73.00		
1994		3.00			22.00			75.00	
1998			5.00			32.00			63.00

注：表中农业、工业、服务业分别是第一、二、三产业。

资料来源：谢茂拾．中国就业分析与前瞻［M］．北京：经济管理出版社，2012.

表 4—3　　2005 年部分发展中国家服务业及其所属行业就业情况

国家和地区	服务业就业人数（万人）	服务业比重（%）	# 金保房商（万人）	占比（%）	社会个人服务（万人）	占比（%）
菲律宾	3287.50	48.10	107.30	3.26	175.10	5.33
埃及	1934.17	50.40	49.90	2.58	112.40	5.81
南非	1230.10	65.10	129.60	10.54	224.4	18.24
巴西	8718.94	57.90	594.40	6.82	1294.90	14.85

资料来源：谢茂拾．中国就业分析与前瞻［M］．北京：经济管理出版社，2012.

On the Integration of Employment of Lean City Based on the Evolution of Spatial Distribution of Labor Force in the City Group Around Yangzi Delta

二、长三角都市圈劳动力空间分布演化，亟须从就业质量升级与就业样式的后工业化趋势上进行调适，以为地区经济的进一步发展开辟更为广阔的前景

初步考虑，可以从以下一些方面加强工作：

(1) 大力发展中间需求行业，带动第二产业价值链向服务业延伸，从而实现服务业劳动力高质量就业的大幅扩展。发达国家已经走过的以服务业就业为主体的后工业化道路证明，随着产业分工日益细化和专业化程度提高，第二产业价值链迂回增值功能，将使产品生产过程日益与服务过程实现广泛的系统结合，这一结合过程所产生的需求属于服务业的中间需求，即越来越多的对于第二产业产品的购买，并不是像传统交易那样直接消费，而是进一步用于更深更广层次的加工或再销售的产品或服务。中间需求的兴起扩张将引致生产型服务业的多元化，并使现代服务业业态产生革命性变化，并推动整个服务业的纵深发展。表 4—4 部分 OECD（经合组织）国家中间需求占比情况说明，中间需求已经成为这些国家服务业就业的主要构成部分：7 个国家 1988 年的 65.10% 服务业就业占比中，33.90%属于中间需求就业，之后中间需求就业一直维持超过 50%的比例。目前长三角 16 市中间需求就业还处于较低发展阶段，据估算，属于第二产业价值链延伸的生产性服务中间需求就业，仅占整个服务业（第三产业）就业的

21%左右[①]。如果在加速推进长三角一体化过程中主动着力于第二产业分工细化和专业化，增强其价值迂回增值功能，其吸纳高质量就业的空间将十分广阔。

表4—4　　部分OECD国家中间需求在服务业就业占比情况　　单位：%

项目	1988年	1992年	1996年	2000年	2003年
中间需求服务	33.90	34.10	35.20	36.30	36.60
最终需求服务	31.20	32.30	33.70	33.10	33.90
服务业总计	65.10	66.40	68.90	69.40	70.50

注：统计样本来自英国、法国、德国、意大利、西班牙、美国和加拿大7个OECD（经合组织）国家。

资料来源：谢茂拾．中国就业分析与前瞻［M］．北京：经济管理出版社，2012.

（2）大力发展以吸纳高质量就业人群为主的新兴生产者服务业、社会个人服务业以及公共服务就业，促进长三角16市就业形态向后工业化进程转换。由于过来体制方面的约束，长三角与全国其他地区一样，在金融、保险、商务服务、社区社会服务、个人社会服务等新兴生产者服务业和社会个人服务业方面发展较为迟缓，公共服务域值亦偏小，虽然近年来这些领域得到了不少进步，但总体看仍然跟不上时代要求，其发展空间巨大，可以创造众多高质量的就业岗位，吸纳大批高素质人群的就业。对比部分发达国家这方面就业占比情况，亦可以看到长三角存在的发

① 数据根据长三角都市圈浙江7市、上海市、江苏8市政府和国家统计局各年统计年鉴和政府公报等资料计算。

展潜力。如表4－5所示，1974年OECD13个国家的金保房地产及商务服务、社区社会及个人服务、公共服务等三大方面的高质量就业者比重占28.40％，超过其全部服务业比重的50％，之后近20年间，这一比重均保持上升趋势。据估算，长三角16市这三个方面的高质量就业人数仍不足整个服务业就业量的30％①，其应当是未来扩大高层次就业人群的一个方向。

表4－5　OECD国家中13成员国的部分高质量就业人数比重变化情况

单位：％

项目	1974年	1980年	1985年	1990年	1992年
服务业总计	52.40	57.40	60.90	63.80	65.10
金保房地产及商务服务	5.60	6.70	8.00	9.10	9.20
社区社会及个人服务	8.40	9.60	10.20	11.20	11.90
公共服务	14.40	16.50	17.50	18.00	18.50

注：统计样本来自加拿大、美国、日本、澳大利亚、新西兰、奥地利、比利时、丹麦、芬兰、法国、德国、意大利和挪威13个OECD（经合组织）国家。

资料来源：谢茂拾．中国就业分析与前瞻［M］．北京：经济管理出版社，2012.

（3）进一步降低三次产业偏离度，从整体上进一步推进第三产业就业空间拓展。目前，长三角都市圈的三次产业增加值比重与相应的劳动力比重差异过大，即存在着较为严重的产业结构偏离度。根据产业结构偏离度

① 数据根据长三角都市圈浙江7市、上海市、江苏8市政府和国家统计局各年统计年鉴和政府公报等资料计算。

指数模型

$$P=\sum_{i=1}^{n}|L_i-C_i|$$

(P 为产业结构偏离度；L_i 为第 i 产业就业人数占全部产业人数的比例；C_i 为第 i 产业产值占全部产业产值的比例；n 为产业数。P 值越大产业结构偏离程度越大，反之越小）计算，第一产业偏离度为 0.68，第二产业偏离度为 0.04，第三产业偏离度为 0.21。这说明从第一产业转移劳动力，使更多的劳动力就业于较为体面就业岗位的任务仍然较重；同时，降低第二产业就业人数和产出，提高第三产业就业人数和降低产业结构偏离度，亦是从整体上推进长三角都市圈就业结构向后工业社会转变的必要宏观政策调适之举。

第三节　长三角都市圈劳动力空间分布演化，需要从单位式就业与非单位式就业之间的协调增长上进行调适

一、长三角都市圈劳动力空间分布演化的单位式就业现象显著

这一特点在 30 多年来有两个阶段表现尤为突出。

第 1 阶段是 1978 年至 90 年代初期。其单位式就业在整个非农就业中占比一直维持 50%左右，而且主要以公有制单位就业形式体现出来。譬如 1978 年，非农就业在全部

就业中占比 43.46%，单位式就业在全部就业中占比为 27.24%，其在整个非农就业中占比达 62.68%；另外，单位式就业的主要构成来自公有制单位就业，1978 年公有制单位就业在全部就业中的占比为 26.85%，其在整个单位式就业中的占比高达 98.57%。这就意味着当时的所谓单位基本是公有制单位。1992 年，非农就业在全部就业中占比 62.12%，单位式就业在全部就业中占比为 30.45%，其在整个单位就业中占比接近 50%；另外，单位式就业的主要构成亦来自公有制单位就业，1992 年公有制单位就业在全部就业中的占比为 28.10%，其在整个单位式就业中的占比高达亦达 92.18%，非公有制单位仅占单位就业的 7.82%。

第 2 阶段是 2005 年至今。单位式就业再次重拾升势，但主要是以非公有制单位式就业体现出来。从 1992 年中央宣布经济体制改革目标之后，单位式就业和公有制单位就业均呈快速下滑趋势，并于 2004 年走入谷底；2005 年单位式就业开始回升，公有制单位就业则仍呈继续下滑态势。目前，单位式就业再次成为长三角就业的主流形态。数据显示，2013 年，非农就业在全部就业中占比为 90.3%，单位式就业在全部就业中的占比为 40.39%，其在非农就业中占比为 44.73%；同时，非公有制单位就业在全部就业中占比达 33.22%，这意味着单位就业中的 82.25%为非公有制单位，而公有制单位仅占整个单位式就业的 17.75%，即不到 1/5 的比例。

以上两阶段不同所有制单位式就业占比的演变轨迹，

一方面体现了长三角规模化、规范化单位式就业方式①，由单一公有制向多元化非公有制单位转变的过程，反映了经济发展和人们生活方式不再依赖公有制就业的进步；另一方面也反映了长三角非农就业追求规模化、规范化单位式就业的行为模式仍存在强大的惯性势力。该惯性势力的隐忧是，这种追求规模化、规范化单位式就业的行为模式，将会成为该地区未来就业增长的一大阻力。

二、借鉴发达国家走过的道路

从发达国家走过的道路看，以大中型实体形式为主的规模化、规范化单位式就业并非是社会就业的最大主体，而以小微企业实体为主的非规模化、规范化的非单位式就业才是社会就业的主力军。譬如，日本2012年有450万个小微企，在全部企业中占99%，就业劳动力占全部就业人员的70%[1]；美国2006年数据表明，小微企业在美国全部企业中占比为98%，就业占全部就业人数的56.5%，技术创新成果占创新总量的55%，销售收入占全部企业总销售收入的47%；而其中就业人员不足10人的微型企业就达2550万个，占企业总数的95.6%。欧盟的小微企业亦占到了企业总数的99%，吸纳就业人员超过了全社会就业的一

① 本书中“规模化、规范化单位式就业”指在公有制行政和企事业单位的就业人员，以及在就业人数达到国家统计局规定基数的规模以上民营和外资企业的就业人员，本书中也将其称之为社会正规就业。与之对应的“小微企业”就业，是指在国家统计局界定的非公有制规模以下企业的就业人员，含个体工商户。

半以上[2]。长三角按人均生产总值衡量已经达到发达国家水平，但目前非单位式小微企业发展却仍然滞后于现实需要。如长三角地区小微企业发展程度最高的上海市，2011年小微企业注册户数 64.95 万户，占全市企业总数的 92.66%[3]，与发达国家相比仍差距明显，其生存现状亦不容乐观。今后如果继续走发展规模化、规范化单位式就业增长之路，亦恐怕难以为社会提供更多的新就业岗位。在后工业社会的就业服务化的总趋势下，发展小微企业这种非单位式就业无疑是长三角未来进一步扩大就业的必由之路。所以，长三角的就业战略亟须从单位式就业与非单位式就业之间协调发展上进行调适。

三、调适措施

目前可从以下方面着手：一是从战略规划上调适单位式就业与非单位式就业之间的关系。即从一体化战略上，制定长三角都市圈单位式就业与非单位式小微企业就业的发展远景路线图，在有序地进一步发展单位式就业的同时，把非单位式小微企业的就业提高到更高的战略角度加以规划，并同时以短期、中期和长期的目标来考核非单位式小微企业就业的增长。具体战略措施可以多方面进行思考。譬如，仿照日本“以大中型企业发展带动小微企业发展”的经验模式，来促进单位式就业与非单位式就业的协调增长。如日本丰田集团将主要零部件生产承包给由 171 家企业组成的“协丰会”，然后由“协丰会”再次将部分生产任务二次或三次承包给 1.2 万多家小微企业[2]。这一模式若为长三角大型企业所借鉴，其创造小微企业就业机会的能量将得到巨大释放。二是从法律法规和政策措施上调适单位式就业与非单位式就业之间的关系。即真正从制度和社会根本福祉上重视小微企业的命运前途，把小微企业的注册、融资、税费、社会保障等一系列问题纳入法律法规和政策措施之中，使其享受到与单位式就业的平等地位，甚至比单位式就业更加优越的社会地位，从而促进小微企业的有效就业扩大。三是从思想观念和文化传统上调适单位式就业与非单位式就业之间的关系。即真正改变人们长期存在的追逐甚至迷信单位式就业的思想观念和文化氛围，在舆论宣传、文化教育、传统习惯和思维模式等方面，彻底革除单位式就业至上的狭隘观念，制造一个使更多人能够选择小微企业创业和就业的宏大社会环境。

第四节　长三角都市圈劳动力空间分布演化，需要从苏沪浙分区域聚集的多就业中心，与苏沪浙区域一体化的多就业中心之间的协调发展上进行调适

一、以苏沪浙三地为区域边界的三大就业中心现状

目前，长三角都市圈分别形成了以苏沪浙三地为区域边界的三大就业中心（见表4—6）。其中，2013年，江苏8市吸纳的第二、三产业就业2770.78万人，占长三角第二、三产业全部就业的45.67%；上海市第二、三产业就业1090.99

表 4—6　　长三角都市圈第二、三产业就业情况一览

年份	长三角都市圈总计			江苏 8 市			上海市			浙江 7 市		
	第二产业就业	第三产业就业	第二、三产业合计	第二产业就业	第三产业就业	第二、三产业合计	第二产业就业	第三产业就业	第二、三产业合计	第二产业就业	第三产业就业	第二、三产业合计
1978	1074.59	426.57	1501.16	431.13	204.52	635.65	301.46	145.53	446.99	342.00	76.52	418.52
1979	1124.04	444.91	1568.95	447.48	209.36	656.84	319.16	153.80	472.96	357.40	81.75	439.16
1980	1191.11	462.55	1653.66	477.54	219.99	697.53	342.87	160.38	503.25	370.70	82.18	452.89
1981	1269.83	506.71	1776.54	508.24	255.76	764.00	364.85	167.20	532.05	396.74	83.75	480.49
1982	1361.10	532.10	1893.20	567.61	251.08	818.69	381.69	175.81	557.50	411.80	105.21	517.02
1983	1459.71	592.39	2052.10	614.53	268.22	882.75	397.01	183.97	580.98	448.17	140.20	588.36
1984	1562.44	659.51	2221.95	672.95	284.05	957.00	414.65	191.09	605.74	474.84	184.37	659.22
1985	1667.25	708.18	2375.43	740.75	304.07	1044.82	434.58	199.39	633.97	491.92	204.72	696.64
1986	1732.82	754.17	2486.99	769.04	318.91	1087.95	451.40	208.74	660.14	512.38	226.52	738.90
1987	1779.26	812.95	2592.21	797.09	332.71	1129.80	460.48	218.05	678.53	521.69	262.19	783.88
1988	1799.87	846.59	2646.46	805.64	342.28	1147.92	465.60	226.70	692.30	528.63	277.61	806.25
1989	1806.51	855.01	2661.52	801.39	343.89	1145.28	465.67	231.92	697.59	539.45	279.20	818.64
1990	1820.79	875.21	2696.00	808.32	357.14	1165.46	465.43	232.92	698.35	547.04	285.15	832.19
1991	1837.26	911.38	2748.64	814.38	382.97	1197.35	469.15	238.85	708.00	553.73	289.56	843.30

On the Integration of Employment of Lean City Based on the Evolution of Spatial Distribution of Labor Force in the City Group Around Yangzi Delta

续表

年份	长三角都市圈总计			江苏8市			上海市			浙江7市		
	第二产业就业	第三产业就业	第二、三产业合计	第二产业就业	第三产业就业	第二、三产业合计	第二产业就业	第三产业就业	第二、三产业合计	第二产业就业	第三产业就业	第二、三产业合计
1992	1873.00	936.63	2809.63	832.21	402.71	1234.92	471.00	251.53	722.53	569.79	282.39	852.18
1993	1892.25	1036.86	2929.11	845.37	419.17	1264.54	463.12	257.65	720.78	583.76	360.03	943.79
1994	1893.78	1121.44	3015.22	843.96	454.59	1298.55	448.16	263.25	711.41	601.66	403.60	1005.26
1995	1907.17	1197.08	3104.25	853.85	479.49	1333.34	436.70	276.64	713.34	616.62	440.95	1057.57
1996	1895.24	1255.58	3150.82	841.74	504.46	1346.20	422.27	292.45	714.73	631.23	458.66	1089.89
1997	1873.76	1287.69	3161.45	826.21	514.35	1340.56	399.01	310.60	709.61	648.54	462.74	1111.28
1998	1819.34	1310.59	3129.93	778.15	528.08	1306.23	380.26	333.23	713.54	660.93	449.23	1110.16
1999	1825.54	1358.88	3184.42	764.51	546.07	1310.58	377.28	342.12	719.40	683.75	470.69	1154.44
2000	1837.47	1418.52	3255.99	766.19	556.86	1323.05	367.04	372.08	739.12	704.24	489.58	1193.82
2001	1834.89	1450.39	3285.28	797.22	574.99	1372.21	309.91	355.17	665.08	727.76	520.23	1247.99
2002	1921.16	1545.53	3466.69	823.04	613.28	1436.32	320.93	386.87	707.80	777.19	545.38	1322.57
2003	2063.53	1646.40	3709.93	932.11	659.83	1591.94	317.12	422.21	739.33	814.30	564.36	1378.66
2004	2243.18	1769.38	4012.56	1024.00	698.52	1722.52	315.97	453.61	769.58	903.21	617.25	1520.46
2005	2353.38	1904.83	4258.21	1093.94	772.78	1866.72	322.33	479.97	802.30	937.11	652.08	1589.19

On the Integration of Employment of Lean City Based on the Evolution of Spatial Distribution of Labor Force in the City Group Around Yangzi Delta

续表

年份	长三角都市圈总计			江苏 8 市			上海市			浙江 7 市		
	第二产业就业	第三产业就业	第二、三产业合计	第二产业就业	第三产业就业	第二、三产业合计	第二产业就业	第三产业就业	第二、三产业合计	第二产业就业	第三产业就业	第二、三产业合计
2006	2489.90	2044.10	4534.00	1183.61	833.01	2016.62	327.63	502.55	830.18	978.66	708.54	1687.20
2007	2657.85	2143.01	4800.86	1295.99	880.69	2176.68	342.75	512.62	855.37	1019.11	749.70	1768.81
2008	2822.01	2316.94	5138.95	1333.04	944.34	2277.38	424.16	579.70	1003.86	1064.81	792.90	1857.71
2009	2916.63	2430.42	5347.05	1392.82	1011.37	2404.19	423.03	592.86	1015.89	1100.78	826.19	1926.97
2010	3154.95	2666.87	5821.82	1554.62	1148.13	2702.75	443.74	609.93	1053.67	1156.59	908.81	2065.40
2011	3181.90	2770.32	5952.22	1561.69	1195.06	2756.75	445.08	621.97	1067.05	1175.13	953.29	2128.42
2012	3195.98	2796.00	5991.98	1566.72	1177.41	2744.13	439.96	629.84	1069.80	1189.30	988.75	2178.05
2013	3195.76	2871.54	6067.30	1560.49	1210.29	2770.78	446.09	644.90	1090.99	1189.18	1016.35	2205.53

资料来源：根据长三角都市圈江苏 8 市、浙江 7 市和上海市发布的统计年鉴、统计公报和相关统计资料计算汇总。

万人，占长三角第二、三产业全部就业的17.98%；浙江7市第二、三产业就业2205.53万人，占长三角第二、三产业全部就业的36.35%。在江苏8市中，第二、三产业就业超过300万人的城市依次是苏州670.10万人、南京452.57万人、无锡371.10万人、南通359.90万人，该4城市又形成了本地区相对集中的就业中心区。在浙江的7市中，第二、三产业就业超过300万人的城市有杭州580.44万人、宁波474.51万人，另外，第二、三产业就业接近300万人的城市有嘉兴298.28万人、绍兴293.11万人，该4城市亦形成了本地区相对集中的就业中心①。

二、多中心就业格局的特点

以上情况显示，长三角都市圈多就业中心格局带有较为浓厚的行政区划色彩。即大区以省市级行政区域为界，大区内则以地级市行政区域为界，各个就业中心之间大多缺乏地理连续性，经济聚集区的圈层扩散效应不是十分显著。如浙江7市中离上海最近的浙江省嘉兴市和湖州市吸纳的就业并不多；与上海仅一江之隔的江苏省南通市所辖县市，经济还相对比较落后，吸纳就业较少；江苏区域内的南京与苏州、无锡和南通等就业中心之间并无地理接壤关系，与副省级城市南京接壤的镇江市和扬州市就业量均偏小，其经济辐射力东扩现象不明显。这说明，长三角都

① 数据根据长三角都市圈浙江7市、上海市、江苏8市政府和国家统计局各年统计年鉴和政府公报等资料计算。

市圈经济发展还囿于行政地域分割，从而制约了各个就业中心进一步扩大就业的潜力。这一问题可以从近几年来长三角就业增长速度减缓趋势得到印证。表4—7显示：2001～2009年，长三角三地区总体年平均就业增长率在4.05%～8.88%间波动；江苏8市在4.63%～12.42%间波动；上海市在3.03%～17.36%间波动；浙江在3.73%～10.29%间波动；从2010年开始，长三角三地区就业增长率均出现显著下滑，三地区总体下滑至0.67%～2.24%区间，江苏下滑至－0.46%～2.00%区间，上海下滑至0.26%～1.98%区间，浙江下滑至1.02%～3.05%区间，总体平均和各地年增速均比2001～2009年期间下滑了50%左右。这些数据已经显露了长三角地区就业增长乏力的态势。所以，目前亟须从苏沪浙分区域聚集的多就业中心，与苏沪浙区域一体化的多就业中心之间协调发展上进行调适，以进一步释放长三角劳动力就业能量，促使其运行轨迹向更高阶段演化升级。

表4—7　　长三角都市圈三地区2001～2013年第二、三产业就业增长率对比

年份	长三角第二、三产业就业增长率	江苏省8市第二、三产业增长率	上海市第二、三产业增长率	浙江省7市第二、三产业增长率
2001	5.52	4.67	6.42	5.98
2002	7.02	10.83	4.45	4.24
2003	8.16	8.20	4.09	10.29
2004	6.12	8.37	4.25	4.52
2005	6.48	8.03	3.48	6.17

续表

年份	长三角第二、三产业就业增长率	江苏省 8 市第二、三产业增长率	上海市第二、三产业增长率	浙江省 7 市第二、三产业增长率
2006	5.89	7.94	3.03	4.84
2007	7.04	4.63	17.36	5.03
2008	4.05	5.57	1.20	3.73
2009	8.88	12.42	3.72	7.18
2010	2.24	2.00	1.27	3.05
2011	0.67	−0.46	0.26	2.33
2012	1.26	0.97	1.98	1.26
2013	1.10	0.81	1.76	1.02

资料来源：根据长三角都市圈江苏 8 市、浙江 7 市和上海市发布的统计年鉴、统计公报和相关统计资料计算汇总。

三、具体的优先调适工作

具体可考虑以下两个方面的优先工作：一是采取就业先行一步的调适策略，以长三角 16 市就业一体化，作为推进整个都市圈政治经济和社会治理等全面一体化的突破口。长三角一体化问题之所以提出和宣传了多年而进展缓慢甚至困难重重，其原因在于现行体制下诸多根本性利益重新分配协调问题难以解决，特别是三个省、直辖市间要真正寻找到相互契合的一体化利益确实不是一件容易的事情。与其这一问题长期拖延下去，不如在三地间寻求最容易达成共识和最容易操作，且又最容易得到实惠的劳动力自由就业一体化问题上率先单项突破。现行体制下，三地以及 16 市之间的劳动力自由就业流动，仍然有诸如就业社会保障制度和标准差异、“五险一金”难以跨地转移、户籍迁移障碍、就业人员子女教育机会不平等、高端人才流动受限、就业地域歧视等一系列问题，从而形成了各地和长三角整体进一步扩大就业规模和提高就业质量的阻碍。相对于长三角一体化的其他障碍而言，这些就业方面的难题却并非涉及各地重大体制利益重新分配调整，基本都是一些稍加制度改革、政策放宽和人为努力就可以解决的。但是，长三角若真正能够实现就业一体化，其给予长三角各地及其域外就业者的实质性生活福利进步，该地区的未来经济发展，以及地方政府的经济利益和政治声誉提升都将具有无可比拟的正面效应。所以，在三地分隔式多就业中心与三地一体化的多就业中心之间进行务实性战略调适，显然是一项费力较少而效益巨大的利民利国工程。具体采取何种调适措施则可以进一步探讨，譬如推出“长三角就业一卡通”，即长三角就业者可以在 16 市自由迁徙生活而无任何障碍的一体化项目，就是一个可行的策略选项。二是以三地 16 市公共交通基础设施和城市规划一体化建设为黏合剂，在地理空间上调适各区域经济与就业中心之间的关系，使其逐步走向渐进性交互式协同运行的轨道。长三角就业一体化先行突破之后，其公共交通基础设施和城市规划一体化建设，无疑就会形成保障就业一体化的现实市场需求。“就业一卡通”所带来的长三角三地 16 市居民无差别的自由化工作生活方式，其所产生的人流交互式往来而大幅增加的人财物信息流，将会催生 16 市公共交通设施和城市一体化建设的现实市场需求，并会由此推动各市在地理空间上跨越行政边界，迈出一体化的实质性步伐。可以预见，公共交通基础设施和城市规划一体化建设不仅将成为16市连接的有效黏合剂，而且还会推动一次大规模的长三角一体化城市基础设施建设高潮，给该地区带来一次经济大发展和就业大增加的机会。

值得强调的是，长三角都市圈劳动力空间分布演化的政策调适，一定要在市场规律的作用下循序渐进地推进，行政的力量作为一种市场调适力量一定要顺应市场需求和掌握市场规律，并恰当地运用好市场力量。这样，长三角一体化情势下的多就业中心将会获得长期持续蓬勃发展的能力。长三角经济与就业的一体化是一项经济与政治效益巨大的工程，需要进行广泛和深入地研究，本书不再就此过多涉及。

本章参考文献

[1] 郑春美．国外促进科技型小微企业发展措施及对中国的启示［J］．科技进步与对策，2013，30（18）：83—87.

[2] 王振家．国外小微企业生存状态概览［J］．光彩，2011（3）：33.

[3] 陈甬沪．上海小微企业现状及其扶持政策创新研究［J］．科学发展，2012（11）：71—78.

第五章　长三角都市圈劳动力分布演化的城市就业模式缺陷审视

如前所述，已有研究显示[1]，长三角都市圈 70 年代末至今的劳动力分布演化特征，一方面符合经典的“配第—克拉克”定律，另一方面又有其基于自身特点的规律，即在就业总体趋势上，三次产业劳动力依次遵循配第—克拉克定律[2]，首先由第一产业向第二产业转移，然后又由第二产业向第三产业即服务业转移；在就业具体形式上，则呈现出城乡、区域和单位式所有制空间结构特征，以及从先集聚然后再辐射扩散的多中心空间结构特征。这一基于特定历史背景而生成的运行轨迹顺应了时代的发展情势，使得长三角都市圈成为我国吸引劳动力就业最多最密集的区域[3]。但是，随着该地区迈入发达国家所具有的经济发展水平阈限，其现存的快速取得成功的劳动力分布演化模式显然面临着新形势的严峻挑战。这一挑战的主要表现是：在全国经济放缓的宏观情境下，长三角都市圈本身逐渐累积而成的城市发展粗放，环境污染日益严重，生态失衡日趋加深，城市自然承载力越来越脆弱，产业结构在行业、区域间分布不合理状况等因素[4]，已经从复杂综合层面制约了其进一步提高就业吸纳量的能力。统计数据表明（见表5—1），自改革开放以来，该地区就业量增加态势到2013年已经达到6950.5万人的顶峰，2014年降为6932.72万人，2015年继续下降为6916.05万人，其中第二产业从2013年的3228.89万人，下降为2014年的3207.61万人和2015年的3188.80万人，两年下降了40.09万人，下降幅度达12.42%。虽然其第三产业就业量有所增加，但同期增加幅度仅为7.13%，比第二产业下降幅度少5.29个百分点。同时，第一产业劳动力转移趋势亦明显减弱，2014～2015年两年合计的农业劳动力仅减少了20.59万人，而2001～2013年农业劳动力年均减少量为52.84万人，可见第一产业劳动力转移速度已大幅降低。这种情况亦可以从第二、三产业新增就业量变化情况得到印证。譬如上海市2011年达到新增就业高峰之后即呈现逐年下降态势（见表5—2）。可以说，长三角都市圈30多年来劳动力空间分布演化变迁过程，目前已经进入了一个历史发展的关键时期，即如果不解决多年发展中留存下来的一系列突出问题，如果不从更广的视角和更深的层面对现有就业模式进行创新性调整，其经济和就业增长的活力将有可能出现一种惰性滞涨的局面，从而使其丧失应有的进一步发展潜力。在这一关键时期如何面对这种严峻的挑战？本研究立足于从长远战略上考虑长三角都市圈诸多就业现实问题的思路，提出一种以建设精益城市为导向的就业集成模式，以解决该地区就业增长能够继续沿着持续健康轨道平稳运行的问题。

表 5—1　　2000～2015 年长三角都市圈三次产业就业量变迁情况

年份	长三角总就业量	长三角一产就业	长三角二产就业	长三角三产就业	上海市总就业量	上海市三产就业	上海市二产就业	上海市三产就业
1978	3454.11	1952.79	1074.59	426.57	688.91	241.75	301.46	145.53
1979	3518.46	1951.13	1124.04	444.91	705.49	232.44	319.16	153.80
1980	3587.25	1933.82	1191.11	462.55	721.63	218.61	342.87	160.38
1981	3705.65	1927.69	1269.83	506.71	740.45	208.26	364.85	167.20
1982	3817.84	1925.11	1361.10	532.10	757.12	199.55	381.69	175.81
1983	3950.03	1900.74	1459.71	592.39	766.47	185.45	397.01	183.97
1984	4067.44	1846.88	1562.44	659.51	769.39	163.60	414.65	191.09
1985	4154.67	1779.34	1667.25	708.18	772.64	138.70	434.58	199.39
1986	4236.93	1750.92	1732.82	754.17	779.22	119.11	451.4	208.74
1987	4326.08	1732.45	1779.26	812.95	785.51	106.98	460.48	218.05
1988	4376.65	1724.92	1799.87	846.59	790.13	97.85	465.6	226.70
1989	4409.71	1739.18	1806.51	855.01	788.57	90.94	465.67	231.92
1990	4458.51	1752.46	1820.79	875.21	786.38	87.97	465.43	232.92
1991	4502.05	1751.97	1837.26	911.38	792.91	84.91	469.15	238.85
1992	4522.72	1716.60	1873.00	936.63	802.54	80.00	471.00	251.53

续表

年份	长三角总就业量	长三角一产就业	长三角二产就业	长三角三产就业	上海市总就业量	上海市三产就业	上海市二产就业	上海市三产就业
1993	4543.83	1618.32	1892.25	1036.86	797.08	76.29	463.12	257.66
1994	4568.83	1554.42	1893.78	1121.44	786.65	75.24	448.16	263.25
1995	4584.44	1480.18	1907.17	1197.08	790.12	76.78	436.70	276.64
1996	4596.76	1445.94	1895.24	1255.58	793.56	78.83	422.27	292.46
1997	4596.27	1434.82	1873.76	1287.69	790.59	80.98	399.01	310.60
1998	4556.24	1426.31	1819.34	1310.59	794.94	81.40	380.26	333.28
1999	4576.02	1391.59	1825.54	1358.88	812.09	92.69	377.28	342.12
2001	4584.95	1299.67	1834.89	1450.39	752.26	87.18	309.91	355.17
2002	4693.55	1226.87	1921.16	1545.53	792.04	84.24	320.93	386.87
2003	4827.14	1117.21	2063.53	1646.40	813.05	73.72	317.12	422.21
2004	5028.26	1015.69	2243.18	1769.38	836.87	67.29	315.97	453.61
2005	5194.46	936.24	2353.38	1904.83	863.32	61.02	322.33	479.97
2006	5382.78	848.77	2489.90	2044.10	885.51	55.33	327.63	502.55
2007	5610.24	809.39	2657.85	2143.01	909.08	53.71	342.75	512.62
2008	5915.65	776.70	2822.01	2316.94	1053.24	49.38	424.16	579.70

On the Integration of Employment of Lean City Based on the Evolution of Spatial Distribution of Labor Force in the City Group Around Yangzi Delta

续表

年份	长三角总就业量	长三角一产就业	长三角二产就业	长三角三产就业	上海市总就业量	上海市三产就业	上海市二产就业	上海市三产就业
2009	6097.53	750.49	2916.63	2430.42	1064.42	48.53	423.03	592.86
2010	6500.92	679.05	3154.95	2666.87	1090.76	37.09	443.74	609.93
2011	6599.20	646.98	3181.90	2770.32	1104.33	37.28	445.08	621.97
2012	6671.30	680.50	3195.98	2796.00	1115.50	45.70	439.96	629.84
2013	6950.50	660.29	3228.89	3065.68	1368.91	50.65	479.22	839.04
2014	6932.72	647.21	3207.61	3077.90	1365.63	44.81	476.87	843.95
2015	6916.05	639.70	3188.80	3087.55	1361.24	43.63	471.59	846.02
年份	江苏8市总就业量	江苏8市一产就业	江苏8市二产就业	江苏8市三产就业	浙江7市总就业量	浙江7市一产就业	浙江7市二产就业	浙江7市三产就业
1978	1584.53	948.88	431.13	204.52	1180.67	762.15	341.99	76.52
1979	1609.24	954.11	447.48	209.36	1203.73	764.57	357.40	81.75
1980	1645.38	947.85	477.54	219.99	1220.23	767.35	370.70	82.18
1981	1684.21	918.92	508.24	255.76	1280.99	800.49	396.74	83.74
1982	1729.37	911.23	567.61	251.08	1331.34	814.33	411.80	105.21
1983	1774.39	894.48	614.53	268.22	1409.16	820.80	448.16	140.19

续表

年份	江苏8市总就业量	江苏8市一产就业	江苏8市二产就业	江苏8市三产就业	浙江7市总就业量	浙江7市一产就业	浙江7市二产就业	浙江7市三产就业
1984	1817.77	862.21	672.95	284.05	1480.28	821.06	474.84	184.37
1985	1861.78	817.02	740.75	304.07	1520.25	823.61	491.91	204.71
1986	1892.67	805.66	769.04	318.91	1565.03	826.14	512.37	226.51
1987	1922.60	791.38	797.09	332.71	1617.97	834.08	521.69	262.18
1988	1939.69	786.48	805.64	342.28	1646.82	840.58	528.63	277.61
1989	1950.82	796.56	801.39	343.89	1670.31	851.67	539.44	279.19
1990	1970.64	795.19	808.32	357.14	1701.48	869.29	547.04	285.14
1991	1990.97	792.18	814.38	382.97	1718.17	874.87	553.73	289.56
1992	1997.92	766.53	832.21	402.71	1722.25	870.07	569.78	282.39
1993	2004.10	743.16	845.37	419.17	1742.64	798.86	583.75	360.02
1994	2013.04	715.29	843.96	454.59	1769.14	763.87	601.66	403.60
1995	2023.93	690.59	853.85	479.49	1770.38	712.811	616.61	440.95
1996	2024.41	678.21	841.74	504.46	1778.79	688.89	631.23	458.66
1997	2024.31	683.75	826.21	514.35	1781.37	670.09	648.54	462.73
1998	1984.77	678.54	778.15	528.08	1776.53	566.37	660.92	449.23
1999	1978.81	668.22	764.51	546.07	1785.12	530.67	683.75	470.69

On the Integration of Employment of Lean City Based on the Evolution of Spatial Distribution of Labor Force in the City Group Around Yangzi Delta

续表

年份	江苏 8 市总就业量	江苏 8 市一产就业	江苏 8 市二产就业	江苏 8 市三产就业	浙江 7 市总就业量	浙江 7 市一产就业	浙江 7 市二产就业	浙江 7 市三产就业
2001	2007.13	634.92	797.22	574.99	1825.56	577.57	727.76	520.23
2002	2037.72	601.41	823.04	613.28	1863.79	541.22	777.19	545.38
2003	2124.39	532.45	932.11	659.83	1889.70	511.04	814.30	564.36
2004	2207.42	484.88	1024.00	698.52	1983.97	463.52	903.21	617.25
2005	2305.81	439.08	1093.94	772.78	2025.33	436.14	937.11	652.08
2006	2404.68	388.05	1183.61	833.01	2092.59	405.39	978.66	708.54
2007	2548.77	372.10	1295.99	880.69	2152.39	383.58	1019.11	749.70
2008	2637.64	360.26	1333.04	944.34	2224.77	367.06	1064.81	792.90
2009	2745.8	341.62	1392.82	1011.37	2287.31	360.34	1100.78	826.19
2010	3033.78	330.98	1554.62	1148.13	2376.38	310.98	1156.59	908.81
2011	3068.66	311.91	1561.69	1195.06	2426.21	297.79	1175.13	953.29
2012	3097.09	354.14	1566.72	1177.41	2458.71	280.66	1189.30	988.75
2013	3103.57	337.15	1560.49	1210.29	2478.02	272.49	1189.18	1016.35
2014	3099.37	334.83	1551.82	1212.72	2467.72	267.57	1178.92	1021.23
2015	3094.27	332.89	1546.74	1214.64	2460.54	263.18	1170.47	1026.89

资料来源：据长三角都市圈所属上海市、江苏省 8 市和浙江省 7 市 2000～2015 年统计年鉴和统计公报计算。其中，上海市 2013～2015 年数据变动是该市统计口径调整所致。

表5—2　　上海市2002～2015年新增就业岗位变化情况

年份	2002年	2003年	2004年	2005年	2006年	2007年	2008年
新增就业（万个）	44.76	46.20	49.9	54.11	54.47	56.71	63.66
年份	2009年	2010年	2011年	2012年	2013年	2014年	2015年
新增就业（万个）	62.86	63.15	64.16	61.38	60.05	59.96	58.13

资料来源：上海市2003～2015年统计年鉴和统计公报。

表5—1显示，1978～2013年长三角都市圈就业总量从3454.11万人增加到6950.5万人，总增幅达101.23%，年均增幅为2.98%，年均增长量102.84万人。其中第一产业就业持续下降，由1978年的1952.79万人减少至660.29万人，总降幅达66.19%，年均减少量为38.02万人；与此相反，第二、三产业就业则持续增加，第二产业由1074.59万人增加到3228.89万人，总增幅达200.48%，年均增幅5.90%，年均增加量达63.36万人；第三产业由426.57万人增加到3065.68万人，总增幅达618.18%，年均增幅18.20%，年均增加量达77.62万人，年均增量高出第二产业达22.51%。三次产业就业这一互动式增减趋势凸显了现代化进程中劳动力运动规律。但是，如前所述，这一增长规律能否持续地演绎下去并循着发达国家已经走过的道路，顺利地使长三角都市圈就业形态过渡到第三产业占据绝对优势，就业质量提高到绝大多数劳动者就业于体面职业，并在保持较强劲就业吸纳力的情况下，逐步解决现有城市发展过程中诸多病症，如环境污染、交通堵塞、居住拥挤、

资源过度消耗、城市负荷过重、城市管理滞后、市民素质严重跟不上城市社会应有的要求等方面问题，则已经显示出了其总体趋势上的不可能性。即，现有的就业发展模式似乎已经走到了尽头，疲弱的经济增长信号已经显示在2013年以来就业的疲弱滞涨现象上，这种滞涨是30多年来都不曾遇到过的。即使是在90年代末至21世纪初大规模国企改革，以及2008年之后几年的世界金融危机期间，整个长三角也不曾产生过这种普遍的就业增长相对停滞局势。所以，目前亟须从过来形成的就业模式上来一个全面的检视，在总结其过去成功经验的基础上找出自身存在的问题，从而为下一步探讨更高层的系统性和战略性城市就业设计方案做出铺垫。

第一节　以流动性农民工为主体的制造业集装搬运式就业模式

长三角都市圈过往劳动力分布演化的城市就业路径性状，是建立在以流动性农民工为主体的制造业集装搬运式就业模式，其严重缺陷是弱化了城市就业价值链的自然延伸和升级功能，大大降低了制造业对其他产业行业就业的拉动力，以致带来了新兴制造业区域就业结构的严重失衡状况。

近30多年来长三角都市圈劳动力分布演化走过了一条首先向上海市单一就业中心集聚，然后再江苏8市和浙江7市多就业中心集聚的道路，即80～90年代长三角都市圈劳动力就业向上海市集聚，21 世纪初之后上海市劳动力分布演化呈强力辐射状态，江苏 8 市和浙江 7 市快速成为与上海市并驾齐驱的就业中心，并且在苏州、无锡、南京、杭州、宁波等市形成了一系列域内小就业中心[1]。表 5－1 显示，在 2013 年吸纳劳动力高峰，长三角都市圈第一、二、三产业就业量分别是 660.29 万人、3228.89 万人和 3065.68 万人，合计达 6950.50 万人；其中上海市第一、二、三产业就业量分别是 50.65 万人、479.22 万人和 839.04 万人，合计为 1368.91 万人，江苏 8 市第一、二、三产业就业量分别是 337.15 万人、1560.49 万人和 1210.29 万人，合计为 3103.57 万人，浙江 7 市第一、二、三产业就业量分别是 272.49 万人、1189.18 万人和 1016.35 万人，合计为 2478.02 万人。从就业总量上看，该地区以仅占全国土地面积的九百分之一吸纳了全国近十分之一的就业；从第二、三产业就业量看，该地区第二产业就业占到了 2013 年全国第二产业就业 23 170 万人的 14%，第三产业就业占到了 2013 年全国第三产业就业的 10.35%。这些数据一方面显示出长三角就业在全国的重要地位；另一方面，如果通过该地区人口数据的对比，却又可以发现数据背后所隐藏的经济布局、产业结构和就业分布演化等领域的巨大缺陷。即长三角都市圈过往劳动力分布演化的城市就业路径性状，是建立在以流动性农民工为主体的制造业集装搬运式就业模式，其严重缺陷是弱化了城市就业价值链的自然延伸和升级功能，大大降低了制造业对其他产业行业就业的拉动力，以致带来了新兴制造业区域就业结构的严重失衡状况。为什么这样说呢?

一、长三角都市圈制造业集装搬运式就业模式表现形态

通过数据(见表5—3)观察可以发现,该区域就业量与人口量存在着严重失调现象。而在这一现象背后所体现的本质性问题则是,该区域多年来形成的以流动性农民工为主体的制造业集装搬运式就业模式,已经成为其就业进一步扩大的巨大障碍。表5—3显示,1978年区域户籍总人口6888.55万人,非农户籍人口占比即城市化率为23.40%,劳动参与率50.14%,到2013年,区域户籍总人口8602.34万人,非农人口户籍占比即城市化率为55.21%,劳动参与率达80.80%,据表5—1减去第一产业就业量,仅以2013年第二、三产业就业量对总人口计算的劳动参与率亦达73.12%。这表明,参与劳动的人口已经接近人口总量,而且仅计算第二、三产业就业,其劳动参与率亦大大地高出了区域户籍城市化率的18个百分点。显然,这样高的劳动参与率实际为现实中存在的一个巨大矛盾所致。即大量区域外农民工移入了第二、三产业就业,带来了相对偏小的本地户籍人口和庞大的就业人口之间的巨大失衡。如果按照全国平均劳动参与率55%计算,来自长三角都市圈的域外劳动力总数约为2219.21万人,占整个就业量的31.93%,这意味着有将近三分之一的就业者来自于区域外。

表 5—3　　1978～2013 年长三角都市圈 16 市户籍人口与就业统计

年份	总人口	农业人口	非农人口	城市化率（%）	就业总量	劳动参与率（%）
1978	6888.55	5276.73	1611.8	23.40	3454.11	50.14
1979	6986.73	5258.54	1728.2	24.74	3518.46	50.36
1980	7055.16	5258.04	1797.1	25.47	3587.25	50.85
1981	7093.80	5243.13	1851.1	26.09	3705.65	52.24
1982	7176.43	5265.62	1912.5	26.65	3817.84	53.20
1983	7236.31	5273.97	1963.8	27.14	3950.03	54.59
1984	7275.44	5237.88	2038.4	28.02	4067.44	55.91
1985	7330.94	5216.55	2114.4	28.84	4154.67	56.67
1986	7406.05	5248.40	2157.7	29.13	4236.93	57.21
1987	7490.55	5280.60	2210.0	29.50	4326.08	57.75
1988	7572.24	5303.23	2269.0	29.96	4376.65	57.80
1989	7651.40	5323.21	2328.2	30.43	4409.71	57.63
1990	7700.98	5324.27	2376.7	30.86	4458.51	57.90
1991	7745.54	5333.67	2411.9	31.14	4502.05	58.12
1992	7780.99	5312.42	2468.6	31.73	4522.72	58.13
1993	7819.81	5260.17	2559.6	32.73	4543.83	58.11
1994	7856.79	5233.63	2623.2	33.39	4568.83	58.15
1995	7892.16	5197.50	2694.7	34.14	4584.44	58.09
1996	7931.85	5166.96	2764.9	34.86	4596.76	57.95
1997	7961.08	5129.86	2831.2	35.56	4596.27	57.73
1998	7983.15	5071.78	2911.4	36.47	4556.24	57.07
1999	8011.69	4983.38	3028.3	37.80	4576.02	57.12
2000	8051.41	4892.44	3159.0	39.24	4603.88	57.18

续表

年份	总人口	农业人口	非农人口	城市化率（%）	就业总量	劳动参与率（%）
2001	8085.05	4819.36	3265.7	40.39	4584.95	56.71
2002	8123.89	4743.27	3380.6	41.61	4693.55	57.77
2003	8162.00	4540.21	3621.8	44.37	4827.14	59.14
2004	8214.65	4338.55	3876.1	47.19	5028.26	61.21
2005	8265.40	4235.21	4030.2	48.76	5194.46	62.85
2006	8321.61	4183.89	4137.7	49.72	5382.78	64.68
2007	8371.56	4104.25	4267.3	50.97	5610.24	67.02
2008	8411.55	4058.09	4353.5	51.76	5915.65	70.33
2009	8450.69	4014.35	4436.3	52.50	6097.53	72.15
2010	8490.76	3957.24	4533.5	53.39	6500.92	76.56
2011	8532.78	3924.81	4608.0	54.00	6599.20	77.34
2012	8562.52	3901.57	4660.9	54.43	6671.30	77.91
2013	8602.34	3852.82	4749.5	55.21	6950.50	80.80

资料来源：长三角都市圈 16 市 1995～2014 年出版的统计年鉴。

表面看，这种失衡似乎仅是政府将域外移入的劳动力纳入了本地就业量统计，而在人口统计上却依照原有户籍制度未将这部分劳动力计算在内的数字游戏。其实，透过这一数据，却可以窥见一个独具特色的就业模式。即随着长三角都市圈经济的快速发展，大量域外流动性农民工的涌入，使该地区蓬勃兴起的工业园区快速聚集了从事制造业的农民工大军，这些园区大多远离原有城市中心，大多不具备城市生活的配套设施，如商业、交通、学校、医院、社区、公共服务、文化娱乐等城市要素，绝大多农民工都集中居住于工厂或者园区提供的相对简陋的工房里，许多农民工更是居住在当地居民搭建的简易工棚里，农民工在这里仅仅是单纯的劳动者而非健全的生活者角色。这种快速集中且密集聚集大量农民工的遍地开花式工业园区或者经济开发区，创造了一种集装搬运式就业模式。据统计，长三角都市圈目前已有各种工业园区 1196 个①，其中绝大多数属于这种就业模式。其正好是前述人口数据与就业数据产生巨大偏差的 2219.21 万域外就业者的秘密所在。虽然近年来随着产业升级和城市化进程快速推进，已有相当部分的园区陆续融入相对正常的城市体系，但是大部分园区仍然生活服务基础设施薄弱，城市功能不健全，以流动性农民工就业为主体的搬运式集装就业形式未得到根本改观。

二、长三角都市圈制造业集装搬运式就业模式负面效应

从历史上看，这种集装搬运式就业模式既给长三角经济带来了活力，也为域外农村过剩劳动力带来了就业出路，其成绩值得肯定。但当历史发展到今天，这种曾经给长三角都市圈经济发展带来巨大动力的就业模式，却成为未来经济与就业拓展的障碍。其弊端主要表现在：一是就业价值链断裂，园区成为仅有就业价值输入而少有就业价值输出的城市“飞地”和孤岛。正常情况下，制造业就业会相应拉动社会服务业就业。如果按城市工业化中级发展阶段

① 数据来源于浙江省、上海市和江苏省各年出版的统计年鉴和政府公报。

所至少具备的第二、三产业一比一就业比例，来计算园区工业就业所拉动的相应服务业就业量，则长三角都市圈应还有新增 2200 多万个服务业岗位的潜力，如果按城市工业化高级阶段即后工业社会初级形态计算，第二、三产业之间就业量之比达到一比二的比例，那么，长三角都市圈将还有 4000 多万个新增就业机会。这说明，目前就业模式如果继续下去，其结果将是进一步阻止这些新增就业机会，园区的制造业飞地和孤岛实际上成为第二产业就业拉动服务业就业的瓶颈。二是人口价值链断裂，园区成为仅有就业价值而少有人口价值的劳作地而非生活地。现代社会虽然需要传统工业区与居民区相对分离，但这种分离也不是远距离分开。从发达国家看，随着传统工业的现代化改造，其环境保护设施已经产业化，传统意义上的工业已经高度清洁化、自动化和信息化，工业区与居民的界限已经基本消失。但目前长三角的大部分园区仍然是仅有就业者集装式生存的劳作地，绝大部分就业者未能在工作地及其周边建立起家庭，其中占主体的农民工更是单身生活，而且流动不定。这种状况使得就业本身所具有的人口价值链，即城市人口所应当产生的消费价值链断裂，并阻碍了人口价值链上的就业价值链形成，从而严重制约了未来的城市就业扩大。三是产业和就业价值链升级路径受阻，园区产业和就业面临着生存和发展不确定性。由于园区周边城市配套设施缺乏，生活不便，园区吸引高质量就业者和实施产业升级必然面临人才危机，而低端产业和人才随着现代化发展进程的推进则面临着逐步被淘汰的命运。从现实情况看，长三角一些园区已经呈现产业和就业萎缩趋势。这些情况说明，集装搬运式就业模式弊端亟须改进。

第二节　以传统城市生活中心为基础的服务业填装压缩式就业模式

长三角都市圈劳动力分布演化的城市就业是建立在以传统城市生活中心为基础的服务业填装压缩式就业模式，其阻滞了城市新区服务业发展，既降低了城市整体服务业就业分布密度，亦影响了城市各产业间就业的合理布局、有效渗融与优化。

一、长三角都市圈服务业填装压缩式就业模式表现形态

近30多年来长三角都市圈城市化进程，基本依循了一条由成本收益自然生成秩序进行扩张的路径。城市范围的扩大并未经过长远、全局和系统的战略规划，而是让市场主体按照当前获利的原则，依托原有城市基础逐步进行改造和拓展，期间虽然也有政府规划，但是，由于政府受自身知识、能力、财力和管理水平的客观限制，这些规划总是难以符合实际的发展需要，故往往是不断地变动和废弃。所以，看起来政府在不断的作为，实际上还是任凭自发的市场推动政府的行为。城市化的这种扩张模式，其最大的特点就是城市建设不断地在原有城区填装，然后高容积地蔓延式扩张。其结果，一是人口密度不断地在原有中心城

区加增，服务业及其就业亦高度集中在中心城区；二是阻碍了大城市拓展中的服务业及其就业的多中心聚集，并造成了城市人口和就业分布的失衡；三是进一步制约了服务业及其就业的有效扩大，延迟了工业化高级阶段必然出现的服务业及其就业的快速发展，且迅速超过第二产业及其就业的进程。从理论角度看，这种状态可以概括为以传统城市生活中心为基础的服务业填装压缩式就业模式，其与前述的制造业集装搬运式就业模式一道互为因果链条，强力地阻滞了城市新区服务业发展。这一模式既降低了城市整体服务业就业分布密度，又影响了城市各产业间就业的合理布局、有效渗融与优化。相关数据可以佐证这一结论。

从长三角都市圈中典型和重要的大城市人口分布密度上看，以传统城市生活中心为基础的服务业填装压缩式就业模式特征十分明显。如表 5－4 所示，上海市 1999 年整体人口密度 2071 人/km^2，经过 15 年的城市高速发展，2014 年人口密度达 3826 人/km^2，增长幅度为 84.74％。这一增长速度与近年来全国性的快速城市化进程相呼应。不过仅从 3826 人/km^2 的全市整体平均人口密度数据看，上海很难被想象成一个拥挤不堪的城市。但现实中这一统计数据并不能真实地反映上海的实际居住和就业状况。实际上，在平均数据背后隐藏的是人口和就业结构极度失衡。表 5—5 显示，如果仅计算黄浦、徐汇、长宁、静安、普陀、闸北、虹口、杨浦 8 区，2014 年上海市 2425.68 万总人口中的约 30％居住在只占全市总体面积的 4.56％的中心城区内，人口密度达到 24 342 人/km^2。其中，黄埔、静安、虹口 3 个核心城区人口密度均远超过了 3 万人/km^2。如果进一步将中心城区的 8 个区与闵行、宝山、浦东新区 3 个近郊区合并计算，其人口量达 1706.01 万人，占到了全市人口总量的 70.33%，即三分之二以上。但是，其土地面积却只占全市的 33.77%即三分之一。显然，事实上是大量人口集中于中心城区及其近郊，而这些地区正是上海市的传统老城及其蔓延式扩展区；而地域狭窄的中心区老城更是以不到全市 5%的面积集中了上海市将近三分之一的人口，这不能不说是典型的高密度填装式城市模式。

表 5—4　　长三角都市圈重要城人口密度和服务就业比较（1999VS2014）

名称	1999 年			2014 年			
	面积（km²）	人口（万人）	密度 人/km²	面积（km²）	人口（万人）	密度 人/km²	服务就业（万人）
上海市	6340.50	1313.12	2071	6340.50	2425.68	3826	843.95
#中心区	289.44	632.14	21 840	289.44	704.54	24 342	537.62
南京市	6597.15	537.44	815	6587.02	821.61	1247	284.80
#市区	1025.73	282.28	2752	788.27	451.42	5727	230.86
#中心区	199.15	192.92	9687	265.10	343.43	12 955	192.71
苏州	8488.42	678.39	799	8488.42	1060.40	1249	249.10
#市区	1649.72	345.17	2092	1649.72	548.30	3323	133.18
#中心区	256.10	198.48	7750	256.10	280.18	10 940	73.83
无锡市	4627.46	433.40	937	4627.46	477.14	1031	151.2
#市区	1643.88	171.54	1044	1643.88	244.18	1495	94.97
#中心区	361.26	111.69	3092	361.26	191.63	5304	74.38
#核心区	71.50	54.68	7648	71.50	76.57	1020	59.78
杭州市	16 596	621.58	375	16 596	889.20	536	301.54
#市区	683.00	179.18	2623	683.00	364.09	5331	253.12

续表

名称	1999年			2014年			
	面积（km^2）	人口（万人）	密度 人/km^2	面积（km^2）	人口（万人）	密度 人/km^2	服务就业（万人）
#中心区	346.99	122.28	3524	346.99	247.48	7132	198.79
#核心区	259.26	94.37	3640	259.26	190.88	7363	157.73

注：①表中“#”号为其中；②上海市中心区包括黄浦、徐汇、长宁、静安、普陀、闸北、虹口、杨浦8区；南京市中心区包括玄武、白下、秦淮、建邺、鼓楼、下关6区；苏州市中心区包括姑苏、相城、吴中3区；无锡市中心区包括崇安、南长、北塘、锡山、惠山、滨湖6区，核心区包括崇安、南长、北塘3区；杭州市区包括上城、下城、江干、拱墅、西湖、滨江6区，中心区包括上城、下城、江干、拱墅4区，核心区包括上城、下城、江干3区。

资料来源：上海市、南京市、苏州市、无锡市和杭州市及其所属区县统计年鉴（2000～2015年）。

二、长三角都市圈服务业填装压缩式就业模式负面效应

剖析上海市人口填装式的城市拓展模式，其最大的负效应就是造成城市产业就业布局的不合理。即大量的服务业就业集中于城市中心区特别是核心区；第二产业就业集中于远离城市的“飞地式”或“孤岛式”郊区，其服务业很不发达，服务业就业更是远远地跟不上客观形势发展的急迫需要。如表5—5所示，上海市中心区537.62万人的服务业就业占据了全市服务业就业总量63.70%，这意味着，在不到5%的城市中心区域聚集了全市将近三分之二的服务业就业。服务业高密度聚集的结果不仅助长了城市中心区拥堵、污染、资源紧缺、管理混乱、生活质量下降等一系列难以克服的大城市病，而且还对城市郊区的服务业产生了抑制和磁吸

效应。具体表现为：一是随着中心城区服务业经营规模和样式的高密度高容积扩张，其边际成本逐渐下降从而平均成本亦呈下降趋势；二是等量资本不仅在城市中心区和郊区所获得收益会产生显著的差异，而且中心区服务业资本还会随着自身的不断聚集，获得比郊区服务业资本高得多的收益差；三是中心区服务业因为资本收益巨差，其会像磁铁一样吸引郊区服务业向自身集中，从而进一步固化远郊制造业缺乏配套服务业作为支撑的地理格局，并最终从根本上制约城市整体就业的扩大。可以说，这一问题亦是长三角都市圈普遍存在的现象。表5—4显示，南京市人口由1999年的537.44万人增加至2014年的821.61万人，人口密度亦从同期的815人/km^2提高到1247人/km^2，而市区人口密度却由2752人/km^2上升至5727人/km^2，即市区人口密度与同期全市人口密度比，1999年由3.37倍提高到2014年的4.59倍，市区人口密度增长速度显著超越全市平均人口密度。进一步观察，包括玄武、白下、秦淮、建邺、鼓楼、下关6区的主城中心区，其面积仅占全市7.41%，人口却占到了整个市区的76.08%和全市的41.80%，中心区人口密度达到12 955人/km^2。可见这种人口分布失衡状态比上海市更为严重。同时，南京市服务业高度集中于城市中心区的情况也与上海如出一辙：在全市284.80万人的服务业就业中，市区就业达230.86万人，占全市服务业就业的比重为80.78%，中心区服务业就业192.71万人，占全市和市区服务业就业比重分别是67.66%和83.48%。长三角都市圈另外几个大城市如苏州、无锡和杭州人口和服务业就业地理分布，同样是集中于城市中心区及其近郊特别是中心区和核心区的情形，即与上海和南京相似（见表 5—4）。

表 5—5　　2014 年上海市人口结构、人口密度和服务业就业情况

名称			面积（km²）	常住人口（万人）	#外来人口（万人）	密度（人/km²）	服务业就业（万人）
全市			6340.50	2425.68	996.42	3826	843.95
城市中心区	核心区	1. 黄浦区	20.46	68.20	18.08	33 333	58.26
		2. 静安区	7.62	24.86	5.89	32 625	21.15
		3. 虹口区	23.48	83.82	18.22	35 698	72.71
	次核心区	4. 徐汇区	54.76	110.97	28.55	20 265	78.67
		5. 长宁区	38.30	69.86	17.41	18 240	48.02
		6. 普陀区	54.83	129.61	34.75	23 639	96.27
		7. 闸北区	29.26	84.85	21.03	28 999	66.95
		8. 杨浦区	60.73	132.37	26.75	21 796	95.59
小计			289.44	704.54	170.68	—	537.62
城市郊区	近郊区	9. 闵行区	370.75	253.95	128.60	6850	53.33
		10. 宝山区	270.99	202.40	85.56	7469	43.54
		11. 浦东新区	1210.41	545.12	235.65	4504	118.49
	小计		1852.15	1001.47	449.81	—	215.36
	远郊区	12. 嘉定区	464.20	156.62	91.40	3374	19.79
		13. 金山区	586.05	79.71	26.96	1360	8.76
		14. 松江区	605.64	175.59	109.08	2899	22.07
		15. 青浦区	670.14	120.83	72.49	1803	13.29
		16. 奉贤区	687.39	116.76	60.81	1699	12.84

续表

名称			面积（km²）	常住人口（万人）	#外来人口（万人）	密度（人/km²）	服务业就业（万人）
郊县	郊县	17. 崇明县	1185.49	70.16	15.19	592	14.22
郊区、郊县合计			6051.06	1721.14	825.74	—	306.33

资料来源：2015 年上海市及其所属区县统计年鉴。

目前，以人均 GDP 衡量，长三角都市圈已经进入发达国家水平。遵循一般规律，其就业形态也应跨入后工业社会，即服务业就业须大幅度超越第二产业就业比重。但实际上，第三产业就业比重仍然没有超过第二产业[1]。造成这种情况的原因是多方面的，其中城市人口和服务业就业分布的严重失衡，城市人口和服务业就业高度集中于城市中心区和核心区，即建立在以传统城市生活中心为基础的服务业填装压缩式就业模式，无疑是其中一个最重要的因素。

第三节　公有制文教卫服务单位高度聚集城市中心区的生产与生活相分离的就业模式

长三角都市圈劳动力分布演化的城市就业，是建立在公有制文教卫服务单位高度聚集城市中心区的生产与生活相分离的就业模式，其不仅掣肘了文教卫服务业就业本身伴随城市扩张过程中的多元化拓展，更是致使城市新区服务业发展空间受限、产业结构失衡和服务业就业增长严重滞后，乃至城市整体就业进一步扩大受阻的深层原因。

在现代城市发展过程中，第三产业中文教卫等服务业的区域分布对城市居民生活起着关键作用。城市居民的正常均衡生活既包括要有稳定的收入来源，也包括要有可供便利消费的支付系统存在。前者对于有能力定居城市的人不是问题，后者则决定居民最终选择在城市的何处定居。其中影响居民居住选择的因素，除了物质性生活品购买便利之外，非物质性服务品购买如对于幼儿和中小学教育、医疗保健、人文环境基础服务品的购买，随着城市化程度加深似乎日益显得更为重要。所以，文教卫等服务业的区域分布不仅对于城市居民生活起着关键作用，而且它还会决定城市人口流动定居的方位，并深刻地影响城市产业及其就业分布和结构。事实上，现代城市居民不仅仅追求个人的物质生活便利，而且更多的人追求的是子女教育、家庭医疗保健的便利，以及安全、清洁、体面的人文性居住环境，这就造成了居民大多向能够较好地提供这些服务的城区集聚。而由于历史与现实的各种复杂因素，长三角都市圈的文教卫等服务业基本集聚在城市的中心区和核心区，从而使城市就业成为建立在公有制文教卫服务单位高度聚集城市中心区的生产与生活相分离的就业模式。这一模式不仅掣肘了文教卫服务业就业本身伴随城市扩张过程中的多元化拓展，亦是造成城市新区服务业发展空间受限、产业结构失衡和服务业就业增长严重滞后，乃至城市整体就业进一步扩大受阻的深层原因。这一结论可以得到实证支持。

一、公有制文教卫服务单位高度聚集城市中心区就业模式表现形态

表5—6和表5—7所列2014年和2003年上海市区、郊区、郊县医疗设施及其就业分布和结构情况显示，上海市区2014年在医疗机构、床位、卫生技术人员及其医生、护师护士的数量，分别占全市比重达64.49%、79.74%、81.50%、80.27%和82.53%，郊区分别占全市比重为35.51%、20.26%、18.50%、19.73%和17.47%；2003年市区分别占比为64.82%、74.26%、79.35%、77.06%和81.26%，郊区分别占比为35.18%、25.74%、20.65%、22.94%和18.74%。对比数据说明，经过10余年的发展，市区与郊区在医疗设施及其就业分布上不仅没有改观，而且还呈现进一步向市区集中的趋势。表5—8显示，2014年市区除医疗机构数比2003年有微弱的0.51%降低外，其余分别是增加7.38%、2.71%、4.17%和1.56%，而郊区除医疗机构数比2003年有0.94%的微弱增加外，其余均是下降，且下降幅度分别达到21.29%、10.41%、13.99%和6.78%，远超市区的升幅；同时，与全市平均总增幅相比，市区除医疗机构数基本与全市平均增幅持平之外，其余指标均高于全市平均增幅，而郊区与全市平均总增幅相比，则除医疗机构数基本与全市平均增幅持平之外，其余指标均显著低于全市平均增幅，这正好与市区增长情况形成强烈反差。

表 5—6　　2014 年上海市区、郊区、郊县医疗设施及其就业分布和结构情况

地区	机构数	床位数	卫生技术人员	其中	
	（家）	（张）	（人）	医生	护师、护士
总计	4987	117 510	164 027	61 328	71 939
黄浦区	217	10 707	17 067	6139	7618
徐汇区	323	14 346	20 355	7014	9202
长宁区	246	4820	8319	3185	3623
静安区	132	6558	9856	3456	4599
普陀区	168	6004	7738	2942	3392
闸北区	136	5882	7368	2548	3246
虹口区	168	7175	9026	3386	3981
杨浦区	182	7496	10 117	3543	4925
浦东新区	952	17 024	24 637	9766	10 249
闵行区	405	7328	10 591	4060	4683
宝山区	287	6357	608	3192	3850
市区小计	3216	93 697	133 682	49 231	59 368
市区占比%	64.49	79.74	81.50	80.27	82.53
嘉定区	295	4018	6253	2549	2634
金山区	251	4054	5066	1932	2182
松江区	295	4379	5718	2289	2304
青浦区	336	3111	4387	1657	1876
奉贤区	250	5186	4856	1894	2001
崇明县	344	3065	4065	1776	1574
郊区小计	1771	23 813	30 345	12 097	12 571
郊区占比	35.51	20.26	18.50	19.73	17.47

资料来源：上海市统计年鉴（2015）。

表 5—7　2003 年上海市区、郊区、郊县医疗设施及其就业分布和结构情况

地区	医院数（家）	床位数（张）	卫生技术人员（人）	其中	
				医生	护师、护士
总计	452	81 058	90 586	36 865	36 432
浦东新区	44	6126	7744	3486	2989
黄浦区	22	5183	7440	2959	2992
卢湾区	13	3511	4974	1922	2008
徐汇区	30	10 533	11 554	3997	5126
长宁区	20	3400	3795	1581	1598
静安区	18	4259	6317	2307	2624
普陀区	16	3769	4750	1947	1878
闸北区	23	4156	4638	1890	1761
虹口区	36	6217	7047	2767	3039
杨浦区	23	5095	6103	2387	2581
宝山区	25	3629	3998	1695	1663
闵行区	23	4319	3517	1470	1347
市区小计	293	60 197	71 877	28 408	29 606
市区占比	64.82	74.26	79.35	77.06	81.26
嘉定区	19	2378	2536	1124	933
金山区	18	2644	2897	1309	1049
松江区	19	3284	2551	1121	1015
青浦区	17	1781	2203	963	844
南汇区	31	3498	2992	1427	1002
奉贤区	25	4248	2702	1211	1002
崇明县	30	3028	2828	1302	981
郊区小计	159	20 861	18 709	8457	6826
郊区占比	35.18	25.74	20.65	22.94	18.74

资料来源：上海市统计年鉴（2004）。

表 5—8　2003/2014 年上海市区、郊区、郊县医疗设施及其就业分布和结构对比情况

时间	指标	医院数（家）	床位数（张）	卫生技术人员（人）	其中	
					医生	护师、护士
2003 年	总计	452	81 058	90 586	36 865	36 432
	市区小计	293	60 197	71 877	28 408	29 606
	市区占比	64.82	74.26	79.35	77.06	81.26
	郊区小计	159	20 861	18 709	8457	6826
	郊区占比	35.18	25.74	20.65	22.94	18.74
2014 年	总计	4987	117 510	164 027	61 328	71 939
	市区小计	3216	93 697	133 682	49 231	59 368
	市区占比%	64.49	79.74	81.5	80.27	82.53
	郊区小计	1771	23 813	30 345	12 097	12 571
	郊区占比	35.51	20.26	18.5	19.73	17.47
2014 年比 2003 年增长幅度（%）	全市总计增幅	1003.32	44.97	81.07	66.36	97.46
	市区小计增幅	997.61	55.65	85.99	73.30	100.53
	市区占比增幅	−0.51	7.38	2.71	4.17	1.56
	郊区小计增幅	1013.84	14.15	62.19	43.04	84.16
	郊区占比增幅	0.94	−21.29	−10.41	−13.99	−6.78

资料来源：上海市统计年鉴（2004～2014）。

同样的情况也出现在上海市 2014/2003 年各区、县普通中学分布及其结构对比上（见表 5—9）。在市区与郊区的学校、毕业生、招生、在校学生、教职员工和专任教师占比上，2014 年市区占比分别是 73.18%、74.41%、72.96%、73.02%、73.09%和 73.95%，均接近占到全市的四分之三；且与 2003 年市区的 71.09%、73.69%、71.18%、72.15%、

表 5—9　　上海市 2014/2003 年各区、县普通中学分布及其结构对比基本情况

时间	指标	学校	毕业生数	招生数	在校学生	教职员工	其中
		（所）	（人）	（人）	（人）	（人）	专任教师
2014 年	总计	768	143 197	165 070	584 205	69 517	54 114
	市区小计	562	106 546	120 437	426 579	50 810	40 016
	市区占比	73. 18	74. 41	72. 96	73. 02	73. 09	73. 95
	郊区小计	206	36 651	44 633	157 626	18 707	14 098
	郊区占比	26. 82	25. 59	27. 04	26. 98	26. 91	26. 05
2003 年	总计	844	257 718	230 400	754 700	76 000	50 800
	市区小计	600	189 900	164 000	544 500	54 800	36 600
	市区占比	71. 09	73. 69	71. 18	72. 15	72. 11	72. 05
	郊区小计	244	67 800	66 400	210 200	21 200	14 200
	郊区占比	28. 91	26. 31	28. 82	27. 85	27. 89	27. 95

续表

时间	指标	学校	毕业生数	招生数	在校学生	教职员工	其中
		（所）	（人）	（人）	（人）	（人）	专任教师
2014 比 2003 年增长幅度（%）	全市总量增幅	−9.00	−44.44	−28.36	−22.59	−8.53	6.52
	市区总量增幅	−6.33	−43.89	−26.56	−21.66	−7.28	9.33
	市区占比增幅	2.94	0.98	2.50	1.21	1.36	2.64
	郊区总量增幅	−15.57	−45.94	−32.78	−25.01	−11.76	−0.72
	郊区占比增幅	−7.23	−2.74	−6.18	−3.12	−3.51	−6.80

资料来源：上海市统计年鉴（2004～2014）。

72.11%和72.05%占比相比，郊区占比处于进一步下降趋势。从市区与郊区在学校、毕业生、招生、在校学生、教职员工和专任教师总量的增幅上看，虽然市区与郊区均受人口结构变化情况的影响大多呈下降趋势，但郊区的下降幅度远超过市区的降幅。如2014年与2003年相比，市区总量分别是学校下降6.33%、毕业生下降43.89%、招生下降26.56%、在校学生下降21.66%、教职员工下降7.28%和专任教师增长9.33%，郊区则分别是下降15.57%、45.94%、32.78%、25.01%、11.76%和0.72%，即除专任教帅外，其他各项总量降幅均超过了市区；同时，若计算以上6项指标的增减幅度，市区占比均呈上升态势，2014年与2003年分别是上升2.94%、0.98%、2.50%、1.21%、1.36%和2.64%；而郊区占比2014年与2003年相比则均呈下降态势，下降幅度分别为7.23%、2.74%、6.18%、3.12%、3.51%、6.80%。这显示，无论从何种角度看，上海市中学在市区与郊区的分布上都存在进一步向市区集中的趋势。

进一步分析小学的分布与结构情况，亦可以得到与中学类似的实证结论（如表5－10所示）：2014年与2003年相比，全市在学校、毕业生、招生、在校学生、教职员工和专任教师总量上的增幅分别为10.35%、1.98%、62.56%、23.86%、11.65%和32.68%，而市区虽然在学校和毕业生数量上与全市水平基本持平，但在招生、在校学生、教职员工和专任教师总量上的增幅分别为76.95%、29.44%、16.68%和39.01%，增幅均显著超过全市水平；郊区情况亦类似，虽然其在学校数量上增幅超过全市和市

表 5—10　上海市 2014/2003 年各区、县普通小学分布及其结构对比基本情况

时间	指标	学校（所）	毕业生数（人）	招生数（人）	在校学生（人）	教职员工（人）	其中专任教师
2014 年	总计	757	131 246	163 370	802 960	59 619	51 481
	市区小计	542	86 808	119 620	553 736	40 953	36 004
	市区占比	71.6	66.14	73.22	68.96	68.69	69.94
	郊区小计	215	44 438	43 750	249 224	18 666	15 477
	郊区占比	28.4	33.86	26.78	31.04	31.31	30.06
2003 年	总计	686	128 700	100 500	648 300	53 400	38 800
	市区小计	511	87 100	67 600	427 800	35 100	25 900
	市区占比	74.49	67.68	67.26	65.99	65.73	66.75
	市区小计	175	41 600	32 900	220 500	18 300	12 900
	市区占比	25.51	32.32	32.74	34.01	34.27	33.25
2014 比 2003 年增长幅度（%）	全市总量增幅	10.35	1.98	62.56	23.86	11.65	32.68
	#市区总量增幅	6.07	−0.34	76.95	29.44	16.68	39.01
	市区占比增幅	−3.88	−2.28	8.86	4.50	4.50	4.78
	#郊区总量增幅	22.86	6.82	32.98	13.03	2.00	19.98
	郊区占比增幅	11.33	4.76	−18.20	−8.73	−8.64	−9.59

资料来源：上海市统计年鉴（2004～2014）。

区水平，在招生、在校学生、教职员工和专任教师总量的增幅上却分别只有32.98%、13.03%、2.00%和19.98%，远低于全市平均和市区增长水平。如果从以上指标的各自占比增幅比较，市区与郊区占比增幅差距则十分悬殊：市区在招生、在校学生、教职员工和专任教师等指标上均有不同程度的增长，而市区则在这4项最主要指标上均是18.20%、8.73%、8.64%和9.59%的负增长。这说明，上海市小学的分布不但存在新增量向市区集聚的现象，而且还存在着存量上进一步由郊区向市区极化收敛的趋势。

二、公有制文教卫服务单位高度聚集城市中心区就业模式负面效应

医疗保健、中小学教育服务业设施、服务品和就业在市区与郊区分布及其结构严重失衡的状态，深刻地影响了上海市第二、三次产业之间和服务业内部在地域分布及其结构，同时也深刻地影响了上海市的人口区域分布，并成为这些方面严重失衡的重要影响因素，进而极大地制约了上海市整体就业水平特别是服务业就业水平的进一步提高。

为何如此判断呢？其理由如下：一是缺乏必要的教育医疗服务业，使得集聚于郊区的第二产业就业者，因子女教育和医疗保健无保障而放弃举家就地安居计划，以至于制造业的集装搬运式就业模式长期难以改善。在集装搬运式就业模式下，制造业就业者往往寻求单身集体租住方式，而非居家购房居住方式，其结果必然是郊区人口集聚困难。二是缺乏必要的教育医疗服务业，使得服务业就业者同样因子女教育

On the Integration of Employment of Lean City Based on the Evolution of Spatial Distribution of Labor Force in the City Group Around Yangzi Delta

和医疗保健等问题，而难以向郊区的第二产业集聚地迁徙拓展。三是因缺乏必要的教育医疗服务业所带来的人口低密度问题，使得整个服务业在郊区的发展受到市场成本约束，难以获得必要的规模效益，其长期凋敝实属现有城市发展模式的规律性选择。这一分析可以从表 5－11 的数据得到印证：2003 年上海市第二产业就业 317.12 万人，71.12％在郊区，第三产业就业 422.21 万人，25.58％在郊区，教育医疗就业 43.87 万人，27.62％在郊区；2014 年，第二产业就业增加到 476.87 万人，郊区占比增加到 89.36％，第三产业就业增加到 843.95 万人，郊区占比下降为 19.37％，教育医疗就业增加到 64.45 万人，郊区占比下降为 22.79％。事实证明，占整个第二产业就业近 90％的郊区，只分享了包括教育医疗在内的 20％左右的服务业就业配套，这显然不符合产业均衡发展的内在要求。与此相反，市区特别是中心区人口密度高，包括医疗教育在内的服务业发展边际成本低，能够获得更多的规模效益。所以，城市人口结构越是在市区与郊区之间失衡，就越是产生服务业向市区特别是中心区极化的现象，从而在整体和长远上伤害城市就业水平的提高。

表 5－11　上海市 2003/2014 年第二、三产业与教育卫生行业就业分布情况

年份	第二产业（万人）	郊区占比（％）	第三产业（万人）	郊区占比（％）	教育与卫生（万人）	郊区占比（％）
2003	317.12	71.12	422.21	25.58	43.87	27.62
2014	476.87	89.36	843.95	19.37	64.45	22.79

资料来源：根据上海市统计年鉴（2004～2014）计算。

上海市的这种情况亦可以在长三角都市圈的其他主要城市中得到实证（见表5—12）。南京市2014年第二产业就业176.30万人，郊区占比90.03%；第三产业就业284.80万人，郊区占比19.97%；教育卫生就业11.24万人，郊区占比21.18%。杭州市2014年第二产业就业286.99万人，郊区占比88.39%；第三产业就业301.54万人，郊区占比25.76%；教育卫生就业21.26万人，郊区占比22.65%。苏州市2014年第二产业就业419.80万人，郊区占比91.22%；第三产业就业249.10万人，郊区占比22.31%；教育卫生就业12.05万人，郊区占比19.17%。无锡市2014年第二产业就业220.50万人，郊区占比92.26%；第三产业就业151.20万人，郊区占比21.38%；教育卫生就业9.53万人，郊区占比20.02%。以上数据显示，4市第二产业就业高度集聚郊区，第三产业及其所属的教育卫生就业高度集聚中心城区的分布格局十分显著。教育卫生事业在郊区分布发展滞后，对于城市产业及其服务业内部之间的就业均衡分布制约是不言而喻的事实。

表5—12　长三角都市圈部分中心城市2003/2014年第二、三产业与教育卫生行业就业分布情况

城市名	年份	第二产业（万人）	郊区占比（%）	第三产业（万人）	郊区占比（%）	教育卫生（万人）	郊区占比（%）
南京市	2003	100.97	70.82	128.18	20.19	7.93	25.53
	2014	176.30	90.03	284.80	19.97	11.24	21.18
杭州市	2003	182.38	69.78	165.92	30.29	15.85	26.73
	2014	286.99	88.39	301.54	25.76	21.26	22.65

续表

城市名	年份	第二产业（万人）	郊区占比（%）	第三产业（万人）	郊区占比（%）	教育卫生（万人）	郊区占比（%）
苏州市	2003	195.31	71.29	95.86	25.54	9.18	26.21
	2014	419.80	91.22	249.10	22.31	12.05	19.17
无锡市	2003	139.5	70.36	81.3	26.72	7.22	25.94
	2014	220.50	92.26	151.20	21.38	9.53	20.02

注：①教育就业均不含高等教育就业；②南京市教育卫生就业只含非私营单位就业人数。③本表中城市中心区之外的市属区县均为郊区。

资料来源：南京、杭州、苏州、无锡 4 市 2004/2015 年统计年鉴。

本章参考文献

[1] 谢茂拾．长三角都市圈劳动力空间分布演化轨迹特征及其调适策略 [J]. 湖南社会科学，2015（6）：130—138.

[2] Colin Clark Grant. The Conditions of Economic Progress [M]. London：Macmillan & Co. Ltd，1940.

[3] 谢茂拾．我国提前跨入后工业社会就业形态的可行性研判 [J]. 社会科学，2011（5）：57—64.

[4] 张学良，杨朝远．论中国城市群资源环境承载力 [J]. 学术月刊，2014，46（9）：64—70.

第六章　基于长三角都市圈劳动力分布演化的精益城市就业集成模式建构

基于长三角都市圈近 30 多年来劳动力分布演化路径而建立起来的三大特色就业模式，即以流动性农民工为主体的制造业集装搬运式就业模式，以传统城市生活中心为基础的服务业填装压缩式就业模式，以及建立在公有制文教卫服务单位高度聚集城市中心区的生产与生活相分离的就业模式，其对于已经面临迈入后工业社会就业形态的长三角都市圈现实需求而言，已经由过去对经济的促进演变成为了今天和未来的阻碍，其抑制就业特别是服务业就业持续扩大的巨大缺陷充分显露无遗。如果按照一般的后工业社会就业形态初级阶段所具有的服务业就业水平估算，目前长三角都市圈服务业就业在现有基础上的增加前景将十分可观。譬如，从表 6－1 长三角都市圈与发达国家以及发展中国家的服务业就业对比情况看，2014 年，长三角整体服务业就业在整个社会就业中平均比重才 44.4%，不仅远低于发达国家 90 年代初的水平，而且显著低于与中国类似的巴西、南非、埃及等发展中国家 2005 年的水平。如果分地区比较，除上海市与发达国家20世纪90年代初、发展中国家2005年水平大致相当之外，江苏8市和浙江7市的服务业就业占比均远低于这些国家上述年份的水平，分别是39.13%和41.38%①。如果长三角整体服务业就业能达到OECD国家1992年的水平，其在目前基础上至少有20个百分点的增长潜力，即新增近1400万人。上海市虽然服务业占比已经达到61.80%，但从上海市经济发展程度看，其增长空间仍然广阔。譬如，上海市如果比照美国等发达国家20世纪90年代的水平，并按照目前已达到的经济发展水平衡量，其在现有基础上增长10～15个百分点亦不是问题。当然，这仅仅是一种发展阶段上的类似对比推导，在实际上如何实现这种增长，则需要从长远、全局和系统上进行战略性探索。目前亟须要做的工作，就是克服和改进现存就业模式的弊端，并在此基础上探索新的就业模式。就此，本研究提出面对这一问题的新思路：通过建立精益城市就业集成模式，求得长三角都市圈目前就业模式弊端的根本性改善，以实现未来就业的长期持续增长。

表6—1　长三角都市圈与发达国家以及发展中国家的服务业就业对比

地区名称	年份	总从业人数（万人）	第二产业就业人数（万人）	第三产业就业人数（万人）	第二产业就业占比（%）	第三产业就业占比（%）
长三角都市圈	2014	6932.72	3207.61	3077.90	46.27	44.40

① 数据来源于浙江省、上海市和江苏省各年出版的统计年鉴和政府公报。

续表

地区名称	年份	总从业人数（万人）	第二产业就业人数（万人）	第三产业就业人数（万人）	第二产业就业占比（%）	第三产业就业占比（%）
江苏省8市	2014	3099.37	1551.82	1212.72	50.07	39.13
上海市	2014	1365.63	476.87	843.95	34.92	61.80
浙江省7市	2014	2467.72	1178.92	1021.23	47.77	41.38
菲律宾	2005	3287.50		48.10		
埃及	2005	1934.17		50.40		
南非	2005	1230.10		65.10		
巴西	2005	8718.94		57.90		
美国	1990				24.00	73.00
美国	1994				22.00	75.00
日本	1990				37.00	56.00
日本	1998				32.00	63.00
英国	1990				33.00	65.00
英国	1999				25.00	73.00
OECD	1992					65.10

注：OECD（经合组织）国家统计样本来自英国、法国、德国、意大利、西班牙、美国和加拿大7国。

资料来源：谢茂拾．中国就业分析与前瞻［M］．北京：经济管理出版社，2012.

第一节　基于长三角都市圈劳动力空间分布演化的精益城市就业集成模式基本概念解析

本研究涉及的就业集成问题，是一般的集成理论与应用技术在就业理论与实践研究中的拓展性借鉴运用。集成（integration）的概念当今已经广泛运用到自然科学和社会科学的诸多领域。它是通过某种方式将多个孤立的单项事物或元素集中在一起使之产生联系，并以此组成某种形式的新型有机体的过程。正如本书在第一章研究的理论基础中所述，尽管对于集成理论的研究已十分广泛，但将集成理论嵌入就业理论之中，形成独具一格的就业集成理论仍然是一个迫切需要研究的前沿课题。因为在当前我国城市发展普遍粗放化的背景下，对于就业集成的研究将为大幅增加城市就业容纳力提供崭新的理论指导；同时，鉴于我国资源和环境的强力约束条件，就业集成亦将是有效促进粗放城市向精益城市转变的一项新型道路选择。所以，以长三角都市圈劳动力空间分布演化历史过程为基础，前瞻性地研究精益城市的就业集成不仅具有十分重要的战略价值，而且亦是一项重要的开创性实际工作。

本研究提出“精益城市”概念，一方面是相对于急速发展、就业容量不高的粗放型城市而言的，指以就业作为城市价值创造的出发点，将城市活动全过程融汇于就业价值流之中，并使其像河流一样的流动起来，从而使城市生命有机体能够在就业需求的拉动下，实现可持续发展过程中的尽善尽美。“就业集成”概念的另一方面，是相对于城市就业结构失衡，就业价值链整体有机联系失调，就业样式呈现板块拼凑性状而言的。其中心内涵是指将城市中构成就业载体的各个要素（单元）进行主动优化和选择搭配，以最合理的结构形式集合为一个优势互补和匹配的就业有机体，从而实现就业能量倍增的过程。所以，“精益城市就业集成”就是以就业作为城市发展的出发点和归属点，按照高就业、高价值、高节能、高清洁、低碳排的尽善尽美原则，对城市各组成要素（单元）进行主动优化和选择搭配，以最合理的结构形式将城市整合为一个优势互补匹配、精益求精的就业有机体，从而实现精益城市就业能量倍增的系统化过程。前述长三角都市圈 16 市就业模式和人口的演变情况已经证明，其粗放型城市和板块拼凑型就业样式阻碍就业容量进一步提升空间的特征十分显著，本研究尝试以“精益城市就业集成”模式来彻底改造目前基于长三角都市圈劳动力分布演化的城市及其就业样式，以持续健康地促进城市就业容量增加和质量改善。

第二节　基于长三角都市圈劳动力空间分布演化的精益城市就业集成模式的框架设计

本精益城市就业集成模式将借鉴区域可持续发展的多目标集成模式的现有研究成果[1]，采用多目标集成方式整合长三角都市圈的物质资源、人力资源、人口、环境和经济等城市可持续发展的关键要素，构建一个它们之间交互式依存、作用、促进、制约的动态开放性复杂系统，以将长三角都市圈 16 市建设成就业集成型的精益城市。

长三角都市圈精益城市就业集成模式的框架由三类目标构成：第一类是经济规划层目标，实现以就业水平为中枢的人均收入与消费规划目标约束的功能；第二类是就业

On the Integration of Employment of Lean City Based on the Evolution of Spatial Distribution of Labor Force in the City Group Around Yangzi Delta

实体层目标，实现城市供给、生产、交易、消费、信息、物流、资源再生循环、组织、生态保障、人文保障等系统就业目标约束的功能；第三类是决策变量的“限定约束”层目标，实现精益城市就业集成决策变量“限定约束”的功能。三类目标组成一个动态复杂系统。这个系统将对长三角都市圈高投入、高能耗、高污染、低就业的粗放城市就业空间演化现状进行改造，生成一个以就业创造城市价值为目标，以就业需求为导向来拉动城市价值流动，以城市各组成要素（单元）进行主动优化和选择搭配，并整合为一个优势互补匹配、精益求精的就业有机体为技术基础，以高就业、高价值、高节能、高清洁、低碳排为生活样式，在整体上持续改进、尽善尽美的就业集成型精益城市，最终实现就业倍增效应这一总目标。其框架如图 6—1 所示。

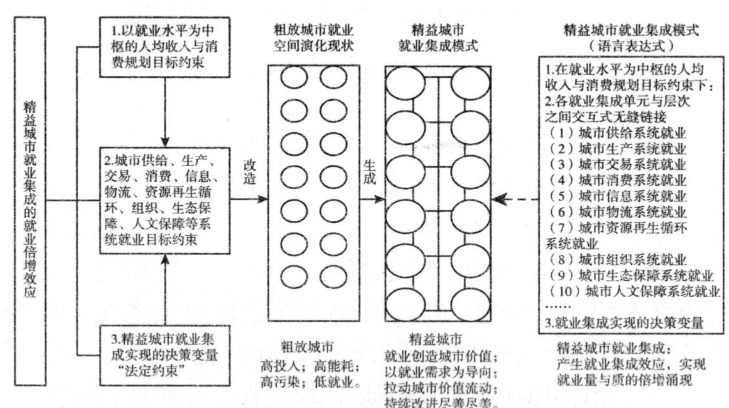

图 6—1　基于长三角都市圈劳动力空间分布演化的精益城市就业集成模式框架

第三节 基于长三角都市圈劳动力空间分布演化的精益城市就业集成模式具体构建

基于以上精益城市就业集成模式的框架设计所确定的三类目标，现进一步将精益城市就业集成模式做如下具体构建：

一、决策变量

根据实际需要选取 14 个决策变量：(1) 人口总量 (P)；(2) 就业总量 (N)；(3) 就业区域结构、产业结构和行业结构 (O)；(4) 产业与生活用水资源效率 (E_W)；(5) 土地资源使用效率 (E_L)；(6) 能源使用效率 (R_S)；(7) 工业资本投入及其使用效率 (K_S)；(8) 商业资本投入及其使用效率 (K_Y)；(9) 生态绿化投资 (I_E)；(10) 教育、科技、卫生、文化、社会服务、体育事业总投入及其人均比例 (J_W)；(11) 城市人均消费水平 (c_F)；(12) 人文素质水平 (R_W)；(13) 城市优良制度与意识形态建设水平 (I_W)；(14) 生态循环建设水平 (R_E)。

二、约束条件

精益城市就业集成各个子系统之间按照有机式内在作用机制相互联系，各个决策变量影响目标，构成系统整体的约束条件，其相应的目标函数隐式如下：

1. 第一类经济规划层目标约束

主要涵盖城市经济总量及其人均水平与结构，人均消费水平与结构，以及人均就业水平与结构等规划目标。具体包括 4 项子目标约束。

（1）城市人均 GDP 目标约束。其中：

第一，第一产业人均 GDP_1。决定于第一产业人均土地投入（A）、资本投入（K）、劳动力投入（L）、技术投入（T）、农业生产所需要的工业品投入水平等要素。此目标约束可写成：$GDP_1=f_1(A，K，L，T)+s_1-r_1$。式中，$f_1$ 为 GDP_1 的函数表达形式，而 s_1，r_1 为松弛变量。

以下公式中的 $f_2\cdots f_i(i=2、3、4\cdots n)$ 均为函数表达式，$s_2\cdots s_i$，$r_2\cdots r_i(i=2、3、4\cdots n)$ 均为松弛变量。

第二，第二产业人均 GDP_2。决定于第二产业人均资本投入、劳动力投入、技术投入、教育投入、土地投入、工业生产所需要的农业品投入水平等要素。此目标约束可写成：$GDP_2=f_2(A，K，L，T)+s_2-r_2$。

第三，第三产业人均 GDR_3。决定于第三产业人均资本投入、劳动力投入、教育投入、技术投入、土地投入、公共服务业组织投入、服务业生产经营所需要的工业品和农业品投入水平等要素。此目标约束可写成：$GDP_3=f_3(A，K，L，T)+s_3-r_3$。

（2）城市 GDP 与就业结构目标约束。其中：

第一，城市各区域 GDP_4 与就业（N_4）结构比例（R_4）。此目标约束可写成：$R_4=GDP_4/N_4+s_4-r_4$。式中，GDP_4/N_4 为 GDP 和就业的结构比例。

第二，城市各产业 GDP_5 与就业（N_5）结构比例（R_5）。此目标约束可写成：$R_5 = GDP_5/N_5 + s_5 - r_5$。式中，$GDP_5/N_5$ 为 GDP 和就业的结构比例。

第三，城市各行业 GDP_6 与就业（N_6）结构比例（R_6）。此目标约束可写成：$R_6 = GDP_6/N_6 + n_6 - r_6$。式中，$GDP_6/N_6$ 为 GDP 和就业的结构比例。

（3）城市人均消费水平目标约束（X）。城市人均消费水平决定于人口总量（P）、消费总量（C）、消费结构（U）等要素。此目标约束可写成：$X = f_7(P, C, U) + s_7 - r_7$。

（4）城市人均就业水平目标约束（J）。城市人均就业水平决定于人口总量（P）、就业总量（N）、就业质量结构（Z）（按金领、银领、白领、灰领、蓝领计算）。此目标约束可写成：$J = f_8(P, N, Z) + s_8 - r_8$。

2. 第二类就业实体层目标约束

这是精益城市就业集成的主体目标。具体涵盖 10 个方面实际运作子目标约束。

（1）城市供给系统就业目标约束（G）。具体有 4 项：

第一，城市最佳人口总量限制（P_G）。

第二，第一、二、三产业水资源供给、城市人口生活用水资源供给、城市环境净化用水资源供给限制（W_G）。

第三，第一、二、三产业土地资源供给、城市人口生活用地供给、城市环境美化使用土地资源供给限制（T_G）。

第四，第一、二、三产业能源供给、城市人口生活能源供给、城市生态能源供给限制（R_G）。此目标约束可写成：$G = f_9(P_G, W_G, T_G) + s_9 - r_9$。

(2) 城市生产系统就业目标约束（S）。具体有5项：

第一，工业资本投入及其使用效率（K_S）。

第二，工业企业数量、工业企业平均就业量（N_S）。

第三，工业企业贷款总量、工业企业平均贷款量（D_S）。

第四，工业能源消费总量（Y_S）。

第五，能源使用效率（R_S）。

此目标约束可写成：$S=f_{10}(K_S, N_S, D_S, Y_S, R_S)+s_{10}-r_{10}$。

(3) 城市交易系统就业目标约束（Y）。具体有4项：

第一，商业资本投入及其使用效率（K_Y）。

第二，商业企业数量、商业企业平均就业量（N_Y）。

第三，对外进出口额（M_Y）。

第四，银行存贷款余额（D_Y）。

此目标约束可写成：$Y=f_{11}(K_Y, N_Y, M_Y, D_Y)+s_{11}-r_{11}$。

(4) 城市消费系统就业目标约束（F）。具体有5项：

第一，社会消费品零售总额（C_F）。

第二，批发和零售业商品购进与销售额（S_F）。

第三，批发和零售业法人企业单位数与年末从业人数（N_F）。

第四，居民人均消费额（c_F）。

第五，服务业企业数量与企业平均就业量（n_F）。

此目标约束可写成：$F=f_{12}(C_F, S_F, N_F, c_F, s_F)+s_{12}-r_{12}$。

(5) 城市信息系统就业目标约束（I）。具体有 2 项：

第一，信息行业企业数与就业人数（N_I）。

第二，信息行业资本投入（K_I）。

此目标约束可写成：$I=f_{13}(N_I, K_I)+s_{13}-r_{13}$。

(6) 城市物流系统就业目标约束（W）。具体有 5 项：

第一，物流行业企业数与就业人数（N_W）。

第二，货运量（F_W）。

第三，客运量（K_W）。

第四，民用汽车拥有量（M_W）。

第五，私人汽车拥有量（S_W）。

此目标约束可写成：$W=f_{14}(N_W, F_W, K_W, M_W, S_W)+s_{14}-r_{14}$。

(7) 城市资源再生循环系统就业目标约束（Z）。具体有 3 项：

第一，污染排放量（W_Z）。

第二，污染治理投入（T_Z）。

第三，资源再生循环企业数与就业人数（N_Z）。

此目标约束可写成：$Z=f_{15}(W_Z, T_Z, N_Z)+s_{15}-r_{15}$。

(8) 城市组织系统就业目标约束（T）。具体有 3 项：

第一，公共机构数量与就业人数（N_T）。

第二，公共机构质量与人员素质（Q_T）。

第三，公共系统组织管理水平（M_T）。

此目标约束可写成：$T=f_{16}(N_T, Q_T, M_T)+s_{16}-r_{16}$。

(9) 城市生态保障系统就业目标约束（E）。具体有 4 项：

第一，生态绿化投资（I_E）。

第二，人均生态绿地面积（A_E）。

第三，生态环保企业数与就业人数（N_E）。

第四，生态循环建设水平（R_E）；

此目标约束可写成：$E=f_{17}(I_E, A_E, N_E, R_E)+s_{17}-r_{17}$。

（10）城市人文保障系统就业目标约束（W）。具体有4项：

第一，教育、科技、卫生、文化、社会服务、体育事业总投入及其人均比例（J_W）。

第二，教育、科技、卫生、文化、社会服务、体育事业就业人数与质量（Q_W）。

第三，城市优良制度与意识形态建设水平（I_W）。

第四，人文素质水平（R_W）。

此目标约束可写成：$W=f_{18}(J_W, Q_W, I_W, R_W)+s_{18}-r_{18}$。

3. 第三类决策变量“限定约束”层目标约束（L）

主要涵盖两个方面的限定约束目标，其体现决策变量的现实规定性。如变量的非负数性质，变量的阈限值，变量间的作用机制机理等。两项子目标约束如下：

（1）变量边界目标约束（Ω）。系统在一定时间范围内，各个决策变量应在一定的边界阈限值。如人均GDP、人口、就业量、资源承载量、环境承载量等在确定的时间、范围内均有确定的阈限值。

（2）作用机制目标约束（σ）。即共生型就业要素集成机制。具体包括：各个就业要素之间的互相依存、相互作用，相互补充、相互促进，形成共同生存、协同进化的共生关系。此目标约束可写成：$L=f_{19}(\Omega, \sigma)+s_{19}-r_{19}$。

三、达成函数的建立

基于实现就业倍增效应的上述三类目标，可以根据精益城市就业集成模式所要达到的不同目的，在实际应用中为其建立不同的优先等级。因此，达成函数会有两种组合方式：

1. 组合方式Ⅰ

考虑到城市经济总量及其人均水平与结构，人均消费水平与结构，以及人均就业水平与结构等经济发展目标的至关重要性，将上述第一类目标作为第一优先等级，第二类就业实体层目标作为第二优先等级，第三类决策变量的“限定约束”层目标作为第三优先等级，构造达成函数如下：

$$\text{Min } \underline{a} = \{\Phi_1[y_1(s_1, r_1, s_2, r_2, s_3, r_3, s_4, r_4, s_5, r_5, s_6, r_6, s_7, r_7, s_8, r_8)]; \Phi_2(y_2(s_9, r_9, s_{10}, r_{10}, s_{11}, r_{11}, s_{12}, r_{12}, s_{13}, r_{13}, s_{14}, r_{14}, s_{15}, r_{15}, s_{16}, r_{16})); \Phi_3[y_3(s_{17}, r_{17})]\}$$

式中，y_k(K=1，2，3…）对应的是第 k 级正负偏差变量线性函数，Φ_k(K=1，2，3…）对应的与 y_k 有关的优先等级。

2. 组合方式Ⅱ

考虑到为决策变量所设置“限制约束”的至关重要性，在这种情况下，将第三类目标作为第一优先等级，第二类就业实体层目标作为第二优先等级，第一类经济规划层目标作为第三优先等级，构造达成函数如下：

$$\text{Min } \underline{a} = \{\Phi_1[y_3(s_{17}, r_{17})]; \Phi_2(y_2(s_9, r_9, s_{10}, r_{10}, s_{11}, r_{11}, s_{12}, r_{12}, s_{13}, r_{13}, s_{14}, r_{14}, s_{15},$$

$r_{15}, s_{16}, r_{16}))$; $\Phi_3[y_1(s_1, r_1, s_2, r_2, s_3, r_3, s_4, r_4, s_5, r_5, s_6, r_6, s_7, r_7, s_8, r_8)]\}$

式中，$y_k(K=1, 2, 3\cdots)$ 对应的是第 k 级正负偏差变量线性函数，$\Phi_k(K=1, 2, 3\cdots)$ 对应的与 y_k 有关的优先等级。

四、基于长三角都市圈劳动力空间分布演化的精益城市就业集成模式确立

因为需要考虑三类目标的优先等级，故本建模秉承两种目的：一是在保证就业实体层目标为中坚主体的情况下，优先考虑经济发展水平目标；二是在保证就业实体层目标为中坚主体的情况下，优先考虑具有“限制约束”的 14 个决策变量。所以，根据以上建立的达成函数的两种组合方式，基于长三角都市圈劳动力空间分布演化的精益城市就业集成模式具有以下两种具体形态：

1. 形态 I

$$\text{Min } \underline{a}=\{\Phi_1[y_1(s_1, r_1, s_2, r_2, s_3, r_3, s_4, r_4, s_5, r_5, s_6, r_6, s_7, r_7, s_8, r_8)]; \Phi_2[y_2(s_9, r_9, s_{10}, r_{10}, s_{11}, r_{11}, s_{12}, r_{12}, s_{13}, r_{13}, s_{14}, r_{14}, s_{15}, r_{15}, s_{16}, r_{16})]; \Phi_3[y_3(s_{17}, r_{17})]\}$$

2. 形态 II

$$\text{Min } \underline{a}=\{\Phi_1[y_3(s_{17}, r_{17})]; \Phi_2(y_2(s_9, r_9, s_{10}, r_{10}, s_{11}, r_{11}, s_{12}, r_{12}, s_{13}, r_{13}, s_{14}, r_{14}, s_{15}, r_{15}, s_{16}, r_{16})); \Phi_3[y_1(s_1, r_1, s_2, r_2, s_3, r_3, s_4, r_4, s_5, r_5, s_6, r_6, s_7, r_7, s_8, r_8)]\}$$

s. t

$$GDP_1 = f_1(A, K, L, T) + s_1 - r_1$$
$$GDP_2 = f_2(A, K, L, T) + s_2 - r_2$$
$$GDP_3 = f_3(A, K, L, T) + s_3 - r_3$$
$$R_4 = GDP_4 / N_4 + s_4 - r_4$$
$$R_5 = GDP_5 / N_5 + s_5 - r_5$$
$$R_6 = GDP_6 / N_6 + s_6 - r_6$$
$$X = f_7(P, C, U) + s_7 - r_7$$
$$J = f_8(P, N, Z) + s_8 - r_8$$
$$S = f_9(K_S, N_S, D_S, Y_S) + s_9 - r_9$$
$$Y = f_{10}(K_Y, N_Y, M_Y, D_Y) + s_{10} - r_{10}$$
$$F = f_{11}(C_F, S_F, M_Y, D_Y) + s_{11} - r_{11}$$
$$I = f_{12}(N_I, K_I) + s_{12} - r_{12}$$
$$I = f_{13}(N_I, K_I) + s_{13} - r_{13}$$
$$W = f_{14}(N_W, F_W, K_W, M_W, S_W) + s_{14} - r_{14}$$
$$Z = f_{15}(W_Z, T_Z, N_Z) + s_{15} - r_{15}$$
$$T = f_{16}(N_T, Q_T, M_T) + s_{16} - r_{16}$$
$$E = f_{17}(I_E, A_E, N_E, R_E) + s_{17} - r_{17}$$
$$W = f_{18}(J_W, Q_W, I_W) + s_{18} - r_{18}$$
$$L = f_{19}(\Omega, \sigma) + s_{19} - r_{19}$$
$$s_{19} \times r_{19} = 0$$

本模型满足长三角都市圈 16 市建设就业集成型精益城市多目标同时实现的需要，能够对域内物质资源、人力资源、人口、环境和经济等城市可持续发展关键要素实行无缝链接整合，使经济规划层目标、就业实体层目标和决策变量“限定约束”层目标协调一致，最终达到高就业、高价值、高节能、高清洁、低碳排，持续改进、尽善尽美的精益城市就业倍增总目标。

本章参考文献

［1］魏一鸣等．人口、资源、环境与经济协调发展的多目标集成模型［J］．系统工程与电子技术，2002，24（8）：1—5.

第七章　长三角都市圈精益城市就业集成模式的初步实施策略

长三角都市圈精益城市就业集成模式将就业作为城市发展的依归，综合设计人口、资源、环境、经济、人文等因素所构成的目标约束，并遵循高就业、高价值、高节能、高清洁、低碳排的尽善尽美原则，对城市各组成要素（单元）进行主动优化和选择搭配，以期在重新改造现存城市就业模式的基础上，实现未来城市的精益求精和就业能量的倍增效应。这一新型模式要投入现实应用，则需要一系列科学的符合实际的实施策略。本研究仅就此给出一个初步设想。

第一节　彻底改造传统就业模式

将长三角都市圈现存以流动性农民工为主体的制造业集装搬运式就业模式，以传统城市生活中心为基础的服务业填装压缩式就业模式，以公有制文教卫服务单位高度聚集城市中心区为特征的生产与生活相分离就业模式，全面改造成为以稳定性产业工人为主体，制造业与服务业协调发展的整体融合渗透式集成就业模式，以传统城市生活中心与新兴城市生活中心并行的多中心服务业凝聚式就业模式，以文教卫服务单位所有制多元化且空间分布均匀化的就业模式。

实证显示，长三角都市圈现存三大就业模式，即以流动性农民工为主体的制造业集装搬运式就业模式，以传统城市生活中心为基础的服务业填装压缩式就业模式，以公有制文教卫服务单位高度聚集城市中心区为特征，生产与生活相分离的就业模式，已经严重阻碍了该地区就业的可持续增长。因此，建设精益城市以代替粗放城市，并在此基础上彻底改善城市区域、产业、行业及其内部结构的空间分布，以未来的空间均衡性集成就业代替现存的空间失衡性非集成就业已势在必行。具体改善策略如下：

一、实施大力发展郊区制造业的产业配套融合就业策略

实施大力发展郊区制造业集中地域的产业配套融合就业战略，全面彻底转化农民工身份，将以流动性农民工为主体的制造业集装搬运式就业模式，改善成为以稳定性产业工人为主体，制造业与服务业协调发展的整体融合渗透式集成就业模式，从而大幅扩展制造业集聚区域就业量，为实现城市郊区就业集成打下坚实基础。

长三角都市圈主要大城市制造业就业集聚于以流动性农民工为主体的郊区乃至远郊，而单个移居城市的农民工不但收入较低，且往往节衣缩食将所得汇回家乡，狭小的

消费市场客观上制约了该区域服务业就业的扩展空间。2014年，长三角都市圈第二三产业就业人数分别是3207.61万人和3077.9万人，其分别在全部就业量中的占比为46.27%和44.40%（见表6—1），而从表5—11和表5—12所示的上海、南京、杭州、苏州、无锡等大型中心城市情况看，第二产业就业量的90%均积聚在郊区乃至远郊。若将这部分就业量估算为制造业范围，长三角制造业就业聚集在郊区的人数约为2700万人左右。这一数据也与前述长三角都市圈外来劳动力总数2219.21万人大致吻合。因为外来劳动力主要是以农民工为主且集中于制造业。与此相对，上海、南京、杭州、苏州、无锡等大型中心城市服务业就业在郊区的占比却只有20%左右①。以此推算，2014年长三角都市圈城市郊区服务业就业量仅为615万人。制造业与服务业就业在郊区与市区之间的这一巨大反差说明，目前以流动性农民工为主体的制造业集装搬运式就业模式，所造成的产业和区域间就业失衡已经十分严重。即使按照一比一对制造业与服务业就业进行起码配套，郊区服务业增长量将达2000万人。如果按照精益城市就业集成模式配套，同时考虑到制造业可能产生的向域外转移，服务业就业增长空间亦将远超2000万人。

基于郊区服务业就业严重失衡的现实，改变以流动性农民工为主体的制造业集装搬运式就业模式，实施精益城市集成就业的策略首先可从以下着手：

---

① 数据来源于浙江省、上海市和江苏省各年出版的统计年鉴和政府公报。

(1) 制定农民工自愿举家迁徙城市定居的法规和政策，为城市大规模接纳域外移民做好全面的制度准备。在推进城乡分割的二元户籍制度和城市居民居住制度改革工作方面，国家和地方政府已出台过不少政策措施，但在实际工作中却一直进展缓慢，致使长三角都市圈迄今为止按户籍统计的城市化率仍然大大低于按常住人口计算的数据[1]。其中虽然原因复杂，但在众多影响因素之中，最重要的还是缺乏全面配套的制度安排，特别是全面配套的法律法规保证。因为户籍制度和城市居住制度改革并非单项制度调整，其不仅是人的身份转换，居住地的改变问题，而且是一项涉及社会保障制度、公共财政制度、教育卫生制度、劳动就业制度，特别是农村土地制度等一系列重大制度需要重新安排的复杂系统工程。如果不着眼于长远未来进行系统性、全面性制度变革安排，并配套进行协同一致的推动，就很难取得实质性效果。农民工举家移居城市，仅就城市接纳这一方面来说，其需要解决的一系列问题，如新市民与原住市民平等的劳动就业权、社会保障权、子女教育权、医疗卫生权、公共财政分享权、居住权等权利本身，不仅需要国家及其各级政府提供制度供给，更需要其在财力、物力上提供资源供给；同时，外来移民也会影响原住市民已经形成的利益格局，故推行起来绝非易事。特别是农民举家移出农村，现存的土地制度又成为一个极大难题。因为农村土地集体所有制及其承包制度、土地流转制度等，使农民意欲永久性移居城市时，需要面对土地权利重新分配的艰难选择。所以，为农民工真正移居城市提供全面的制度供给准备，应是推进长三角都市圈城市郊区服务业就业增长进而实现就业集成的首要工作。

（2）推进城市郊区生产生活基础设施配套建设，为制造业与服务业就业的协调发展提供无缝式整体融合、渗透式集成的市场硬件支持。目前长三角城市基础设施投资大多存在重城区、重生产经营，轻郊区、轻公共生活配套的倾向，结果是城区特别是城市中心区基础设施和公共生活配套较为完善，服务业就业密集，而郊区特别是远郊区基础设施和公共生活配套却严重稀缺。这种情况可以从长三角都市圈主要大城市的固定资产投资结构情况得到印证。如据表7—1和表7—2计算，2010～2014年5年间，上海市完成固定资产投资总额24 229.14亿元，其中市区为19 733.31亿元，占比81.44%；投在水利、环境和公共设施管理业的固定资产2049.82亿元，其中80.63%分配到了市区。杭州市2010～2014年5年间，完成固定资产投资总额18 691.23亿元，其中市区为15 340.25亿元，占比达82.07%；投在水利、环境和公共设施管理业的固定资产1527.64亿元，其中市区为1214.43亿元，占比为79.50%。南京市2010～2014年新开工固定资产投资总额17 021.37亿元，其中市区达15 753.94亿元，占比92.55%；累计完成固定资产投资总额28 227.20亿元，其中市区达26 085.58亿元，占比达92.41%；新开工项目在水利、环境和公共设施管理业的固定资产投资总额为1916.92亿元，其中市区达1789.78亿元，占比93.37%；累计完成在水利、环境和公共设施管理业的固定资产投资

表 7—1　　上海、南京、苏州、杭州、无锡 5 市固定资产投资结构情况　　单位：亿元

		2014		2013		2012		2011		2010	
		全市	市区	全市	市区	全市	市区	全市	市区	全市	市区
上海市	本年完成投资合计	5477.99	4482.392	5094.53	4175.624	4582.92	3766.336	4517.09	3713.672	4556.61	3595.288
	第二产业	943.93		1031.27		1051.48		1040.92		1127.04	
	水利、环境和公共设施管理业	465.73	382.584	421.46	337.168	340.94	272.752	371.92	297.536	449.77	362.816
苏州市	总计	6230.67	3419.74	6001.94	3154.17	5266.49	2685.95	4502.02	1805.92	4412.80	2315.93
	第二产业	2308.10	970.47	2434.31	1032.04	2184.89	902.95	1891.89	529.62	1981.00	538.63
	水利、环境和公共设施管理业	634.83	424.57	554.02	327.70	448.35	228.56	414.92	162.69	313.81	266.79

续表

		2014		2013		2012		2011		2010	
		全市	市区	全市	市区	全市	市区	全市	市区	全市	市区
无锡市	总计	4634.21	2986.09	4015.77	2511.65	3618.07	2303.23	3169.18	2045.07	2985.65	1999.40
	第二产业	1746.58	936.49	1567.35	782.55	1423.59	728.20	1252.55	635.90	1210.82	660.58
	水利、环境和公共设施管理业	572.78	472.62	360.74	276.87	321.61	250.07	283.31	222.57	383.56	309.21
南京市	本年新开工总计	4406.60	4024.19	3348.40	3099.45	4012.38	3742.95	3430.41	3162.14	1823.57	1725.21
	累计完成投资总计	8320.88	7582.62	6337.98	5833.01	5318.78	4961.83	4543.97	4268.35	3705.59	3439.77
	水利、环境和公共设施管理业本年新开工	493.23	452.03	468.92	439.37	442.86	419.31	340.11	321.79	171.80	157.28
	水利、环境和公共设施管理业累计完成投资	1328.20	1219.65	889.41	818.98	673.46	623.00	596.41	550.71	877.33	476.81

On the Integration of Employment of Lean City Based on the Evolution of Spatial Distribution of Labor Force in the City Group Around Yangzi Delta

续表

		2014		2013		2012		2011		2010	
		全市	市区	全市	市区	全市	市区	全市	市区	全市	市区
杭州市	固定资产投资额	4952.70	4257.22	4263.87	3402.97	3722.75	3016.08	3100.02	2520.24	2651.88	2143.75
	基础设施投资	1005.53	801.02	852.47	672.86	778.52	649.51	643.70	545.17	645.22	543.87
	水利、环境和公共设施管理业	394.04	290.88	348.68	276.21	272.59	221.44	252.97	208.06	259.36	217.84

资料来源：上海、南京、苏州、杭州、无锡 5 市统计年鉴（2011～2015）。

表 7—2　　上海、南京、苏州、杭州、无锡 5 市固定资产投资结构占比情况　　单位：%

名称	地区	2014		2013		2012		2011		2010		合计	
		全市	市区	全市	市区	全市	市区	全市	市区	全市	市区	全市	市区
水利环境和公共设施管理业占比	上海市	8.5	8.54	8.27	8.07	7.44	7.24	8.23	8.01	9.87	10.09	8.46	8.38
	苏州市	10.19	12.42	9.23	10.39	8.51	8.51	9.22	9.01	7.11	11.52	8.96	10.54
	无锡市	12.36	15.83	8.98	11.02	8.89	10.86	8.94	10.38	12.85	15.47	10.43	12.93
	南京市新开工	11.19	11.23	14	14.18	11.04	11.2	9.91	10.18	9.42	9.12	11.26	11.36
	南京市完成	15.96	16.08	14.03	14.04	12.66	12.56	13.13	12.9	23.68	13.86	15.46	14.14
	杭州市基础设施	20.3	18.82	19.99	19.77	20.91	21.53	20.76	21.53	24.33	25.37	21	20.94
	杭州市	7.96	6.83	8.18	8.12	7.32	7.34	8.16	8.26	9.78	10.16	8.17	7.92

注：南京市“新开工”和“完成”指表 7—1 中的南京市水利、环境和公共设施管理业本年新开工和累计完成投资。

资料来源：上海、南京、苏州、杭州、无锡 5 市统计年鉴（2011～2015）。

总额为 4364.81 亿元，其中市区达 3689.14 亿元，占比 84.52%。苏州市和无锡市的情况亦类似，即在固定资产投资总额地域分布上，以及在水利、环境和公共设施管理业的固定资产投资地域分布上，市区均占据了全市投资的大部分比重。

另外，在全部固定资产投资总额的行业分布上，投在水利、环境和公共设施管理业的份额亦非常有限：在全部固定资产投资总额份额占比中，分别是上海市占比 8.46%，苏州市占比 8.96%，无锡市占比 10.43%，南京市占比 11.26%（新开工）和 15.46%（累计完成），杭州市占比 8.17%；在市区全部固定资产投资额份额占比中，分别是上海市 8.38%、苏州市 10.54%、无锡市 12.93%、南京市 11.36%（新开工）和 14.14%（累计完成）、杭州市 7.92%。以上数据说明，一是在整个固定资产投资总额地域分布，以及在环境公共设施固定资产投资地域分布上，更多地将投资份额由市区转向郊区已经迫在眉睫；二是在整个固定资产投资总额行业分布中，将更多的投资份额由生产经营性转向环境公共设施方面已经时不我待。依目前情况，市区与郊区之间的产业就业结构已经呈严重分裂状态，市区与郊区之间在公共领域建设上的巨大差异，已经从硬件上严重地制约了城市的一体化链接。可以说，要改变目前长三角都市圈城市郊区普遍存在的以流动性农民工为主体的制造业集装搬运式就业模式，就必须全面解决上述固定资产投资在地域和行业分布上极度失衡问题，这也是建设未来精益城市集成就业的最基础性工作。

二、实施人口与服务业就业向城市郊区乃至远郊转移的城市可持续发展策略

实施人口与服务业就业向城市郊区乃至远郊转移的城市可持续发展战略，将以传统城市生活中心为基础的服务业填装压缩式就业模式，以公有制文教卫服务单位高度聚集城市中心区为特征、生产与生活相分离的就业模式，全面改善成为传统城市生活中心与新兴城市生活中心并行的多中心服务业凝聚式就业模式，以及文教卫服务单位所有制多元化和空间分布均匀化的就业模式，以大力推进城市整体精益化和就业集成化。

前述已经以数据实证了长三角都市圈各大城市人口和服务业就业，以及公有制文教卫服务单位均高度集中聚集城市的情况，且由此造成的两种就业模式，即以传统城市生活中心为基础的服务业填装压缩式就业模式，以公有制文教卫服务单位高度聚集城市中心区为特征、生产与生活相分离的就业模式。要推进精益城市就业集成建设和彻底改变这两种就业模式，就必须重新规划城市就业布局，实施人口与服务业就业向城市郊区乃至远郊转移的城市可持续发展战略。具体从以下方面着手：

（1）实施鼓励城市核心区、中心区服务业投资、就业和人口向郊区转移战略，将以传统城市生活中心为基础的服务业填装压缩式就业模式，全面改善成为以传统城市生活中心与新兴城市生活中心并行的多中心服务业凝聚式就业模式。城市当局可以制定一系列政策措施鼓励城市核心

区、中心区服务业投资、就业和人口向郊区转移。譬如，投资方面给在郊区设立独立或分支机构实体的企业或个人以优惠政策甚至奖励，包括土地使用权、税费缴纳、注册营运、人员雇佣等方面的优惠和奖励政策；就业和人口方面给予移居郊区者以房屋安居、子女就学就业、社会与医疗保障等方面的优惠和奖励政策等。这一战略实行初期可能需要城市当局增加一定支出或减少一些当前的税费收入，但从长期看，则会从郊区发展中得到更多的城市整体品质提升所带来的收入。如郊区级差地租收入的大幅提高，服务业税费收入的大幅增长等。另外，就城市核心区和中心区而言，通过适当的就业和人口疏散，将大大改善其公共资源过度消费状况，缓解交通拥挤、环境污染、治安荷重等市政供给压力，提升城市生活品质。借助城市核心区、中心区服务业投资、就业和人口转移，整个城市将会逐渐被打造成传统城市生活中心与新兴城市生活中心并行的多中心服务业凝聚式就业模式。

（2）实施吸引域外投资、就业和人口的郊区凝聚战略，进一步促成以传统城市生活中心与新兴城市生活中心并行的多中心服务业凝聚式就业模式的形成。郊区可充分利用自身的土地优势、环境优势以及制造业集中地优势，既发挥市场自动调节功能，又发挥行政主动调节作用，从战略上实施吸引域外投资、就业和人口的郊区凝聚战略。譬如，郊区当局积极配合市政府的城市总体战略策略，在所属的权限范围内，制定与市政府相配套的土地使用权、税费缴纳、注册营运、人员雇佣、房屋安居、子女就学就业、社会与医疗保障等针对投资、就业和人口方面的优惠和奖励政策。从长远看，这些短期需要付出的优惠与奖励政策都将在未来郊区的经济发展和就业增长中获得巨大的利益回报。

（3）实施文教卫服务单位所有制多元化及其由城市核心区、中心区向郊区大力扩展的战略，逐步促进文教卫服务单位所有制多元化和空间分布均匀化的就业模式形成。由于历史原因，长三角都市圈文教卫服务单位基本是公有制属性，而且绝大多数集中于城市核心区和中心区，而城市人口和就业密集度高低在很大程度上又决定于文教卫服务业的发展状况。如果劳动者及其家庭成员的医疗保健和中小学教育问题不能解决，其全家安居就很困难。解决这一问题，需要开展两方面的工作：一是实施鼓励城市核心区、中心区现有公有制文教卫服务单位，向郊区设立分支机构或新建独立机构的优惠和奖励政策；二是出台相关法律法规，采取相关政策措施向全社会乃至外资开放文教卫服务业经营权限，推进该领域所有制多元化的发展战略，以解决郊区文教卫服务业严重匮乏，以及兴办过程中创业成本高，经营收益低甚至无收益等问题。文教卫服务业特别是中小学教育和医疗保健单位带有公共服务和准公共服务的性质，如果仅靠政府投入兴办显然已经严重脱离现实，但仅是向全社会开放甚至向外资开放政策也不一定能产生预期效果。故有必要针对这个行业的特点采取必要的政府扶持性措施。譬如，可以仿照 20 世纪 80～90 年代引进外资所实行的一些特殊安排，给新进入的民办或外资单位以相关的优惠鼓励政策，这样，该行业在郊区的快速发展才会获得动力。

第二节 嵌入共生型生态就业价值链和价值网

将生态共生系统嵌入精益城市就业集成模式之中，运用多目标同时实现机制构建长三角都市圈城市的共生型生态就业价值链和价值网，以获取高就业、高价值、高节能、高清洁、低碳排、尽善尽美原则下精益城市的就业倍增能量。

精益城市就业集成模式的目标是要使城市获得高就业、高价值、高节能、高清洁、低碳排、尽善尽美原则下的精益城市就业能量倍增效应，故全面融合城市人口人力资源、物质资源、生态人文环境和经济协调发展等多层目标体系，即是其目标得以实现的关键问题。如何保证这一关键所在得到最有效的解决方法？将生态共生系统嵌入精益城市就业集成模式之中，运用多目标同时实现机制构建长三角都市圈城市的共生型生态就业价值链和价值网则是题中之意。具体从以下两个方面着手：

一、以共生型生态就业价值链促进精益城市就业集成的实现

以共生型生态就业价值链的就业质量系统均衡提升为导向，全面融合城市人口人力资源、物质资源、生态人文环境和经济协调发展等多层目标体系，循序渐进地促进精益城市就业集成的实现。

精益城市就业集成模式是将整个城市构成要素即人口

人力资源、物质资源、人文环境和经济发展，作为一个以生态就业价值链进行彼此无缝对接的一体化共生体。也就是说，精益城市就业集成是将城市当作一个真实的生物集群体看待，并将精益城市就业集成的所有要素均作为必不可少的生物集群体构成肢体融入其中，从而使各个要素均能在集成体中活出对称性互惠共生的样式，彰显共生的所有特质。“共生是不同的生物长期持续生活在一起”[2]共生是一种自组织现象，它是出于生存需要的生物体之间，彼此按照某种方式互相依存、相互作用，并依此形成的共同生存、协同进化的共同生活关系[3]。共生不仅是生物界的普遍现象，亦在社会领域普遍存在，而且生物界与社会领域的共生具有一系列相同的本质属性[4]：一是共生体是多元共生要素即共生单元的有机结合。二是共生体本身就是各种共生要素即共生单元之间的物质、信息和能量的交互式流动体。三是共生要素之间的共生关系与共生环境存在积极正面互动，即与环境互相促进。四是共生体内部的共生关系会促使各共生要素即共生单元向生命力更强的方向演化，从而使共生系统发展的总趋势不断得到完善升华。精益城市就业集成模式所形成的城市就业集成体，就是如此生动体现这一系列共生本质属性的城市就业共生体。城市的各种资源和构成要素都是集成就业共生体的有机单元，彼此无缝链接互动与协同促进成长。城市当局若依据共生理论来设计、运作和调节精益城市就业集成体，就能全面实现城市人口人力资源、物质资源、生态人文环境和经济协调发展等多层目标体系。实践层面的操作可考虑：

（1）以共生型生态就业价值链的就业质量系统均衡提升为导向，将城市当局这个组织要素作为一个生物有机共生单元融入整个精益城市就业集成体之中，使其与城市各产业行业组成单元、城市各区域空间组成单元之间形成互相依存、互相作用、互相促进的对称性互惠共生关系，并依此来设计精益城市就业集成共生体。这种设计的最大优势，就是城市当局不再像传统城市管理组织那样，充当高高在上的城市驾驭者和控制者角色，而是以城市的一个构成单元身份，与城市其他构成单元一道平等地参与生活到精益城市就业集成共生体中。即城市当局不再游离于城市共生体之外，而是充当一个与城市其他单元共生共荣的生物肢体。在这种情况下，精益城市就业集成就真正成为共生理论所定义的自组织，城市当局所做的设计亦将真正地被嵌入到市场规律之中，同时又能防止市场可能存在的失灵现象。遵循这一理念设计城市，城市各产业行业和各区域空间就业分布将以共生价值链的对称性互惠增值为依归，而不是像原有城市就业模式那样以就业价值的单向极化增值为指向，各个共生单元将会得到合理的自我引导、约束和激励，服务业领域及其文教卫服务业就业，城市核心区、中心区、近郊区和远郊区就业的分布不仅会趋于量的均衡发展，而且亦会成就共生型生态就业价值链就业质量系统的均衡提升，前述传统城市发展中的三大就业模式所具有的弊端将在城市设计过程中得以预防性消除。

（2）以共生型生态就业价值链的就业质量系统均衡提升为导向，依据精益城市就业集成生态型共生体的设计，城市当局将以共生单元的身份而不是以局外控制者的身份，艺术地应用这种设计，来促成集成体各单元在整个城市就业价值链流程上的有序运行与调节。城市当局以共生单元的身份完成精益城市就业集成生态型共生体的设计之后，面临的另一个实质性挑战就是如何继续以精益城市就业集成共生体的子单元身份，主持运行和调节好整个城市就业共生体。在设计阶段，城市当局作为城市生态共生体的一个单元性参与者，其并不牵涉到自身实际权力和利益的调整分配问题。但是，如果真正要城市当局在城市生态共生体的运行中，履行设计所定位的角色则可能面临极大的自我挑战。其最主要的难题在于，城市当局所具有的传统权力履行和利益分享方式将要发生革命性转变。城市当局在传统城市中是权力的生成者和履行者，是利益的直接分享和调节者；在新的城市共生体中，其仅仅是一个与其他城市共生单元同等的参与者。在这种情形下，整个城市的计划、组织、指挥、协调和控制还由城市当局来承担吗？显然，共生城市体依然需要城市当局履行以上这些方面的职能，只不过履行方式将要发生巨大的变革；同时，共生城市体也为城市当局履行这些职能的智慧和水平提出了更高要求。因此，城市当局履行城市治理职能时，主要从这样一些方面变革和重生：一是城市运行调节将全面纳入法律和制度治理轨道。城市当局仅仅作为生态共生体中的执法子单元，与其他子单元互惠共生。这意味着城市当局将要实现彻底的角色转换。二是城市共生体的自组织功能将得到全面发挥。法律和制度将赋予城市共生体各个子单元以自我治理的权责利职能，城市将真正成为像生态生物活体一样的精益城市就业集成体。三是城市共生体将实现各个子单元就业价值链的无缝链接，以保证城市共生体各个子单元都能自动履行城市运行调节过程中所赋予的各项职能。这就是说，城市共生体及其各个要素将是一个系统的自组织，城市运行调节的自我治理，不仅是共生体各个子单元的职能，同时也是其价值链的增值过程。

二、以共生型生态就业价值网保障精益城市就业集成的整体零熵排放

以共生型生态就业价值网的就业熵系统均衡利用为中心，全面融合城市人口人力资源、物质资源、生态人文环境和经济协调发展等多层目标体系，以保障精益城市就业集成运行过程中的就业熵系统的整体零熵排放。

精益城市就业集成的实现，不仅需要城市当局以共生型生态就业价值链的就业质量系统均衡提升为导向，全面融合城市人口人力资源、物质资源、生态人文环境和经济协调发展等多层目标体系，以城市共生体的子单元身份来设计、运行和调节就业集成体，而且还需要以共生型生态就业价值网的就业熵系统均衡利用为中心，全面融合城市人口人力资源、物质资源、生态人文环境和经济协调发展等多层目标体系，以就业熵系统的整体零排放来保障精益城市就业集成的成功运行。

精益城市就业集成不仅是就业价值增值的链条集成，其更是就业价值网的集成。精益城市就业集成是一个开放

式的产业共生生态系统，其从能量、资源、信息等要素输入开始，不但会经过类似生态学中生产者、消费者和分解者等各司其职的食物链运行过程，形成一种环环相扣的从价值生产、交易、增值、消费，再到生产、交易、增值和消费的往复循环就业价值链集成，而且还会经过类似生态学中生产者、消费者和分解者等彼此交错链接的食物网运行过程，形成一种交互式依存的价值生产、交易、增值和消费的往复循环式就业价值网集成。在这里，就业价值网即是精益城市就业集成的实质内容。值得强调的是，就业价值网所生成的就业集成虽然最大限度地将能量、资源和信息等要素转换成以就业为中心的价值流，但是，依据自然和人类社会存在普遍“熵”法则，如果不能寻求到特殊的应对措施，一般的精益城市就业集成共生体仍然不可避免地产生“熵增”现象，即由于能量、资源和信息等要素不可能完全利用的第二热力学定理发生作用，精益城市就业集成在进行价值循环的过程中，将会不断地向其环境系统输出无法再利用的废弃物和副产品“熵”[5]。并且“熵”会随着城市活动过程呈现出日益增加的趋势，以致造成愈来愈严重的污染、拥挤，以及秩序维护困境、生活品质恶化等一系列城市病。这一现象已经被迄今为止的城市发展历史与现实所证实。世界先发达国家也正在为减少人类活动所产生的熵而寻求解决之道[6]。本研究在吸收已有研究成果的基础上，尝试引入“就业熵系统均衡利用”理念来支撑所实施的精益城市就业集成共生体的运行。即尽最大可能地运用就业价值循环所产生的“负熵”来分解、转化、消费和吸收城市熵，以达到“熵增惰性化”目的，从而维持城市的高就业、高价值、高节能、高清洁、低碳排、尽善尽美运行。初步措施如下：

（1）以就业熵系统均衡利用为中心，构建具有持续势能差的立体循环式产业行业空间生态就业价值集群网，实现精益城市就业熵系统的整体零熵排放。熵是在事物运动中产生的，没有运动就没有熵[7]。城市是运动的，产生熵不可避免。精益城市就业集成要求将城市的“熵”减少到尽可能少的状态或理论上无限趋向于零状态。这个目标能否实现呢？理论上说，从系统的外界输入“负熵”可抵消系统的熵值增长，从而维持和发展系统的有序化即系统均衡；负熵是熵值的负向变化量，即熵减少；熵减与熵增在系统中的交互式变化即可达到系统的动态均衡[7]。但精益城市就业集成并非靠从城市外无限制地吸纳能量、物质和信息等负熵，而是要力图构建一种以城市自身就业熵系统均衡利用为中心，具有持续势能差的立体循环式产业行业空间生态就业价值集群网，来实现精益城市就业熵系统的整体零熵排放。

①在三次产业间建立起具有持续势能差的立体循环式生态就业价值集群网。在城市化进程中，三次产业就业不仅呈现出第一、二、三产业的势能差依次变化，即第二产业就业价值高于第一产业就业价值，使得第一产业就业转向第二产业就业；第三产业就业价值高于第二产业就业价值，使得第二产业就业转向第三产业就业。而且随着城市化的深入会使三次产业就业形态模糊化，并形成相互间不

断渗透与替代的内在机制。譬如，在第一产业方面，农业劳动力转移达到一定临界点之后，会吸纳三产业和二产业的就业，使第一产业就业价值网产生新的外部边界扩展，及其内部链接网络密度的强化。即第一产业利用第二、三产业的人才和技术去开发新的农业产业，使农业形态兼具工业和服务业的形态。像采用卫星定位系统、信息系统、遥感监测系统、智能农机系统、网络系统等信息技术支持的精准农业，与旅游服务业融为一体的旅游（观光）农业，为适应市场对高质量、高营养、高美观产品需求而产生的包装农业，应用基因工程等技术的彩色农业等，都是三次产业模糊化、交叉促进的产业就业新形态，这些交叉性模糊性产业成为三次产业就业空间上互为势能差的有效载体。在第二产业方面，越来越多的制造业企业把以前由自身提供的生产性服务活动环节进行选择性系统分解，将产品外观设计、市场调查、产品包装、物流配送、技术支持、会计审计、人力资源管理、后勤服务等非核心经营活动外包给专业性服务企业，从而使得大批兼具二、三产业中间需求形态的产业层出不穷。这也使得原来第二产业具有的就业势能差，不仅单向地表现在第二产业与第一、三产业之间，而是表现为与第一、三产业的交互式就业势能差。特别是互联网在第二、三产业的大规模融合，更是催生了大批工业企业加互联网，以及服务企业加工业、加互联网的新产业。这种产业就业势能差的渗透融合，使得精益城市各产业就业所产生的就业熵被反复的吸纳，真正形成了立体循环式生态就业价值集群网。也就是说，传统产业发展过程中所产生的不可再利用的废弃物，完全可以得到再次甚至多次的利用，其中的每一次重复循环利用，就是就业机会提供和就业价值网的增值过程。正因为城市发展过程中，客观上已经出现产业就业熵的反复吸纳现象，那么，精益城市就业集成模式就应该主动地利用和超前地设计、安排和运营好这个立体循环式生态就业价值集群网，使城市在适度的能量、物质、信息输入的情况下，将产业熵降至尽可能接近于零的状态。

②在各行业间建立起具有持续势能差的立体循环式生态就业价值集群网。这类似于上述三次产业间建立具有持续势能差的立体循环式生态就业价值集群网情况。譬如，越来越多的城市工业垃圾、服务业垃圾和生活垃圾如果进行分类分级处理，其中，一些坚硬且含有人工化学成分的垃圾通过机械的高强度高压力加工，可以制造成建筑物、公路、铁路等所需要的地基材料；一些废旧工业产品如家居用具、家用电器、装饰材料等，可以通过回收改装再加工，制成更为价廉物美的生活用品；一些无人工化学成分的生活垃圾，如家庭食品类废弃物、饮食业排放物等则可以通过重新加工，制造成有机农业的肥料。在精益城市就业集成模式下，仅城市垃圾的处理，就可以使数十个行业间建立起众多且连为一体的具有持续势能差的立体循环式熵减系统，并安排大量的新增就业人员，从而大大扩展生态就业价值集群网边界和密度。

③按照供给—生产—交易—消费的经济依存流，将城市各产业行业整合成彼此间普遍联系的具有持续势能差的

立体循环式生态就业价值集群网。这是对以上产业和行业就业熵减活动所可能产生的熵遗漏进行的再次熵减工作。因为产业行业间彼此的熵吸纳就业仍然难以全部消除熵排放，精益城市就业集成模式将按照能量、物质和信息的供给—生产—交易—消费的经济依存流设置一套熵减机制，以尽可能将城市熵排放降至为零。譬如，在热能供给生产系统的过程中，虽然现在的环保设施会将热能生产过程中的废水、废气、废渣等熵尽可能的再利用吸收，但实际上仍然存在不可避免的达标性三废遗漏排放。其主要原因是企业在生产过程中的成本约束，即使技术上可以解决无遗漏性回收问题，企业也会因为成本考虑而缺乏采用的积极性。对于这一问题，城市当局则可以从交易的角度提供解决方案，采取先向排放企业收取排放费，然后统筹性转移支付的方式，将三废排放额度拍卖给专门从事三废处理业务的企业。政府则将三废处理作为一个新兴生产行业进行扶持。现在环保行业主要集中在环保设备和材料的生产，生产企业自办环保是一个普遍现象，其环保的内在动力缺乏。如果能将生产企业三废处理作为一个独立行业加以培养，生产性三废零排放将不会再受制于技术和成本问题。这是城市当局在能量、物质和信息交易过程中，按照供给—生产—交易—消费的经济依存流，将城市各产业行业整合成彼此间普遍联系，具有持续势能差的立体循环式生态就业价值集群网的典型例证。类似的熵吸纳过程，同样会安排大量的新增就业人员，并扩展生态就业价值集群网的边界和密度。

On the Integration of Employment of Lean City Based on the Evolution of Spatial Distribution of Labor Force in the City Group Around Yangzi Delta

（2）以就业熵系统均衡利用为中心，构建具有持续循环式势能差的城市核心区—中心区—市区—郊区—远郊的区域空间生态就业价值集群网，实现精益城市就业熵系统的整体零熵排放。现代城市区域势能结构的普遍模式，是能量、物质和信息呈远郊→郊区→市区→市区→中心区→核心区聚敛性流动，结果既造成了前述三大就业模式的弊端，同时也使得城市熵流动呈现由核心区→中心区→市区→郊区→远郊的依次单向发散式排放，郊区和远郊不但经济、就业和人口发展受限，而且成为城市垃圾场。大型精益城市就业集成不是传统的摊大饼式核心区→中心区→市区→郊区→远郊发展模式，而是多核心、多中心、多市区的无郊区、自然式城市就业集成。即城市整体随地理和人文传统而自然扩展，形成若干城市功能齐全且具备适当经济效益的市区，市区与市区之间采取市民休闲式的生态人文景观就业集成链接。中小型精益城市就业集成则是作为大型精益城市的有机共生体，按照地理和人文归属融入大型精益城市就业集成之中。因此，精益城市就业集成将以就业熵系统均衡利用为中心，构建具有持续循环式势能差的城市核心区→中心区→市区→郊区→远郊的区域空间生态就业价值集群网，实现精益城市就业熵系统的整体零熵排放。

具体做法：一是将城市熵在核心区→中心区→市区→郊区→远郊之间的单向流动排放，改变为各区域间交互式熵吸纳，以消除区域间的就业和生活差别，实现郊区市区化。在目前交通工具已经现代化的情况下，城市核心区、中心区人口逐渐移向郊区，使郊区城市化不仅有克服大城市病的行政性需要，而且更有提高相当一部分人生活品质的现实市场需要。二是结合产业行业就业价值网，构建区域空间生态就业价值集群网，建立起产业行业与区域之间的多维化吸纳城市熵的就业价值网。其主要工作是在城市区域间做好产业行业布局和结构优化。其中，城市当局则作为精益城市的子单元参与到这项工作之中，并运用市场的规律和力量来促成区域、产业和行业间交互式吸纳熵的多维融合。三是城市当局预见性地着眼于未来，以就业熵系统均衡利用和就业熵系统的整体零熵排放为目标，规划好精益城市的新模式。

第三节　借鉴发达国家城市就业模式所积累的经验

借鉴发达国家城市就业模式所积累的经验，并将其实践成功的理念、设计和措施嵌入长三角精益城市就业集成模式之中。

目前，世界各国虽然尚未提出“精益城市就业集成”的概念，但从一些发达国家如日本东京、英国伦敦等城市现实情况看，其在处理城市发展与就业的实际工作中，都正在实践着精益城市就业集成的实际内容。这些城市在推进高就业、高价值、高节能、高清洁、低碳排以及尽善尽美地发挥城市就业功能方面，已经做了大量的开创性工作，其所积累的经验完全值得长三角精益城市就业集成模式的实践借鉴。

一、借鉴日本东京的循环经济与生态人文相融合以推进就业价值增长的经验

借鉴日本东京的循环经济与生态人文相融合以推进就业价值增长的经验，并将其成功推行三废循环利用、水资源循环利用、立体绿化、街区人本文化植养、新型城市农业等，以增加就业价值的“永续循环—立体绿化—人文街区”设计理念和实践操作经验，嵌入到长三角精益城市就业集成模式之中。

20 世纪 80 年代，东京就已经将循环经济与生态人文相融合的城市设计理念和政策措施，纳入了增加就业价值的城市规划与建设之中。90 年代更是加大力度实施这一工程，以响应中央政府提出的《长期能源供给需求展望》计划，将同时实现经济增长（Economic Growth）、能源安全（Energy Security）和环境保护（Environmental Protection）的“3E”目标，全面推进循环经济与生态人文相融合以促进就业增长的长远任务，作为千年城市的建设之本。依此，东京全方位地实施了一系列以增加就业为导向，充分体现节能、清洁、低碳、循环、生态、人文的城市发展系统工程。长三角都市圈的城市就业模式有必要借鉴东京的城市发展经验，并将其嵌入到精益城市就业集成模式之中。

（1）将东京的垃圾循环利用就业经验，嵌入到精益城市就业集成模式之中。东京城市垃圾经分类后，其循环处理过程就直接产生了 11 万个就业岗位，并以 1 ∶ 3 的比例

带动了30余万人的相关就业。2000年垃圾发电所焚烧的垃圾占到总垃圾量的77.4%[8]，并供应了城市五分之一左右的居民用电。垃圾焚烧过程所产生的炉灰、飞灰等灰渣，与城市污泥等废弃物一道又成为新型环保水泥的主要原料。依赖于微生物对物质的分解，东京的垃圾生物降解工程，利用新型科技将高效的微生物菌群接种到生活垃圾中，然后经过好氧与厌氧的综合降解，最终形成了无污染和能源化的洁净水源和环保建筑材料等[9]。

(2) 将东京的水资源循环利用就业经验，嵌入到精益城市就业集成模式之中。东京建设了完善的立体化雨水收集与污水处理再利用系统，并广泛采取了节水型设备、地面透水性铺装、透水性管沟等有利于水资源利用和改善城市生态环境的措施。东京地区连接市内的大口径、高质量下水道长达15 700多公里，巨型主排水道直径达10.6米，既能确保水资源的节约和综合再利用系统畅通运转，亦能永久性应对任何洪涝灾害的发生。水资源循环利用所直接和间接创造的就业岗位就达10万个[10]。

(3) 将东京的立体绿化及其系统维护与补偿就业经验，嵌入到精益城市就业集成模式之中。东京不仅原生态地保留和建设了大量绿化地带，还采取了立体绿化、垂直绿化和空中绿化三位一体的生态位城市建设与就业行动。1991年颁布的“都市建筑物绿化计划指南”对每栋建筑物及其周围生态位即“小生境”的建设都做出了详细规定，使其地面绿化面积，“楼顶花园”、“空中花园”和“阳台微型庭院”面积，以及相应的浇灌设施均纳入到了整体绿化保障系统之中。立体绿化系统不仅缩小了城市温度变化幅度，吸附了污染物质和二氧化碳，释放了氧气，净化了大气，调节了城市的温度和湿度，还起到了防止建筑物裂纹，减少紫外线辐射，延缓防水层恶化，强化建筑物隔热和降低噪音，降低总体能源消耗等多种作用。在地面绿化方面，东京更是不惜牺牲商业巨利来维护生态环境[11]。譬如，在极其繁华的东京中城，约 40%的建设用地亦是与邻区相连的绿色走廊。立体绿化系统为城市带来环保价值的同时，也给居民带来了大量相关就业机会。目前，各种组织的办公运营建筑都有一定数量的绿化人员，由绿化所产生的相关就业岗位超过 50 万个。

(4) 将东京的植养街区人本文化，拓展多样性的居民生活空间以造就城市熵的巨大吸收器，并带来巨大就业机会的经验，嵌入到精益城市就业集成模式之中。东京已经将人们的居住、交通、工作、学习、社交、旅游、休闲、购物、餐饮等多重功能相互渗透、刺激、融合、补充、共生，使其在多样性的街区中形成人本文化功能空间，从而产生增加城市就业的集聚效应，以创造倍加的城市就业新价值。譬如，东京城市大到任何一条街道、一栋建筑、一家企业、一块绿地，小到任何一处小店、一盏路灯、一眼橱窗、一只标牌，以及各种实体单位的服务等，无不处处洋溢着人文雅致和温馨浪漫的情愫，居民生活空间并不会因为城市的繁忙喧闹而受到挤压。而在这高品位城市人文景观和多样性居民生活空间的背后，却支撑着庞大的高品质就业人群。譬如，繁华的东京中城，其各种丰富多彩的艺术性设计不仅造就了繁荣的商业圈，更是成就了众多的艺术人才[10]。东京传统的礼仪文化等催生的就业更是惊人，2010年仅是从事茶道、花道学习及其文化和培训项目的就业者就有46万人。东京市民所保有的83余万架钢琴，就为居民从事钢琴传统制作和现代生产提供了大量岗位[12]。

（5）将东京发展新型城市农业就业，以推动循环经济与生态人文相融合的经验，嵌入到精益城市就业集成模式之中。东京的新型城市农业发挥着多种功能。包括：提供新鲜、卫生、生态的农产品，扮演市民日常生活的主要供应者角色；作为防治环境污染的城市藩篱和绿化隔离带；作为防治城市环境污染，营造宁静、清新、悦目的生活环境栖息地；作为农业、农村文化和传统的保留地与庇护所；作为市民与农村交流、接触、体验的媒介，以及为市民提供农业教育等。城市农业所供应给市民的鲜活农产品和加工食品，由于地理接近因素则更能满足居民对农产品的多样性、精细性、至美性的差异化需求，这使得农业不仅停留在物质欲求层面，而且被上升到了更高的精神消费与满足层面，并且逐渐变成了城市文化与社会生活的重要组成部分。在此基础上，东京的观光休闲农业，农耕文化产业，农业民俗旅游产业，农业教育产业亦日益昌盛，乃至高科技农业园和农业教育园也越来越多地被嵌入到了城市繁华地域。所以，东京在近年来的都市化过程中，农业及其相关就业者的人数不但没有减少，而且还呈现增长态势[13]。

长三角都市圈在垃圾循环利用就业，水资源循环利用就业，立体绿化及其系统维护与补偿就业，植养街区人本文化与拓展多样性的居民生活空间就业，创新城市农业就业等多个方面均相当薄弱。如果在未来精益城市就业集成模式的实施中，能成功地嵌入东京循环经济与生态人文相融合的新理念、新设计和新措施，则会开辟一条大规模增加就业的创新之路，同时也会大大减少精益城市就业集成模式实施过程中的实验成本。

二、借鉴英国伦敦以发展清洁产业就业增长推动城市空间清洁的经验

借鉴英国伦敦以发展清洁产业就业增长推动城市空间清洁的经验，并将其成功的“法治、公众参与以及污染内部化激励”相结合的协同治理与增加就业范本，嵌入到长三角精益城市集成就业模式之中。

伦敦较早就已经着手了建设清洁城市的工作。1944年，《大伦敦规划（1944）》即根据英国1938年颁布的城市绿带、森林公园、游憩运动场等，为居民提供休闲活动场所用地的《绿带法》，对伦敦做出了建设环保城市的战略性长远规划。1956年，伦敦的空气污染又促使英国颁布了《清洁空气法案》。此后，英国又在此基础上出台了一系列洁净环境污染的拓展性、补充性、完善性法律，如疏散大气污染物法、空气污染控制法、工作场所健康和安全法、环境法、建筑工地扬尘及污染气体排放法等。随着诸多法律的不断实施，伦敦不仅在污染性工业的清洁治理上成效显著，而且其在取暖污染、汽车尾气、道路扬尘、住宅和商住污染方面的洁净控制上亦达到了新高度。

表面看来，伦敦城市的洁净过程似乎来自于一系列法案的推行，但透过法律治理现象，则会发现其污染的依法治理的背后，是清洁产业就业的大规模快速发展、广泛的公众参与以及污染内部化激励，这三个方面对法律的实施起到了根本性推动作用。长三角都市圈的城市就业模式应该借鉴伦敦这些经验，并将其嵌入到精益城市就业集成模式之中。

（1）将伦敦实行的以清洁产业就业快速大规模发展，来及时填补污染性工业退出城市后所产生就业空缺的经验，嵌入到长三角精益城市集成就业模式之中。伦敦 20 世纪 60 年代即开始了就业形态服务化的大规模转换。80 年代，作为清洁产业主体的源自个人创意、技巧及才华，通过知识产权的开发和运用，具有创造财富和就业潜力的创意产业，成为一个融合新型工业和服务业的新兴产业，其给居民带来了成倍涌现的就业机会。90 年代，伦敦创意产业涉及了 50 多个行业。2007 年，伦敦仅从事创意产业前端工作的就业者就达 59.90 万人[14]；2010 年，仅涉及创意的广告、建筑、艺术古董、手工艺品、设计、时尚设计、数字媒体娱乐、音乐、视听表演艺术、出版、广播电视、软件、电子出版、音像、电影与摄影等 13 个行业的创意产业就业者即为 43.53 万人[15]。譬如，在伦敦的深夜，将钙基黏合剂喷洒在城市交通繁忙区域，以吸附空气中可吸入颗粒物 PM 并固定于地面，并避免污染灰尘再次进入空气循环过程，清洁效应十分显著的道路灰尘抑制机，就源于清洁工人对原有清扫车辆的创意性改装[16]。这一创意也拉动了市场对于这类车辆的强劲需求。

（2）将伦敦实施的与法治相配套的市民城市、便捷城市、繁荣城市、公平城市、绿色城市行动，以广泛的公众参与推动城市空间清洁建设，增加就业机会的经验，嵌入到长三角精益城市集成就业模式之中。伦敦行政当局充分发挥公众参与在城市清洁治理中的作用，建立健全了一种由行政部门设计，以私人部门、志愿组织和公民个人共同合作参与的善治城市清洁服务模式。这一方面缓解了行政当局的公共开支压力，实现了城市清洁环境治理的多元化；另一方面也调动了公众和私人部门广泛主动地参与市政管理的热情，契合了社会对于民主政治的诉求，取得了可谓一石多鸟的效果。譬如，伦敦行政当局例行的“伦敦现状辩论会”、“人民质询时间”等公共平台，在城市清洁工程中一直扮演着公众参与的重要角色。公众参与式城市清洁建设工程所增加的相关就业达30多万个[15]。

（3）将伦敦创造的自组织、永续性实施公共部门、私人部门和社会公众的污染内部化激励行动，以使清洁城市建设责任渗透到社会每一个组成细胞上，从而增加大量相关就业岗位的经验，嵌入到长三角精益城市集成就业模式之中。伦敦运用以上公众参与清洁城市的相关激励措施，成功地实现了城市各个实体和个人的排废自组织运行，即采取类似“自我排废三包”的形式，将公共部门、私人部门和社会公众的污染内部化，行政当局则将环保公共资金量化补贴到实体与个人，并以相应机制保证激励措施落实到位。这种污染内部化激励不但大大地调动了社会全员参与清洁城市行动的积极性，而且也直接与间接地增加了40多万个与之相关的就业机会[15]，其远远超出了事先的设计效果。譬如，伦敦实施的改变市民出行方式的“绿色交通”运动，不仅使得伦敦双层红色公共汽车运营路线密如蛛网，而且使得零排放电动汽车和自行车，成为伦敦市民最受青睐的交通工具之一。2007年，伦敦已经建成350多条长达2000多公里的自行车专用线路，将近85%的市民使用公共交通上班，汽车尾气污染得到显著缓解[16]。出行方式的绿色化同时也创造了大量相关就业岗位，如各种协助绿色出行的制造品就业，绿色公共汽车服务就业，以及保护绿色出行的配套服务就业等。

长三角都市圈在发展清洁产业就业方面仍做得远远不够，潜力十分巨大。特别是在以“法治、公众参与以及污染内部化激励”相结合来推动城市清洁的协同治理与就业方面，可以说仍然没有起步。如果能将伦敦在这一实践成功范本，嵌入长三角精益城市集成就业模式之中，其强大的正面效应将是完全可期的。

本章参考文献

[1] 谢茂拾．长三角都市圈劳动力空间分布演化轨迹特征及其调适策略 [J]. 湖南社会科学，2015 (6)：130—138.

[2] Angela Elizabeth Douglas. “Symbiotic interactions” [M]. Oxford University Press，1994.

[3] Surindar Paracer，Vernon Ahmadjian. “Symbio-

sis: an introduction to biological associations". University Press of New England, 1986.

[4] 周金其．基于共生理论的高校独立学院演变研究[D]．浙江大学，2007：37—38.

[5] 杨秀虹，李适宇．耗散结构理论在环境承受闭研究中的应用初探 [J]．环境科学学报，2000，20（6）：785—789.

[6] 张文龙，余锦龙．墒及耗散结构理论在产业生态研究中的应用初探 [J]．社会科学家，2009（2）：118—121.

[7] 马上庚．统计力学 [M]．台北：环华出版事业股份有限公司，1976.

[8] 杨雪峰，左光栋．日本垃圾处理技术创新 [J]．环境教育，2009（1）：72—73.

[9] 何晟，钱丽燕．日本东京23区生活垃圾处理现状及启示 [J]．环境保护与循环经济，2010，30（1）：

[10] 李积权．城市建筑生态位原理探析及其生态位策略研究——日本东京中城规划设计案例分析 [J]．城市发展研究，2012，19（8）：28—35.

[11] 李忠东，王晓萍．东京城市建设的"生态"思维[J]．防灾博览，2010（5）：46—49.

[12] 今村有策．城市文化的平民化结构与力量 [J]．毛泽东邓小平理论研究，2012（6）：98—99.

[13] 刘娟，张一帆．四大世界城市的农业啥模样 [J]．科技潮，2011，274（10）：32—39.

[14] L A. London's Creative Sector：2009 Update [R]. GLA Economics，2009.

[15] L A. London's Creative Sector：2011 Update [R]. GLA Economics，2011.

[16] 余志乔，陆伟芳．现代大伦敦的空气污染成因与治理 [J]. 城市观察，2012（6）：21—32.

第八章　精益城市就业集成的动力生成机制：就业熵的生态反身效应

如前所述，关于20世纪70年代末至今30多年来长三角都市圈劳动力空间分布演化轨迹及其特征的研究显示[1]，该区域劳动力就业在三次产业空间分布演化的总体形态上与“配第—克拉克定理”吻合的同时，其在具体表现形式上亦呈现出自己独有的城乡、区域和单位所有制间分布，以及城市间劳动力就业由单中心向多中心空间结构演化的特征。因此，这些年来长三角都市圈就业在获得巨大增长的同时，其由发展过程中逐渐形成的这一就业模式所积累的缺陷也日益凸显。主要表现在[2]：一是以流动性农民工主体的制造业就业呈现远离城区的集装搬运样式，致使其就业价值链延伸与升级功能被大大削弱，制造业本身所具有的对其他产业行业的就业拉动力被大幅降低，制造业聚集的新兴经济区产业结构亦严重失衡；二是聚集于传统城市生活中心区的服务业就业呈现出填装压缩样式，致使城市服务业分布密度严重畸形，城市各产业间就业的合理布局被扭曲，各产业间就业的有效渗融功能被弱化，城市新区的就业发展渠道被阻塞；三是需要与就业扩大相配套的教育医疗卫生服务单位就业呈现出高度聚集于城市中心区样式，既严重制约了教育医疗卫生服务业在城市发展中的有效扩张能力，亦进一步为现有的产业行业间就业布局和结构的失衡，以及服务业就业的增长滞后状况增添了巨大惰性。正是这些显著的缺陷，一方面使得长三角都市圈就业增长自 2013 年后开始出现滞胀和疲弱下降态势[2]，另一方面则是高投入、高能耗、高污染和低就业的粗放型城市模式未能在经济高速发展的过程中得到根本性改变。为了从根本上解决这些问题，从而使长三角都市圈就业重拾 2013 年前 30 年的升势，已有的研究得出的应对之道就是[2]：建设一个就业容纳力强、充分节约能源、环境优雅清洁、价值含量丰盛、生态人文宜居的精益城市，以进一步推动长三角都市圈 16 市就业的可持续健康发展。这一长三角都市圈的理想城市样式就是精益城市就业集成模式，即：将就业作为长三角都市圈城市发展的依归，综合设计人口、资源、环境、经济、人文等因素所构成的目标约束，并遵循高就业、高价值、高节能、高清洁、低碳排的尽善尽美生态循环主旨，对城市各组成要素进行生命式整体优化和有机配搭选择，以期在重新改造现存城市就业模式的基础上，实现未来城市的精益求精和就业能量的倍增效应[2]。基于已有研究所得出的这一结论，本书从第八章开始进一步探讨长三角都市圈精益城市就业集成的运行机制，以使建立在长三角都市圈劳动力分布演化基础上的精益城市就业集成模式找到可行的实际操作路径，从而真正使精益城市就业集成从理论层面落到现实之中。

精益城市就业集成要在具体实践中进行操作，首先必须找到其动力生成机制是否存在问题。本书作者在已有的研究中对长三角都市圈精益城市就业集成的内涵、理论框架及其具体模式构建做出了初步工作成果[2]。该精益城市就业集成采用多目标集成工具，全面整合长三角都市圈包括物质、人力、人口、环境和经济等各项关键资源，生成一个各要素之间交互式共生的动态开放性生态就业系统。其总体实现路径是：在确定实现精益城市就业能量倍增效应总目标的前提下，综合考虑以就业水平为中枢的人均收入与消费规划目标约束，以城市供给、生产、交易、消费、信息、物流、资源再生循环、组织、生态保障、人文保障等系统为中心链的就业目标约束，以精益城市就业集成实现的决策变量“限定约束”这三类目标，从而将长三角都市圈过来30多年劳动力空间演化生成的高投入、高能耗、高污染、低就业粗放城市，改造成为具有以就业需求为导向，以就业创造城市价值，以就业拉动城市价值流动，以持续改善尽善尽美为经营管理特征，并外在地体现为高就业、高价值、高节能、高清洁、低碳排为生活样式的就业集成型精益城市[2]。这一实现路径的动力生成机制则是就业熵的生态反身效应。其可以从以下方面得到逻辑演绎：

第一节 就业熵所演化的耗散结构系统是生成精益城市就业集成动力机制的动力源

一、就业熵及其耗散结构理论

德国物理学家鲁道夫·克劳修斯（Rudolf Clausius，1822--1888）[3]在 1851 年首次提出了物理学上的熵（Entropy）概念，并在《力学的热理论的主要方程之便于应用的形式》论文中将物质的状态函数熵的概念式表达为 $dS=(dQ/T)_R$，即系统的熵 dS 等于可逆过程 R 下所吸收或耗散的热量 dQ 除以它的绝对温度 T；该式推广到不可逆过程，就是著名的热力学第二定律——“熵增原理” $ds\geqslant 0$。其含义为：孤立系统中，熵永远不会自动减少，在可逆过程中熵不变，在不可逆过程中熵增加。通俗地说，熵即是系统中能量转化过程时产生的不可再利用的能量，在一个孤立系统中，这种不可再利用的能量随着时间的推移总是不断增加的，正是这一过程终将导致该系统归于沉寂死亡即所谓“热寂”。之后，这一定律受到了广泛重视，并被陆续引用到自然科学和社会科学的诸多领域。譬如，1945 年，作为量子论奠基人之一的奥地利科学家薛定谔（E. Schroedinger）在著作《生命是什么?》[4]中，将熵引入了生物学领域，他论证了生命要摆脱死亡而得以延续的唯一途径，是从环境里不断地吸纳负熵，以抵消机体中熵的不断

On the Integration of Employment of Lean City Based on the Evolution of Spatial Distribution of Labor Force in the City Group Around Yangzi Delta

增加，使其生命维持在一个很低且相对稳定的熵水平上。1948 年，被称为信息论之父的美国贝尔电话研究所数学家香农（C. E. Shannon）[5]将熵作为信息论的一个基本量，用来量度随机事件不确定性的大小。1960 年，美国经济学家博尔丁（K. E. Boulding）在其《超越经济学》[6]一书里最先将熵引入经济学研究，并论证了经济活动必须付出高熵废物的代价，以创造具有高度有序的低熵产品这样一个经济规律。杰里米·里夫金则将熵增这一热力学第二定律与人类未来面临的危机联系起来，认为人类社会的历史终结将不是财富的积累而是能源的耗尽[7]。随着人们认识的深化，被爱因斯坦称为“整个科学的首要法则”[8]的熵定律已经应用到了极其广泛的领域。1923 年，德国物理学家普朗克（I. R. Planck）来我国第四中山大学（南京），谈到克劳修斯在物理学中所定义的“Entropy”，当时担任翻译的第四中山大学自然科学院院长、我国著名物理学家胡刚复教授，根据“Entropy”即热量与温度之商的意思，以“商”字加“火”旁，首创了中文字“熵”，非常贴切地表达了其科学原理。今天，熵理论亦越来越受到我国学界的重视，如邱苑华[8]、湛垦华和沈小峰[9]、王身立[10]、蔡绍洪等[11]、姜璐和李克强[12]、徐大伟等[13]众多学者将研究逐步拓展到了自然科学与社会科学的诸多领域，取得了不少成果。

1877 年，奥地利物理学家玻尔兹曼（L. E. Boltzmann）从统计物理学视角将热力学熵理论作了拓展性深入分析，得出了著名的玻尔兹曼模型。即在既定条件下，熵值越大，系统的无序（混乱）程度越大，反之系统越有序。熵值就是对“无序化”程度的度量值。熵来源于系统中运动中能量转化过程所产生的不可再利用的能量。如前所述，对于一个孤立的系统而言，不管这个系统是物理的还是有机的，其运动的结局都会因为系统中产生的不可再利用的能量增加，即熵的越来越多而走向死亡。所以，宇宙中的任何生命的存在都必须维持一个开放性系统，即有不断增加的能量（负熵）进入，以抵消不可利用能量（熵）的增加。这个开放系统被科学家命名为系统的耗散结构。耗散结构（Dissipative Structure）理论由比利时物理学家普里高津（Ilya Prigogine）于 1969 年提出。他将热力学第二定律重新定义在开放系统中，从而否定了系统最终均将走向“热寂”的结论，这个开放系统就是耗散结构[14]。其运行机制是：任何一个物理、化学、生物乃至经济、社会的系统，只要是一个远离平衡态的开放系统，其就可以通过不断地与外界环境交换一定适合系统所需域值的物质、能量和信息流（负熵），这个系统便能够进行自动组织，从而使自身不断产生的无法再利用能量（熵）减少，系统亦会在时间、空间或功能上维持一种由无序状态转变为有序状态的连续过程。这种耗散结构系统要不断地消耗能量，它不是一种不与外界交换物质、能量和信息流的稳定性平衡结构，即没有生机的“死”结构，而是一种不断与环境交换所需各种能量的动态性稳定、充满生命的自组织有序结构[15]。因此，熵一直是动力系统研究的重要内容[16]。

本研究尝试将熵及其耗散结构理论引入长三角都市圈精益城市就业集成运行机制研究之中，并首先找到其动力生成机制的原理所在。

二、长三角都市圈精益城市就业集成是一个就业熵所演化的耗散结构系统

长三角都市圈精益城市就业集成就是一个相对最优的开放式耗散结构就业系统。就业熵是什么？在城市就业系统中，人的就业活动既在不断地为城市社会创造着价值，也在不断地为城市产生着因就业作用力而排放的不可再利用的能量，同时，亦在不断地从城市外部输入就业所需要的能量流，以尽可能地保持城市社会系统的持续有序运行；在这一就业过程中的前一种能量称为正熵，后一种能量称为负熵，合起来则称为就业熵，其是一个耗散结构系统。从就业熵的定义来看，就业熵所演化的耗散结构系统就是精益城市就业集成最初动力源。原因是这一系统符合普利高津给出的形成耗散结构所需要条件：

（1）精益城市就业集成系统的开放性。就业系统的开放性使就业熵避免了孤立系统熵最终将达到“热寂”的平衡态，其保持了与外部环境的物质、能量和信息流的交换，如就业人员在系统内外的自由流动，以及就业在区域、产业和行业间的空间置换流动所产生的各种资源要素的市场交易，使得整个精益城市就业集成因既有充足的负熵进入，又有系统内部熵与负熵之间的有机抵消、利用循环，而充满生机与活力。譬如，1978～2013 年长三角都市圈就业总

量从 3454.11 万人增加到 6950.5 万人，年均增长量 102.84 万人；第二产业由 1074.59 万人增加到 3228.89 万人，总增幅达 200.48%，年均增加量达 63.36 万人；第三产业由 426.57 万人增加到 3065.68 万人，总增幅达 618.18%，年均增加量达 77.62 万人。在第二、三产业就业中，来自长三角都市圈域外劳动力总数为 2219.21 万人，占整个地区就业量的 31.93%[1]。庞大的就业人员的迁入，带来了人口、经济和社会各类资源负熵的流入，不仅抵消了域内熵增，而且也使长三角都市圈 80 年代至 2013 年 30 多年来的粗放城市的粗放就业模式得以延续。如果长三角按照精益城市就业集成所具有的耗散结构系统运行，这个开放系统将会改变 2014 年已经开始的就业疲弱下降的趋势[1]，继续吸纳大量域外就业人员。

（2）精益城市就业集成系统处于远离平衡态的非线性区域。长三角都市圈精益城市就业集成系统远离平衡态，即就业熵与就业负熵之间有着巨大的势能差从而使系统处于一种非平衡的涌动之中。其原因在于，其与外部环境的交换关系不仅仅局限于各城市或都市圈内各城市之间，而是以广阔的国内外市场为基础，其所交换的物质、能量和信息流不受任何地域、产业和行业等空间距离限制，而且交换方式亦呈现出复杂系统的非线性交互式网络状态，并保证系统内外交换的精益与集成取向。长三角城市是我国对境外开放的前沿区域，各种人力资源、物质资源、信息资源要素密集与区域和境外进行交换。譬如，2010 年长三角 16 市对外货物进出口额达 10 378.59 亿美元，占到当年全国对外货物进出口额 29 740 亿美元的 36.59%；2013 年长三角 16 市实际使用外资 577.29 亿美元，占到当年全国实际使用外资 1187.21 亿美元的 48.63%[1]；2005 年上海市台商居住人数即已超过 50 万人[17]，2012 年苏州市台商人数就达 30 万人[18]。这表明长三角整个社会经济系统已经处于远离平衡状态之下，如果都市圈能够建成精益城市就业集成体，其远离平衡态的系统势能差不但会延续，而且整个系统还会进一步得到改善性升华。因为精益城市就业集成将为长三角进出口贸易、引进外资和境内外人力资源供求等能量流动提供更为多样性的促进条件。

（3）精益城市就业集成系统是一个非线性相互作用、协同和耦合体。长三角精益城市就业集成在区域、产业、行业之间及其内部各子系统链条、层级、结构之间，将是一个互相依存、作用、协同、耦合与共生的巨型系统自组织，其产生耗散结构的内部动力学机制，使得整个系统从混乱无序变成井然有序，并使系统自动形成就业能量倍增的机制。长三角都市圈过来的就业演化过程中实际上已经具备了这种使系统从无序到有序的功能。譬如，1990～2013 年长三角都市圈 16 市分属苏沪浙三地区一系列经济比较指标呈现高度的相关关系，即“生产要素同质化”现象：在投资与地区生产总值之间的变动关系，其系数分别为 1.7568、1.8275 和 1.7012；制造业对外贸易综合回报率，分别为江苏 8 市 13.86%、上海市 14.97，浙江 7 市 12.76%；第二产业综合投资回报率，分别为江苏 8 市 18.74%、上海市 20.11%、浙江 7 市 17.83%；包括房地产业在内的金融业投资综合回报率，分别为江苏 8 市 26.76%，上海 28.25，浙江 7 市 27.47%；高新技术行业增值率为江苏 8 市 25.43%，上海市 27.18%，浙江 7 市 24.95%；人力资源投资综合回报率，分别为江苏 8 市 27.92%，上海 29.01%，浙江 28.33%。这说明，在这个系统内的三地区间因为交互式作用、耦合与共生，促成了其生产要素的合理配置与流动，使得其同质量的生产要素得到了基本等同的回报，即所谓的“生产要素同质化”效应。同样，在精益城市就业集成系统中，这种“生产要素同质化”效应不但会继续存在，而且还会随着系统内交互式依存、作用、耦合与共生所具有的动力源机制加强，上到一个更高的就业集成化水平，从而进一步促进整个系统的升级性演化。

（4）精益城市就业集成系统在随机涨落中不断升华，并保持稳定。随机涨落即系统运行过程中的波动性，包括：子系统围绕各自中枢自发形成的交互式作用的内涨落，这是不改变系统性质的局域性波动；整个系统受外部作用而产生的使系统中变量达到一定临界值的巨涨落，这种涨落可以促使系统演化并变迁到一个更高层级的有序稳定状态。长三角都市圈精益城市就业集成系统不仅具备内涨落，而且更因其高度的开放性和市场广阔性，以及各子系统及其各要素之间的交互式作用、协同和耦合特点，及时吸收系统的一般涨落，从而使之具备自我演化、升华变迁的巨涨落，并在保证系统稳定的前提下使耗散结构比原来更加有序、协调和进步常新。

基于就业熵所演化的耗散结构系统形成所需要的条件，其精益城市就业集成动力源的生成演化机制模式如图 8－1 所示：在长三角都市圈精益城市就业集成系统中，就业熵与外部负熵相互作用形成耗散结构系统动力源，然后随着源源不断的负熵进入，系统内各个子系统亦逐渐形成多样性的交互式依存、作用、耦合、互惠和促进的共生模式，使得耗散结构系统的负熵消耗率降低，其冲抵熵的效率不断提高，同等就业熵所产生的就业率不断提高，从而推动精益城市就业集成耗散结构系统的演化朝着更高级别升华。其演化升华过程如图 8－1 中的耗散结构系统Ⅰ到Ⅱ再到Ⅲ情况所示，这将是一个不断上升式循环往复的总趋势。图 8－1 中的纵坐标表示，精益城市就业集成耗散结构系统演化升华趋势，随着时间延续和系统熵减效率的提高，将会由低级别向高级别上升；横坐标表示，精益城市就业集成耗散结构系统演化平台，亦会随着时间延续和系统熵减效率的提高，而由高向低逐渐抬升。图 8－1 中耗散结构系统Ⅰ和Ⅱ就是这种演化趋势和平台由低向高上升的两种情况示意。这一动力源机制形成模式得以启动的关键，是要对精益城市就业集成各个子系统进行精益求精的集成安排，并使各个子系统能够有机地实现与整个精益城市就业集成系统的耦合，以创造一个熵增不断降低，负熵输入效率高，就业容纳效率高，城市环境品质高，城市价值高的动态优质的耗散结构系统。

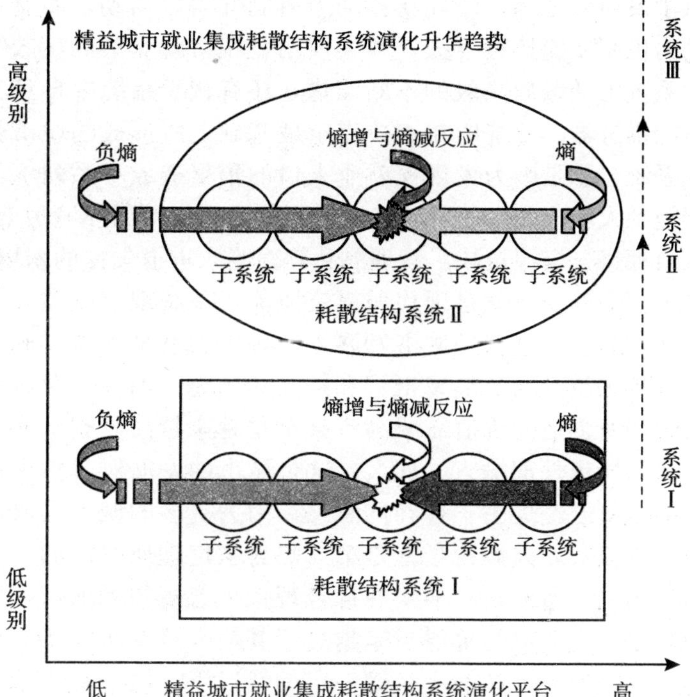

图 8—1 精益城市就业集成动力源的生成演化机制

第二节 就业熵生态反身性效应是精益城市就业集成动力机制持续运行的推进器

就业熵所演化的耗散结构系统为精益城市就业集成提

供了最初动力源，使其获得动力机制并得以启动，而这一动力机制要能持续下去，并实现精益城市就业集成耗散结构系统由低级向高级的不断演进，还有赖于系统中自身具有的推进器。传统的在克拉克定理基础上所形成的城市就业系统，总是因为大规模就业人口的集聚造成一系列不可避免的大城市病，使得城市发展到一定程度便因环境污染、人口拥挤、资源短缺、管理混乱等而陷入进退失据的困境。这一困境的实质就是现代城市资源能否承载现代人类生活方式的问题，也就是城市发展中所排出的熵是否需要城市外部越来越多的负熵来抵消和补充的问题。如果一个城市排出熵所创造的价值需要高于甚至是越来越高于其价值的负熵从城市外部输入，那么，这个城市的发展对于整个社会而言就已经失去了存在的意义。因为更多的城市采取这种发展模式，人类社会就是第二热力学定理所得出的“热寂”结局。所以，一个发展符合现代生态规律的城市，不仅仅是城市创造的价值越来越高于其输入负熵所需要的价值，而且应当是在输入负熵一定的情况下，城市就业熵能够在城市系统内部尽可能地再利用，以致最终排出的熵达到最低的生态型城市。这种城市模式就是精益城市就业集成所追求的城市耗散结构模式。这种城市模式的造就，在理论上的依据就是就业熵生态反身性效应，其是精益城市就业集成动力机制持续运行的推进器。

一、就业熵生态反身性效应

就业熵生态反身性效应是指，精益城市就业集成所排放的就业熵会以循环的方式作用于系统，使系统像生态生物一样按照自身的机制和意志付诸自主行动，并改变就业熵已有的作用路径，从而使熵能够在系统中得到多次性重复利用，最终使城市在外部负熵输入的情况下，处于一种总熵排放最低的状态。这一效应产生的关键是精益城市就业集成本身所具有的生态反身性。反身性（reflexivity）一词来源于索罗斯（George Soros）《金融炼金术》一书[19]，在我国也被译为反射性、返身性或自反性等多种学术术语。指社会、经济、历史等多种社会性事件中，人不能采用研究自然科学那种将研究对象定义为客观性的方法去认识事件本身，而应该将事件看成是有认知或研究者参与其中，并引起事件自主反应的有机体运动过程，即被认知的事件具有反身性，它会随着人的认知行动而沿着自己的方式去作出认知者意料之外的改变。如果认知者认识不到事件的反身性，则所做出的决策将是错误的，不会符合事件运动的实际。这种情况存在的主要原因是，人不但是事件的认知者，同时也是事件的参与者，在人做出事件认知的过程中，实际上就已经参与到事件之中了。正因为有认知者的参与介入，被认知事件将会随着人的参与而做出并不符合认知者决策的改变。索罗斯将认知者理解事件的努力称为认识函数，将认知者投射自己思想到事件之中所造成的影响称为参与函数[20]，其公式为：

$y=(x)$　认识函数

$x=\xi(y)$　参与函数

式中：一方面，y 代表认知者关于事件 x 的思想；另一方面，x表示有y参与塑造的事件。即：在认识函数中，自变量是事件；在参与函数中，自变量是认知者，即事件参与者的思想。这两个函数方程并不是孤立地在自变量与因变量之间变化，而会以一种交互式作用的方式彼此一起发生因果改变。其改变方式是，事件和参与者思想同为因变量，以致函数的一个初始变化，会同时造成事件和参与者思想的自主性变化。这两个函数的交互式作用过程即是反身性，索罗斯将其表述为一组递归函数[20]：

$$y=[\xi(y)]$$

$$x=\xi[(x)]$$

反身性现象存在于众多社会、经济、政治、历史事件之中，其作为一种社会科学研究的理论方法已经做出了越来越多的贡献[21]。而这一理论之所以能够受到重视，其原因在于，反身性理论彻底地改变了人们像研究自然科学那样研究社会科学的传统，将人类社会的众多现象看成是像自然物理界一样的客观物这样一种研究方法，而是采用生命科学的方法，将其看成与自然物理界不一样的生态生命物，去研究掌握人类社会存在的众多事件事实。譬如，索罗斯就重点研究了金融市场的反身性问题，得出了金融市场并非客观事件，而是充满有机体一系列属性和包含了市场参与者思想及行为的实在生命体，并遵循人所难以预知的方式自主生存发展[19]。也正是在这种研究思维的主导下，索罗斯在金融市场投资活动中取得了令人瞩目的业绩。

二、就业熵生态反身性效应推进精益城市就业集成动力机制持续运行的机理

精益城市就业集成不再是传统城市那样机械地充当就业集聚地，不再是各种资源要素的无机式堆积和拼凑，而是人口、资源、信息、能量等交互式依存、作用、互惠、促进与共生的充满生机与活力的生态生命体。在这个生态生命体中，就业熵所演化的耗散结构系统为其提供最初动力源之后，就业熵的生态反身性效应则充当其持续运行的推进器。这一过程的实现机制与路径可以用一个具体事例说明。譬如，在一个建成的精益城市就业集成体中，城市交通子系统就与其他相关的子系统之间存在生态反身性效应，其形成过程是：

第一步，市场需求刺激城市公共汽车交通业的大发展。因为积聚的就业人口和不断扩大的城市规模，人们的工作和出行越来越少地依赖步行和非机动自助交通工具，越来越多的人改为乘坐公交汽车，有条件的则选择机动车自驾，在这种情况下，公交公司行业繁荣，就业持续扩大，这是城市其他行业就业增加推动的结果，但这仅是公交事业发展的一面；其另一面是，公交市场的发展会带来空气污染、道路拥挤、城市喧闹、安全事故增多、人们出行失速甚至延误工作时间等一系列问题，并同时影响到其他行业的运行。

第二步，城市交通系统对人们思维和预期的反身性行为——交通工具多元化路径选择。面对来越来越严重的公交问题，促使人们对交通系统所能提供的资源和功能等进

行必要思考与判断，逐渐对于出行方式作出预期改变，如考虑以其他更顺利、便捷、经济等多样性形式来达到目的。由此，城市交通业亦会随着人们对于交通的思考、预期和决策做出人的认知之外的反身性行为。即：发展更多的交通工具如地铁交通、轻轨交通等，对现有公共交通工具进行改造升级，改善公交运营路线、时间及服务，按照交通工具质量调整票价，在增加新的运营方式同时减少传统交通工具运行，等等。表面看来，这一系列改变性行为好像是城市当局为了缓解交通压力、道路困境，提高城市生活质量等而推出的措施。实际上，它是人们认知城市交通系统，并做出行方式改变的决策，亲自地参与到交通系统现实之中后，交通系统对人的思维、意志和参与行为所做出的生态性反身性行动。城市当局只是应交通系统的内在动能运行需要而做了相应的工作，如果没有交通系统本身对人们认知和参与的反身性行为，城市当局的工作将会在市场面前寸步难行。这一点实际上在现实中有许多佐证。如一些城市当局为了城市形象工程和政绩的需要，盲目大上地铁、轻轨交通，结果要么造成工程烂尾，要么因缺乏市场需求而运营中断或进退两难；一些城市当局人为规划、改变、扩张公共汽车交通网络，垄断出租车市场的同时抑制私人运营车辆，结果是一方面城市污染、噪音、拥堵加剧，工作出行困难，另一方面是许多公共交通车辆空座率高倚，所谓“黑车”市场兴盛，市民怨声载道。这一情况出现的原因就在于，城市当局未能将包括交通系统在内的整个城市系统作为生态有机体来认识和对待，思考并顺应该系统内在具有的反身性要求，而还是以传统科学的眼光将其作为一个没有任何自主生机和反应调整能力的无机体来对待，最终只能一再地将交通系统推入混乱——治理——再混乱——再治理以至无穷的恶性循环的怪圈。与此相反，精益城市就业集成系统中的交通子系统将充分认识和掌握其生态反身性运行特点，从而使之走出一条成功的交通工具多元化之路。

第三步，人们对于交通工具多元化的城市交通系统产生新的适应性认识和参与，会再次使其产生反身性行为——进一步使系统改良优化、拓展延伸，并助推交通网络沿线和节点上其他的城市子系统产生反身性聚集、扩展和升华改善，以致反过来促使交通系统提高到一个新水平。这一过程包括两个方面的反身性行为：一方面是新的交通系统在人们认识和参与之下再次产生反身性行为，其主要是人们看到新交通系统所展现的利益之后，会积极支持和参与其中，但这并不会使系统会维持现状，而是将随着人们认识和参与活动，进一步按照自身生态有机体的内在品性，又一次调整自身行为，将系统推向更高层级；另一方面是新的交通系统发展改变与城市其他子系统的发展改变是一枚硬币的两面，即交通系统因为人流的支持将动态地促进其他系统变化，其他系统的变化同样反身性地促使交通系统的变化，两者互为因果，彼此共生互惠性地获得系统的优化升级。在实践中，也可以看到一些城市在自发地走向精益城市就业集成的趋势过程中，其以人的认识和参与所主导的交通系统和其他城市子系统之间，由于彼此形成反身性行为关系，而取得了出乎人的意料之外成绩的事实。如长三角的苏州市、宁波市等均已显示出自发利用城市系统的生态反身性效应促进城市精益化、就业集成化的城市与就业渗融治理的道路选择。

以上交通系统自身及其与其他相关的子系统之间的生态反身性行为是一个持续不断和不会终结的过程。就整个精益城市就业集成系统及其众多子系统而言，这一发生在交通子系统的生态反身性原理具有同样的适应性。也就是说，由就业熵最初引发的精益城市就业集成动力机制，在生态反身性行为的不断推进下，精益城市就业集成系统将呈现出一个可持续的上升性演化过程。

本章参考文献

[1] 谢茂拾．长三角都市圈劳动力空间分布演化轨迹特征及其调适策略 [J]. 湖南社会科学，2015，(6)：130—138.

[2] 谢茂拾．基于长三角都市圈劳动力空间分布演化的精益城市就业集成模式研究 [J]. 华东经济管理，2016 (12)：51—62.

[3] 冯端，冯少彤．溯源探幽熵的世界 [M]. 北京：科学出版社，2005.

[4] 薛定谔．生命是什么？[M]. 上海：上海人民出版社，1973.

[5] C. E. Shannon. A Mathematical Theory of Communication [J]. The Bell System Technical Journal，1948，

27 (3)：379—423.

[6] K. E. Boulding. Beyond Economics [M]. Ann Arbor：University of Michigan Press，1968.

[7] [美] 里夫金，霍华德．熵：一种新的世界观 [M]. 上海：上海译文出版社，1987.

[8] 邱苑华．管理决策与应用熵学 [M]. 北京：机械工业出版社，2002.

[9] 湛垦华，沈小峰．普里高津与耗散结构理论 [M]. 西安：陕西科学技术出版社，1982.

[10] 王身立．耗散结构向何处去——广义进化与负熵 [M]. 北京：人民出版社，1989.

[11] 蔡绍洪等．耗散结构与非平衡相变原理及应用 [M]. 贵阳：贵州科技出版社，1998.

[12] 姜璐，李克强．简单巨系统演化理论 [M]. 北京：北京师范大学出版社，2002.

[13] 徐大伟等．工业生态系统演化的耗散结构理论分析 [J]. 管理科学，2004，17 (6)：51—56.

[14] P. Glansdorff，I. Prigogine. Thermodynamic Theory of Structure，Stability and Fluctuations [M]. Wiley—Interscience，London and New York，1971.

[15] I. Prigogine. Time，structure，and fluctuations [J]. Science，1978，201 (4358)：777—785.

[16] A. N. Kolmogorov. A new metric invariant of transient dynamical systems and automorphisms in Lebesgue spaces [J]. Doklady Akademii Nauk Sssr，1958，119

(5)：861—864.

[17] 徐志凤．50万台商上海就医用台湾健保 [N]. 上海商报，2005—07—01.

[18] 于欣伟．关注在苏州生活30万台湾商人 [N]. 福音时报，2012—07—04.

[19] G. Soros. The alchemy of finance：reading the mind of the market [M]. John Wiley & Sons，Inc. 1994.

[20] 乔治·索罗斯．开放社会——改革全球资本主义 [M]. 北京：商务印书馆，2001.

[21] 李恒威．乔治·索罗斯反身性理论的解释学处境 [J]. 自然辩证法研究，2003，19 (3)：28—33.

第九章　精益城市就业集成的演化升华机制：就业生态协同进化效应

精益城市就业集成在就业熵生态反身性效应所形成的动力机制作用下，使整个城市就业系统获得了持续推动力。但是，建立在精益城市基础上的就业集成并非停留在某个均衡点上的运行形态，而是一个不断演化升华的过程，即集成体处于一个永续性的优化系统之中，使得城市的价值具备永续的增长潜力，即使就业量在一定条件下会处于相对稳定状态，但其就业品质、等级、素养等内涵却会呈现出不断提高的趋势。精益城市就业集成之所以具有的这一特性，主要在于其内部所具有的就业生态协同进化效应，促成了精益城市就业集成的演化升华机制。也正是这一效应与源于精益城市就业集成系统外部的就业熵生态反身性效应一道，共同推动着精益城市就业集成的演化升华过程。何谓就业生态协同进化效应呢？

进化一词（evolution）来源于拉丁文，最先由达尔文使用表示生命的演化过程[1]。协同进化（co-evolution）这一生物学概念，其被运用最广泛的定义是：一个物种的进化必然会改变作用于其他生物的选择压力，引起其他生物也发生变化，这些变化反过来又会引起相关物种的进一步变化[2]。该词最早使用者是埃利希和雷文（Ehrlich & Raven），其在1964年发表的论文《蝴蝶与植物：一个协同进化样本的研究》中，研究了昆虫蝴蝶与植物之间是如何由一个物种的变化，而引起另一个物种反应式变化的协同进化关系[3]。他们证实，植食昆虫可以给食料植物造成严重的损害，由此形成了植物一个可能最大的选择压力；而作为对此压力做出的回应，就是植物亦会发展自身的防卫能力。这样，植食昆虫与植物间的协同进化就产生了[4]。在这之前，关于协同进化理论的研究就已经出现，如弗洛尔（Flor，1955）就研究了亚麻与亚麻锈菌之间基因的相互作用关系[5~6]；莫德（Mode，1958）则在其研究基础上，提出了专性寄生菌与寄主之间相互作用变化的基因数学模型[7]。在埃利希和雷文奠基了协同进化研究之后，这一理论的研究不但在生物生态学中得以迅速扩展，而且陆续被自然科学其他学科以及经济、管理、社会、政治等人文社科领域的研究广泛借鉴和创新。如生物学方面的莱文（Levins，1968）、斯洛博金与桑德（Slobodkin & Sanders，1969）、简森（D. H. Janzen，1980）、弗兰科（Franco M.，2006）等学者的研究都涉及了众多方面[1]。其他学科方面的研究至今仍然方兴未艾，研究成果汗牛充栋。如[8]：诺加德（Norgaard，1984）较早地从社会学视角研究了人类思想、价值观、物质与非人类环境的协同进化；道斯（Dosi，1988）研究了新技术与经济之间协同演化的根本动力；

纳尔逊研究了技术与产业结构之间的协同演化（Nelson R. R.，1995）；弗伦肯等（K. Frenken，2007）研究了产业、技术、区域、制度等之间的协同进化。

精益城市就业集成是一个就业生态系统，其分别从就业生态的个体间、种群内、种群间、群落间产生的协同进化效应，整合形成为一个整体性的就业生态协同进化效应，从而推动精益城市就业集成演化升华机制的持续运行。

第一节　就业生态协同进化效应的构成主体

——就业个体、种群、群落含义

在生态学中，生物个体（individual）是以一个个多样性的生命体形式存在的，如一只鸟、一头猪、一棵树等，它们共同组成了自然界的生命世界。生物种群（population）定义为同一物种占有一定空间和时间的生物个体的集合体，其基本构成成分是具有潜在互配能力的生物个体，而非个体的简单相加或随机组合。生物群落（community）是占有一定空间的多种生物种群的集合体，即由一定种类的生物种群所组成的一个生态功能单位，其包括了植物、动物和微生物等各分类单元的种群。以上生物个体、种群、群落与环境一道构成了生态系统（ecosystem）。1936 年，英国植物生态学家坦斯利（A. G. Tansley）最早提出了生态系统一词，指在一定空间内生物的成分和非生物的成分通过物质的循环和能量的流动，相互作用、相互依存而构

On the Integration of Employment of Lean City Based on the Evolution of Spatial Distribution of Labor Force in the City Group Around Yangzi Delta

成的一个生态学功能单位[4]。

作为生态系统的精益城市就业集成，同样是由系统内类似生态学的个体、种群、群落与环境而有机组成。在这里，个体是指承载就业的企业、事业、非政府社会团体组织、个人与家庭经济实体。其是构成精益城市就业集成的基本单元，而政府组织是作为特殊的就业生态个体嵌入到精益城市就业集成系统内。

精益城市就业集成系统的种群指同种具有潜在互配能力，占有一定空间和时间的个体，即承载就业的企业、事业、非政府社会团体组织、个人与家庭经济、政治、社会、文化等实体的有机组成的集合体。如农副食品加工制造种群、纺织服装服饰制造种群、家具制造种群、造纸和纸制品制造种群、房屋建筑业种群、仓储业种群、专业技术服务种群、资本市场服务种群、生态保护和环境治理种群、文化艺术业种群，卫生和社会工作种群，等等，它们可以是同种的企业个体集合，也可以是同种经济、政治、社会、文化等事业、非政府社会团体组织的个体集合体，个人与家庭经济实体也可以按照经营属性划入以上相关种群，或者根据需要单列为个人经济实体种群和家庭经济实体种群。

精益城市就业集成系统的群落指在一定的时间和空间里，由若干不同的经济性、政治性、社会性、文化性实体种群有机结合而形成的集合体。群落是各种经济性、政治性、社会性、文化性实体种群的总和。如一个商业云集的街区、一块工业集聚的园区、一处金融业密布的社区、一片高等教育机构汇聚的大学城等等，都构成了精益城市就业集成系统的群落。这种群落并非简单的种群集合，而是各种种群的有机结合。如商业街区群落、渗透了密集的住宅种群、中小学教育种群、卫生服务种群、文化娱乐种群等等。

在自然生态系统中，任何一个生物都不是孤立存在的，总要与其他生物发生这样或那样的关系。譬如，肉食动物要吃植食动物，植食动物要靠消费植物为主生存，自由生活的动植物体内外还寄生着许多寄生生物，而生物与生物之间这种极其复杂的相互联系的食物链和食物网，是靠着生物间的协同进化关系维系着整个自然界生物生态系统的勃勃生机，避免了食肉动物将植食动物吃尽，植食动物将植物灭绝，动植物体被寄生物致死这样一种结局的出现。作为人类主导的精益城市就业集成系统与自然生态系统类似，其就业生态的个体之间、种群内部、种群之间、群落之间均存在着复杂的有条不紊的协同进化效应，从而维系并推动着精益城市就业集成系统的存在和演化升华。其表现形式主要有以下几个方面：

第二节 就业生态的互惠共生协同进化效应

"共生（Symbiosis）"一词源于希腊语，德国植物学家德贝里（Anton de Bary）在 1879 年首先提出了共生的概念。他在《共生现象》一书中将共生定义为："共生是不同的生物长期持续生活在一起"。并认为，共生是生物体之间出于生存的需要，必然按照某种方式彼此相互依赖、相互惠利、相依为命的协同进化关系。在这之后，生物学家广泛涉及了这一课题的研究，特别是经过一些杰出人物如范名特（Famintsim）、科斯基（Korskii）、科左布林斯基（Kozo－Polianski）和卡肯纳（L. N. Khakhina）、保罗·布克纳（Prototaxis），以及科勒瑞（Caullery，1952）、刘威斯（Lewils，1978）、斯哥特（Scott）等人的逐渐发展，形成了成熟的共生理论。20 世纪中叶以来，共生方法开始应用于社会领域，逐步被医学、农学、经济学、管理学等广泛运用。如今则开始成为人类学家、社会学家甚至政治学家的研究方法[9]。生物的共生在生态系统中是一种普遍现象。譬如，生物"地衣"就是单细胞藻类和真菌的共生体，它们之间通过长期的共生协同进化，真菌的菌丝已深深长入单细胞藻的原生质内，使两者密切结合为一体，以致生物学家也无法将它们区分为藻类或真菌，而只能将其看成是一种奇妙的生物。组成"地衣"的真菌和单细胞藻相互交换营养，共同维护水分和无机盐的平衡，共同抵御干旱和极端气温，这种密切的合作使得"地衣"比任何单一的生物更能应付恶劣的环境，从而成为最顽强的生物物种。精益城市就业集成系统的个体、种群内、种群间和群落间均存在普遍的共生协同进化效应。

一、就业生态的个体间和种群内共生协同进化效应

就业生态的个体既是精益城市就业集成系统的基本单元，也是就业生态的种群构成的基本要素，其在种群内的

彼此间共生协同进化形成整个就业集成系统的基本动力。譬如，服装产业链上的众多企业个体就是一种共生协同进化关系：成衣市场销售企业依赖于成衣供给运输企业，成衣供给运输企业依赖于成衣生产企业，成衣生产企业依赖于布料纺织企业，纺织企业依赖于纺纱企业，纺纱企业依赖于棉花加工企业，棉花加工企业依赖于原棉储运企业，原棉储运企业依赖于原棉收购储藏企业，原棉收购储藏企业又依赖于原棉生产企业，原棉生产企业依赖于良种供应企业，良种供应企业依赖于良种研发企业，良种研发企业依赖于研发设施供应企业和科研人员培养供给单位，研发设施供应企业和科研人员培养供给单位依赖于设备制造企业和高等学校科研院所……这个过程不断发散，形成众多产业行业彼此间的共生；同时，这种共生还会要求产业链上的每个企业，均随着成衣消费市场反映给成衣销售企业的需求信息变化，而在生产经营上及时改善企业产品和服务的质量、数量、样式、品种等等，这一过程便呈现出循环往复与螺旋式上升相结合的共生协同进化效应，如图 9—1 所示。在精益城市就业集成的生态产业链上，除了这种上下游个体企业之间存在共生协同进化，每个个体同时又与中群内或其他种群的若干个体企业存在着共生协同进化关系。譬如，成衣销售企业因为销售场地需要与房地产或者物业经营等企业共生；成衣生产企业需要与机器设备生产、成衣辅助物料供应等企业共生；良种研发所需要的科研人员、科研设施、科研原材料等更是广泛地涉及众多的企业种群甚至事业单位种群。只要一个节点上企业需求的变化均会引起其他节点上企业行为的调整，其共生共荣的特性显露无遗。精益城市就业集成的运行机制建设，在战略性总体设计安排上即考虑了就业生态的个体间和种群内共生协同进化，将倍增性地吸纳就业作为出发点，以减少粗放城市在区域布局、产业发展和行业结构上的盲目性，防止因企业低水平重复和恶性竞争所导致的城市就业量滞胀，就业结构失衡，就业品质低下，失业严重等城市就业病。譬如，在就业的区域布局上，其搭建起一种与承载就业的个体、种群进行自动有机衔接的机制，使属于生产制造的企业出现在工业园区，消费性企业出现在方便购买的区域，教育科研、文化单位出现在信息畅通、人文氛围浓重的宽松环境里等，以促进相关共生体的协同演化升级。

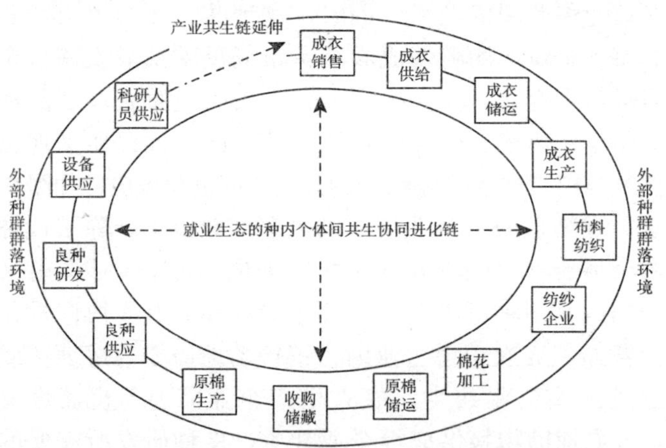

图 9—1　就业生态的个体间和种群内共生协同进化效应

二、就业生态的种群和群落间共生协同进化效应

精益城市就业集成系统就业生态的种群间协同进化效应，呈网络状态镶嵌于种群内的个体之间、群落内和群落之间，并组成一个普遍联系共振的共生协同进化、持续驱动的倍增型就业生态机制。如建筑装饰业作为一个生态就业种群，就与多个就业种群形成共生协同进化关系：其与房屋建筑业、土木工程建筑业、建筑安装业、建筑材料制造业、建筑装饰材料制造业、家具制造业、卫浴设施制造业、陶瓷制品业、家居软装饰制品业、水电燃气管道安装维修业（家用管道装修）、家用电器制造业、厨灶具制造业、装饰创意设计业、建材销售业、家具家居软装饰销售业、卫浴陶瓷销售业、家用电器销售业等众多就业种群发生直接的共生协同进化关系。只要随着社会消费水平的变化，其中任意一种群发生适应市场需求的变化，相关种群均会先后采取应对变化的行为，如装饰创意设计业种群为满足人们要求提高房屋装饰的品位和质量，其他相关种群也必然因经营链供求端所产生的变化压力，及时地跟进其变化并调整自身生产经营的数量、质量、品种、规格、花色、环保要求等，以至于改变各自的就业数量与质量。

以上举证的就业种群内个体间和种群之间的共生协同进化效应还会对就业群落产生影响，引起群落间的共生协同进化。主要表现在：一是围绕建筑装饰业就业种群的一系列相关种群的共生协同进化，其会引起集聚了硅酸盐建

筑材料制造业、钢铁制造加工业、铝冶炼及其深加工业、家用陶瓷制造业、木材加工制造业、家用五金制造业、建筑装饰材料业、卫浴设施制造业、厨灶具制造业等与房屋建筑及装修业紧密相关的工业园区就业群落的共生协同进化。因为这一系列种群的变化调整均与这一工业园区的主营业务同命运地联系在一起，建筑装饰业所共生的相关种群的任何供需升级变化，都将引起这些就业种群所构成的工业园就业群落的相应升级变化。二是围绕建筑装饰业就业种群的一系列相关种群的共生协同进化，其会引起聚集了与房屋装修相关的建筑材料销售、建筑装饰品销售、卫浴设施品销售、家具销售、厨灶具销售、灯饰具销售、家居软装饰品销售、家用五金产品销售、互联网＋产品销售等与房屋建筑及装修业紧密相关的销售市场就业群落的共生协同进化。因为房屋建筑装修业的任何变化都会对这一销售市场群落的命运产生决定性影响，其只有共生协同进化才会使就业市场群落继续生存发展。可以说，这一围绕建筑装饰业就业种群的一系列相关种群的共生协同进化，不仅表现在以上两个方面，其还会在相关产业群落和生活社区产生协同进化。

互惠共生的形式在生态学上有三种：一是专性（obligate）互惠共生。指生物永久性的成对组合在一起，任何一方都不能离开对方而独立生活。如前述的地衣（lichen）是真菌与藻类共生体，蘑菇和耕作蚁均不能离开对方生存。这种共生现象不多。二是兼性（Facultative）互惠共生。指生物之间存在的多向互相混合性作用、依存、互惠，即互惠共生发生在一种生物与多种生物之间，相互关系是开放式互相依存的。如自然界普遍存在的有花植物与传粉动物之间的互惠共生现象，植物的传粉者（pollinator）可能是昆虫、鸟、蝙蝠和小型哺乳动物等。兼性互惠共生是最普遍的共生现象。三是防御性（defensive）互惠共生。指共生互惠关系方为其中一方提供对捕食者或竞争者的保护性防御。如多年生的黑麦草（Lolium perenne）与麦角真菌（Ergot fungus）之间就是互惠共生关系。真菌在黑麦草体内和叶子表面，生产植物碱，保护黑麦草免受食草者和食种子者的危害[10]。互惠共生的运行机制是生物内部存在的、生物彼此之间进行资源和能力共享的需求行为和作用机理。正是这种运行机制所产生的效应推动了生态系统的生物多样性与物种、种群、群落的协同进化。生态系统内部的互惠共生可以用以下数学模型表示[11]：

$$dn_1/dt = r_1 N_1 [1 - N_1/K_1 + \alpha N_2]$$

$$dn_2/dt = r_2 N_2 [1 - N_2/K_2 + \beta N_1]$$

式中，α 和 β 为互惠共生系数，α、$\beta > 0$，α、$\beta < 1$。式中的每一种群的环境容量都因另一种群的存在而增大，因此，K_1 变成了（$K_1 + \alpha N_2$），K_2 变成了（$K_2 + \beta Nn_1$），但要求 α、$\beta < 1$，以限制互惠共生作用的总量，从而避免种群的无限制增大。

精益城市就业集成系统就业生态的种群和群落间共生协同进化效应，可以用图 9－2 所示模式表达。

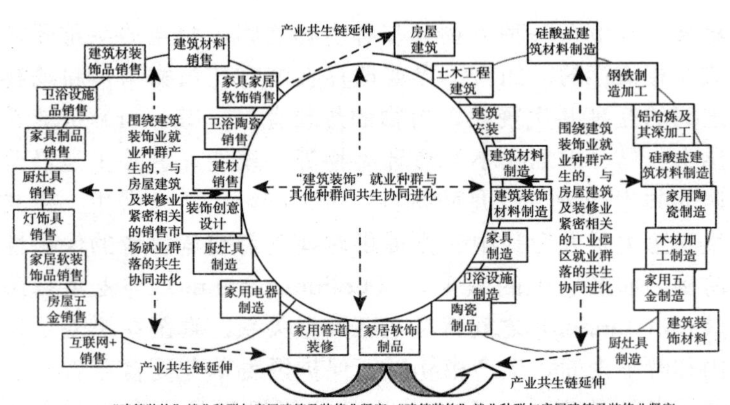

图 9—2　就业生态的种群与群落间共生协同进化效应

第三节　就业生态的竞争型协同进化效应

一、自然生态系统的竞争型协同进化效应

竞争（competition）在精益城市就业集成系统中是一种普遍存在的形式。在生态学上，竞争分为两种基本类型，一种是干扰竞争（interference competition 或 contest competition），指一种生物借助于行为排斥另一种生物使其得不到资源；另一种竞争类型是利用竞争（exploitive competition 或 scramble competition），指一种生物所利用的资源对另一种生物也非常重要，但两种生物同时利用这些资源却能在资源承载力范围内彼此合作共存。干扰竞争如美国西北地区沼泽地的红翅鸫和黄头鸫，每年身体较小的红翅

鸫比个头较大的黄头鸫提前一个月左右来到沼泽地，并在外围沼泽较浅的地带建立自己的繁殖领地，当身体较大的黄头鸫到来后，首先在沼泽水较深的地方建立领地，然后逐步向水浅处扩展，开始排挤小个体的红翅鸫，使得红翅鸫不得不进一步向沼泽地外围退缩直至离开，其原因是有限的沼泽资源不能同时供给食源相同的两种鸟共存。利用竞争如蚂蚁、一些啮齿类动物，以及鸟类等，它们都以植物为食，但它们却能彼此利用相同资源而共存。生态学家在这方面做过许多实验。布朗和戴维森（Brown & Davidson，1977）研究蚂蚁和啮齿动物在植物种子利用上的竞争关系，就得出了蚂蚁与啮齿类动物能够合理分配所需要的资源，同时又能优化调节各自种群的密度而共同生活的结论[11]。利用竞争作为在生物界的普遍规律得到了生态学界的极大重视，美国生物学家洛特卡（Lotka，1925）和意大利生物学家沃特拉（Volterra，1926）分别独立地提出了基于逻辑斯蒂方程的描述生物种间竞争的模型，这一模型为人类更好地运用“利用竞争”型的竞争提供了理论指导和实践基础，同时也证明了“利用竞争”不仅可以使竞争者在竞争中共存，而且还能使竞争者彼此在竞争中得到协同进化，即：生物之间的“利用竞争”一方面是资源消费相同的生物可以共存，另一方面则是，这种“利用性竞争”还会因为竞争者生活方式的升级变化，而促进相关竞争者采用新的应对方式来改进自身生活方式，并以此推动竞争者各自生存方式的演化升华。众多生态学家都这方面得出过研究结论[11]。

On the Integration of Employment of Lean City Based on the Evolution of Spatial Distribution of Labor Force in the City Group Around Yangzi Delta

二、城市就业生态系统的自发性竞争型协同进化效应

实际上，“利用竞争”所产生的竞争性协同进化不仅广泛地存在于自然生物界，而且也广泛地存在于人类社会的各个方面，包括经济、政治、文化、社会等各个领域亦体现着这一理论原理的普遍适用性。特别是在人类不断取得进步的今天，那种简单地将竞争视为“排除”和“零和游戏”的思维已经不再符合现实。因为地球资源的有限性和人类社会消费资源的增长性困境，已经不能再采取人类过去几千年来所通行的竞争排斥方式来解决人与人之间、实体之间、民族之间、国家之间等产生的竞争冲突了。精益城市就业集成系统运行机制中所普遍存在的竞争，就是具有协同进化效应的“利用竞争”。这种竞争性协同进化被嵌入到了精益城市就业集成的就业生态理念、思路与设计之中，以保证其就业倍增效应能够得到充分实现。“利用竞争”所产生的竞争性协同进化效应，在现实中也是普遍存在的现象。

如表 9－1 所示，2006～2014 年 12 年间上海市金融业获得了快速发展，其不但营业收入增长迅速，其金融单位数量亦呈逐年大幅增长态势：金融机构总数由 504 个增加至 1336 个，增幅 165.10％；其中银行业机构由 82 个增至 601 个，保险机构由 222 个增至 363 个，证券业机构由 90 个增至 292 个，外资金融机构由 110 个增至 216 个，增幅分别为 632.92％、63.51％、224.44％、96.36％；保险机

构的保险保费总收入由2006年407.04亿元增至2014年986.75亿元，银行机构存款余额由2006年23 535.24亿元增至67 813.15亿元，增幅188.13%，贷款余额由14 826.93亿元增至43 386.58亿元，增幅192.62%。与此相应，金融业的就业人数也获得了极大增长，2006年全部金融业就业15.28万人，2014年则达到34.42万人，增幅达125.26%，在2006年的基础上翻了一倍多。银行、保险、证券业就业种群内的各个机构个体间虽然存在激烈竞争，但这种竞争是利用性竞争，而且相互推动了行业的协同进化，促进了整个金融业的大发展。这种发展不仅仅体现在就业人数、业务收入和机构数量的增加，而且更体现为经营方式、服务水平、技术水平的创新上，其在这方面的进化已经远非2006年的情况能够相比，如整个行业的互联网拓展、数字化、智能化服务，以及带给整个相关行业的进步和人们消费的便捷，都达到了前所未有的水平。

表9—1　2006～2014年上海市金融机构数量变化情况　单位：个

指标	2006年	2007年	2012年	2013年	2014年
金融机构	504	604	1124	1240	1336
＃银行业机构	82	109	510	564	601
保险业机构	222	261	347	347	363
证券业机构	90	94	193	252	292
＃外资金融机构	110	140	208	215	216

资料来源：上海市统计年鉴（2007年、2015年）。

就业种群的竞争型协同进化普遍存在的现象还可以举出诸多例证。如表9—2显示，2014年上海市限额以上批发贸易业产业活动单位和从业人员比 2006 年具有较大幅度的增长，这 10 个行业均属于同行竞争种群，其中，法人企业数增幅超过 50%的有纺织、服装及日用品批发等 7 个行业种群，贸易经纪与代理达到 212.77%；产业活动单位数增幅超过 50%的有 8 个行业种群，只有烟草制品批发、医药及医疗器材批发两个行业中群因为垄断经营性质而增长较慢；就业人数增长更加迅速，有 8 个行业种群超过了一倍以上，有 5 个行业种群增长超过了两倍以上，其中纺织、服装及日用品批发行业种群增幅达 486.76%，贸易经纪与代理行业种群增幅为 589.99%。从现有长三角都市圈 16 市数据观察，在第三产业内部的行业结构上，竞争协同效应在企业数、就业量以及其他主要经济指标方面都表现比较明显。在第二产业内部行业特别是制造业内部结构上，虽然较多地存在企业单位大中型化的特点，但就业人数等指标方面仍然显示出协同进化效应，增长十分明显。特别是在高新技术行业，企业数量亦同样呈现增长趋势。这些种群之间的协同进化不仅推动量的增长，其就业质量的增长亦十分显著。譬如，其就业人员中白领阶层比例的提高，蓝领阶层劳动条件的改善和劳动强度的降低，就业人员文化素质的提高，以及因更多使用互联网、数字技术等柔性工作手段而大大提高的企业经营效率，都推动了整个社会就业形态向后工业化转型的过程。

表 9—2　2006 年与 2014 年上海市限额以上批发贸易业产业活动单位和从业人员情况对比

类别	2006	2014	2006	2014	2006	2014
	法人企业（个）	法人企业（个）	产业活动单位数（个）	产业活动单位数（个）	就业人员（人）	就业人员（人）
总计	2620	4094	3603	7802	181 657	457 864
食品、饮料及烟草制品批发	205	288	674	1234	27 224	52 269
烟草制品批发	22	25	367	494	9327	6944
纺织、服装及日用品批发	349	601	354	1555	30 803	150 277
文化、体育用品及器材批发	69	125	109	200	8869	10 717
金属及金属矿批发	370	701	382	795	9483	15 088
医药及医疗器材批发	117	177	318	336	21 874	46 192
矿产品、建材及化工产品批发	847	1634	1034	2544	32 388	68 235
建材批发	69	116	70	149	8224	3910
机械设备、五金交电及电子产品批发	716	892	745	1416	42 923	102 910
贸易经纪与代理	47	147	47	189	1510	9211

资料来源：上海市统计年鉴（2007 年、2015 年）。

三、城市就业生态系统的竞争型协同进化效应产生的内在机制

就业种群的竞争型协同进化普遍存在的原因，与生态生物种群间竞争所产生的原理是一样的，主要是生物个体、种群竞争的“资源领域”机制、“竞争者特征替代”机制和“竞争者能力强化”机制。

“资源领域”机制主要是资源的差异化竞争协同进化。生态学上，相互竞争的个体、种群之间因为强大的自然选择压力，将会迫使它们在生态学上发生分化，这种分化主要表现为三个方面：一是利用不同的生境；二是消费不同的资源；三是选择不同的活动时间。这些生活形式的差异化被称为生物的资源领域机制。生态学家麦克阿瑟（MacArthur，1958）研究了 5 种树莺的空间利用情况，发现每种树莺都有自己独特的食物利用方式：在分布树莺食物的树上，树丛中明显划分了五层觅食部位即生态学家所称的“资源领域”，分别供 5 种树莺利用食物而互不冲突。类似资源领域竞争合作机制在生物界普遍存在，如有的生物在时间领域进行划分，把活动时间划分为白天和夜晚等，像鹰和猫头鹰、雨燕和蝙蝠、蝗虫和蟋蟀就是突出的例证[4]。领域机制不仅使竞争生物能够共存，而且能使竞争生物保持了更好地适应环境和竞争者之间生活的彼此更协调，而又不损害整个资源的供应。这种领域机制在就业生态中主要表现为竞争者之间对资源市场的差异化细分，也即管理学家所称的竞争者差异化策略。就是竞争者积极挖掘细分

市场，使各自专注于某一细分市场而不是盲目地在众多市场去竞争。如银行业的竞争，一些专注于一个或几个业务领域，一些专注于某一区域，一些专注于某一个或几个特定客户群体等，都可以很好地发挥个体、种群竞争的资源领域机制。譬如目前的小银行、互联网衍生银行、地方性银行以及老牌大银行之间都在自发地利用这种竞争者资源领域机制，既实现彼此共存又实现彼此的协同进化，以不断提高自身服务水平，不断开发创新业务，不断增强经营实力。

“竞争者特征替代”机制在生态学上是指同地分布近缘物种之间的差异性往往比异地分布时所表现的差异为大，其原因是竞争导致竞争者各自在形态、行为和生理上出现进化。如形态上的进化常表现为取食器官（如口器、喙和颚等）大小不同，因为动物需要的猎物或食物的大小往往与取食器官的大小和结构密切相关，其口器的变化差异意味着食性的分化。形态上特征的变化还常常表现在身体大小方面，譬如两种泥螺（Hydrobia ulvae 和 H. ventrosa）分布在重叠区域与非重叠区域内的情况下，它们的平均壳长度存在三分之一以上的显著差异[4]。类似的“竞争者特征替代”机制在社会经济方面也是一个普遍现象。表 9－2 中上海市批发贸易产业活动单位和从业人员 2006 年与 2014 年的对比增长情况，就是这种机制发生作用的体现。考察可以发现，无论是食品、饮料及烟草制品批发市场，还是纺织、服装及日用品批发市场，或者机械设备、五金交电及电子产品批发市场，都会发现在较大的有形市场集聚区，云集了众多的小批发商，他们各自的业务也具有特色，并且相互之间不但关系融洽而且常常还有协作。而考察那些没有众多小批发商聚集的大型批发商所在地，会发现这些大批发商在某一区域内往往是单个存在的，其经营业务量大，品种比较齐全。也就是说，这两种区域的批发商在形体特征方面存在明显差异，即所谓的“竞争者特征替代”机制保证了他们的共存共荣和协同进化。

“竞争者能力强化”机制在生态学上是指竞争者生物通过调整自己的生态位来达到生态释放（ecological release），从而强化竞争者能力的一种现象。生态学家格林内尔（J. Grinnel）将生物的生态位定义为“生物栖息地的空间范围”[9]。生态位也被称为物种的小生境（habitat）或者物种所占有的微环境（microenviroment）[9]。生态学家发现，当出现新的生存机会时，生物会通过增强自己的生存能力来达到调整生态位，从而与其他竞争者一同实现进化。生态学家门格（Menge，1972）曾对生活在珊瑚岛上潮间带的两种海星做过实验，得出了它们协同调整生态位进行生态释放的结论[4]。在城市经济的竞争者之间，由于时代的发展、技术进步、人们思维的变化，将会产生越来越多的有待开发的新业务，因此，众多的社会实体都存在着通过强化自身能力来进行业务创新，以调整生态位，进行生态释放的机会。如日新月异的电子、生物、网络等众多行业就业种群都面临着这样的机制选择。

精益城市就业集成在运行上恰会很好地将以上“资源领域”“竞争者特征替代”“竞争者能力强化”三种竞争性

协同进化机制嵌入城市生态系统之中，从而大大地改变现有粗放城市自发存在的竞争性协同进化效应，使得这一效应所具有的内在能量得到全面释放，其效果将在下面进一步阐述。

第四节　就业生态的偏利共栖与协同适应系统的协同进化效应

就业生态的偏利共栖与协同适应系统是精益城市就业集成运行具备协同进化效应的又一有效机制。生态学上的偏利共栖（commensalism）指生活在一起的生物种间一方对另外一方有利，而对另一方无利也无害的生态关系。受益的一方可能在营养、栖息地、防卫和散布等方面得到益处，但这种单向的益处不会对共栖的另一方带来损害。麻雀、椋鸟和其他小鸟经常将窝安置在鹰或者鱼鹰等猛禽巢的旁边及其附近，以便得到可靠的保护，而这些猛禽却不会伤害它们。原因是这些猛禽并不以它们为食物来源，生态上这也是一种普遍现象。与生物共栖紧密联系在一起的个体、种群、群落会产生生态协同适应系统。实际上，任何物种都生活在具有众多物种集聚的群落环境之中，它们之间会与更广泛范围内的其他物种发生关系。如一种树栖昆虫不会孤立地与所在的这棵树发生关系，而会同时也与这棵树上的各种昆虫处于相互的联系之中。坦桑尼亚塞伦盖蒂（Serengeti）平原中的狮子是同野牛共同进化的，但同时它也影响着其他 10 种被食动物的进化，而且它本身也受到这10种被食动物的影响，因而相互存在协同系统适应机制。可以说，共栖与协同适应系统所产生的协同进化是对更大范围的共生协同进化、竞争协同进化的综合性协同进化。

就业生态的偏利共栖与协同适应系统在社会生态中自发广泛存在。如广告媒体常常栖息式地出现在城市建筑物、街道、广场、景观、绿地、公交工具等处，不但没有影响它们的功能和外观，而且还给城市及其这些构成要素增添了色彩和品位，更重要的是扩展了广告就业种群的发展空间；城市共享经济方面的代表——网约打车业栖息在互联网和闲置的私家车领域，而且为社会众多边缘人群带来了额外增加的就业机会；众多的有民众自发组织的非政府组织，如志愿者组织、慈善组织、行业协会、商会等栖息在政府功能不可到达的领域，不但不影响城市社会正式组织功能的正常发挥，而且还对社会的治理和增加就业起到不可替代的正面作用。就业生态的偏利共栖主要是共栖者之间的市场区隔机制在发挥作用，其将共栖者链接在一起却不因为市场相同而影响众多共栖就业种群的生存发展。精益城市就业集成可以充分利用这一机制实现就业目标。就业生态的协同适应在城市更是一个普遍的事实，各个就业个体、种群内、种群间、群落内、群落间都因产业、行业、企业、事业、社会团体以及各种实体而产生普遍联系，同时又促进它们之间的协同适应。如今天的银行业就业像血液一样流淌在社会各行各业、各个实体、各种组成社会经济、政治、文化的细胞中，并与其相互作用和协同进化。

第五节 就业生态的个体间、种群内、种群间及群落间协同进化效应的运行机制总模型

就业生态的互惠共生协同进化、竞争型协同进化、偏利共栖与协同适应系统的协同进化这 4 大协同进化效应，共同合力推动了精益城市就业集成的演化升华机制运行，共所体现的就业生态在个体间、种群内、种群间及群落间协同进化效应的运行机制总模型如图 9－3 所示。

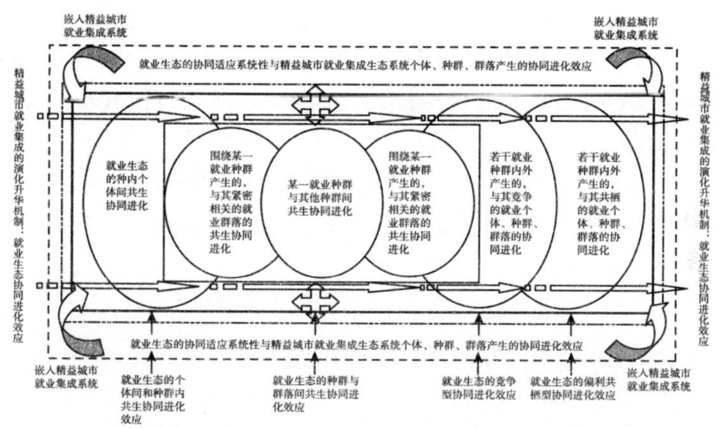

图 9—3 精益城市就业集成生态系统个体间、种群内、种群间及群落间协同进化效应的运行机制总模型

本章参考文献

[1] 刘健等．基于生态学视角的图书馆知识协同进化过程研究 [J]. 情报理论与实践，2015，38（2）：71—74.

[2] D. H. Janzen. When is it Coevolution? [J]. Evolution，1980，34（3）：611—612.

[3] P. R. Ehrlich，P. H. Raven. Butterflies and plants：a study in coevolution [J]. Evolution，1964，18（4）：586—608.

[4] 尚玉昌．普通生物学 [M]. 北京：北京大学出版社，2002.

[5] H. H. Flor. Host — Parasite interaction in flax rust-its genetics and other implications [J]. Phytopathology，1955，45：680—685.

[6] H. H. Flor. The Complementary Genic Systems in Flax and Flax Rust [J]. Advances in Genetics，1956，8：29—54.

[7] C. J. Mode. A mathematical model for the coevolution of obligate parasites and their hosts [J]. Evolution，1958，12：158—165.

[8] 刘志高，王缉慈．共同演化及其空间隐喻 [J]. 中国地质大学学报（社会科学版），2008，8（4）：85—91.

[9] 谢茂拾．中国企业家生命表研究 [M]. 北京：经济科学出版社，2013.

[10] 孙儒泳等．基础生态学 [M]. 北京：高等教育出版社，2002.

[11] 曹凑贵，展茗．生态学概论（第 3 版）[M]. 北京：高等教育出版社，2015.

On the Integration of Employment of Lean City Based on the Evolution of Spatial Distribution of Labor Force in the City Group Around Yangzi Delta

第十章　精益城市就业集成的调节维护机制：就业生命体的内稳态循环效应

长三角都市圈精益城市就业集成的运行机制要处于长期可持续发展中，除了就业熵生态反身性效应作为系统的动力机制，就业生态协同进化效应作为系统的演化升华机制之外，还必须有一个系统内稳态机制来永续性地发挥作用，以保证精益城市就业集成系统始终作为一个完全生命体而持续运行。否则，精益城市就业集成就不会作为一个整体上具有生命全部属性的生态生物系统而长期存在发展下去。所以，在精益城市就业集成的设计、运行、反馈和不断成长中，建立起整个生命系统的调节维护机制——就业生命体的内稳态循环效应就显得尤为重要了。

第一节　就业生命体的内稳态循环效应原理

内稳态（homeostasis）是美国生理学家沃尔特·坎农（Walter Cannon，1926）在扩展了 19 世纪法国生理学家克洛德·贝尔纳（Claude Bernard，1857）所定义的内环境概念基础上而提出来的生命科学名词。贝尔纳发现，所有生命体均存在一个奇特的共性，即机体内部环境（如体液、血浆、淋巴等）在外界发生变化的情况下，它们却保持着稳定不变。他据此得出结论，一个有机体能够自由和独立生存的首要条件就是其自身的“内环境”恒定，即尽管生命机制复杂多样，但所有的生命均指向唯一目标，其必须保持内环境中生命条件的恒定[1]。坎农借鉴贝尔纳的研究成果，指出内稳态是一个生命体内部的可变而同时又相对稳定的环境状态。稳态是生命在运动中存在的一种动态平衡，即使生命面临的外界干扰因素众多，但是，生命体内的调节机制将会使组成生命的各个器官处于系统性地协调之中，从而使生命内环境保持相对稳定[2]。生态学认为内稳态是生物生存的一种根本机制，并将内稳态机制定义为生物控制自我身体内部环境使之保持相对稳定的自组织作用系统，它是使生物获得一种减少对外界条件依赖性的内在机体能力。生物正是借助于自身内环境稳定这一内稳态机制，大大提高了其对于生态因子的耐受性以及独立于外界条件的生存能力[3]。1948 年，首创控制论（cybernetics）的美国科学家诺伯特·维纳（Norbert Wiener）在控制论研究中，发现一个生命体或者一个类生命的组织系统具备在受到外界环境干扰后消除偏差、恢复稳定的恒定能力，根本原因在于其生命体内存在着一种“负反馈”（negative feedback）调节机制，即内稳态机制，从而为内稳态理论应用到控制论等更广泛的领域提供了基础。这一机制可以用图 10－1 表示。

On the Integration of Employment of Lean City Based on the Evolution of Spatial Distribution of Labor Force in the City Group Around Yangzi Delta

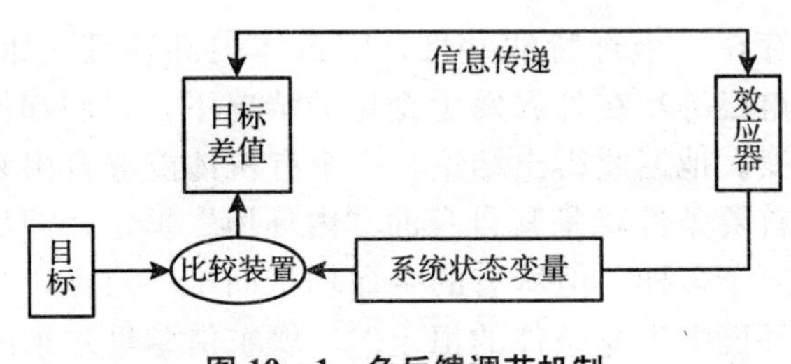

图 10－1　负反馈调节机制

负反馈调节机制的工作原理是，从目标差至效应器，再从效应器到系统状态变量，并经过比较装置再至目标差这样一个连续系统中，组成一个封闭的环路，其中最重要的机制是目标差的信息本身即目标差值，以及这个系统中所有信息的无损传递，只要这个机制发挥作用，整个生命机体或系统就能维持内稳态并正常运行。比如在生命体温调节过程中，当体温高于摄氏 37 度时，效应器通过一系列反应如血管扩张、汗腺分泌等来散热，以维系体温保持在摄氏 37 度左右，反之，若体温低于摄氏 37 度时，效应器通过一系列反应如血管收缩、肌肉紧张等来释放热量，以保持体内温度处于摄氏 37 度左右[4]。

生物的内稳态建立在其生理和行为基础之上。众多动物都表现出能够控制自身体温以保持体内一定程度恒温性的特征。其产生机理就是负反馈调节机制，在这一过程中，生物往往通过调整自己的行为来获得体内生理上负反馈调节机制所需要的能量。如沙漠鬣蜥（Dipsosaurus dorsalis）在清晨温度较低时，将身体的侧面迎向太阳，并把身体紧贴在温暖的岩石上，以使体温上升到最适于活动的水平；

白天环境温度逐渐升高之后，它会改变身体的姿势，抬头朝向太阳以使身体迎热面最小，同时用脚趾尖着地以抬高身体使空气能在其身体周围流动散热。沙漠鬣蜥通过这些行为机制能够使体内始终保持所需的恒定温度。生物通过行为来满足身体内稳态的负反馈调节机制需求的情况有许多表现形式，有的是借助于为自身创造一个适宜于生存和活动的小环境这样的行为，来使自身能够以此适应更大的环境变化。如鼠兔靠躲入洞穴这个小环境内生活可以抵御零下 10 摄氏度的严寒天气，因为在地下 10 厘米处，温度的变动范围不会超过摄氏 1～4 度。各种白蚁所创造的巢穴小环境更是大大减轻了其对于外界环境的依赖性；譬如，当外界温度为摄氏 22～25 度时，大白蚁（Macrotermes natalensis）巢穴内可维持摄氏 30 度的气温，其波动范围不超过正负零点一。白蚁自己所营造的巢穴外壁厚度可达半米，使得小环境与外界几乎隔绝，且既能保持空气流通又能保暖[3]。

精益城市就业集成作为一个有若干子系统及其构成因子所组成的庞大生命系统，其不仅具有一般社会生命体运行过程中自发产生的内稳态调节维护机制，而且更具有一种主动的与精益城市就业集成有效嵌入和耦合的生命内稳态调节维护机制，即就业生命体的内稳态循环效应。其从产业及行业系统就业生命体内稳态循环、环境与公共系统就业生命体内稳态循环、人文精神系统就业生命体内稳态循环这三个方面来保证精益城市就业集成生命体的长期持续稳定运行。

第二节　产业及行业系统就业生命体内稳态循环效应

精益城市就业集成的产业及行业系统就业生命体内稳态循环效应如图 10－2 所示。其运行机理是：产业子系统就业生命体在负反馈调节机制的自动作用下，持续产生内稳态循环效应。其包括：第一、二、三次产业分别作为一个相对独立生命体，以及由众多行业构成的三次产业作为统一整体生命体，各自在负反馈调节机制的自动作用下，分别持续产生内稳态循环效应。

譬如，第三产业在我国迈向后工业社会就业形态的趋势中，其作为城市主导产业如何在精益城市就业集成的总体设计蓝图的指导下，利用负反馈调节机制来实现整个产业就业的倍增效应，并能保持第三产业内稳态循环的永续运行？主要在于，只要第三产业的某一组成部分或所属某一行业出现与目标的偏差，嵌入其内的负反馈机制就会立即发挥作用及时予以纠正。如商业消费市场在布局上过于聚集城市一个或几个地域，就可能既造成商业行业就业密集、人流汇聚和交通拥挤，又可能造成那些非常需要购物市场的区域就业严重不足、商业行业凋敝，此时，嵌入精益城市就业集成中的第三产业就业生命体内稳态就会被打破，其生命体负反馈调节机制就会传递目标差信息，促使机体对此进行调节。调节的方式与恒温动物调节体温的原理一样，其体内低温时从外界补充热能，体内高温时则往外散热。

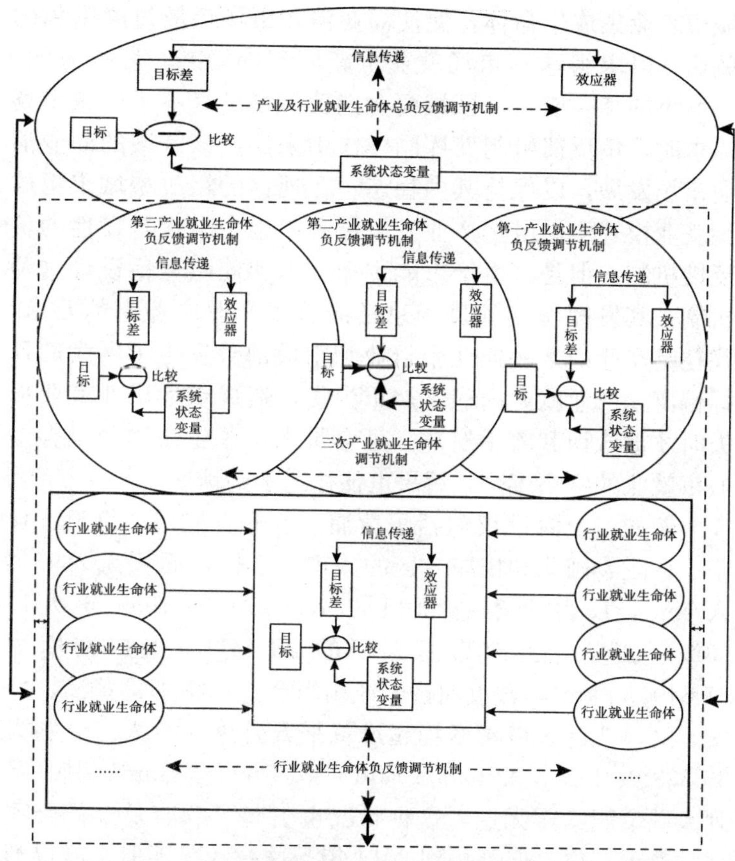

图 10—2　精益城市就业集成的产业及行业系统就业生命体内稳态循环效应

即：一方面，当商业消费市场过度集聚时，负反馈机制将来自行业的产业目标偏差信息传递给产业生命体直至精益城市就业集成生命体，促使商业消费市场疏散过度密集的就业，以求得这一市场就业重新回到内稳态；另一方面，当城市的某一或几个区域商业消费市场满足不了区域市场需求时，负反馈机制发挥同样作用来促使该区域的商业消费市场发展，以保持其内稳态。在现存的粗放型城市粗放型就业模式中，虽然产业发展过程中也会出现自发性的负反馈机制，但是，由于未能主动认识和前瞻性地设计这种机制，其发挥作用的过程总是滞后于产业内稳态的要求，往往是产业的某一或几个行业和组成部分发生了巨大的目标偏离，产业就业内稳态严重失衡，造成重大产业就业损失时才被认识和着手解决，且会带来产业生命体乃至整个城市就业的巨幅震荡，后果也往往达不到预期。

例如，上海市仅包括了黄浦、静安、虹口、徐汇、长宁、普陀、闸北和杨浦 8 区的城市中心区，面积为 289.44 人/km^2，仅占全市总面积的 4.56%，其 1999 年人口 632.14 万人，占全市总人口的 48.14%，人口密度为 21 840 人/km^2，城市拥挤已经相当严重，特别是黄浦、静安、虹口 3 区人口密度均超过每平方公里 3 万人，分别为 33 333 人/km^2、32 625 人/km^2 和 35 698 人/km^2，其一系列大城市病暴露无遗，这种状况也引起了政府及全社会重视并着手解决。但是，到 2014 年，这一状况不但未能得到改观或缓解，甚至还有日益严重趋势。市中心的 8 区人口增长到 704.54 万人，人口密度达到 24 342 万人，比 1999 年增加了 11.45%；不仅如此，中心区第三产业就业人数 2014 年达到 537.62 万人，占到全市第三产业全部就业

843.95万人的63.70%，与1999年占比64.02%基本持平[①]。所以，目前上海市第三产业区域间分布失衡已经无法使其建立起就业生命体的内稳态，这不仅严重影响了第三产业就业本身的进一步发展，亦影响了全市其他产业的失衡和发展受阻。在这种情况下，上海市第三产业就业如果能按照精益城市就业集成来进行生命体的设计，逐步建立起产业内稳态循环，让负反馈机制在其中调节运行，就会从根本上解决城市中心区商业消费市场的过度拥挤问题。

负反馈调节机制在第一、二产业就业生命体内所主导的稳态循环效应，与第三产业就业生命体内稳态运行情况一样；同时，第一、二、三产业就业又作为一个整体生命系统，在负反馈调节机制作用下发挥着统一产业就业生命体的内稳态循环效应，三次产业分别是其中一个子系统。统一产业就业生命体的内稳态有机地将三次产业之间和它们内部的负反馈机制链接起来，组成一个更大的就业生命体，并服从统一的负反馈机制的调节。譬如，当第二、三产业就业失衡时，负反馈机制将目标偏差通过信息传递给产业生命体的效应器，然后以状态变量的形式发送给生命体相关的组织部分或器官（可能是行业或行业的一部分），促使这些组织和器官（行业或行业的一部分）采取相应措施以恢复生命内稳态。假如第二产业在区域上缺乏相应的服务业配套，第二产业就会出现发展畸形并受到继续发展的限制。这时的负反馈机制就会启动第三产业为第二产业

---

① 数据来源于浙江省、上海市和江苏省各年出版的统计年鉴和政府公报。

在区域上提供配套发展的生命体内稳态功能，使第三产业就业向第二产业的薄弱区域迁移。另一种情况则是，出现新的第三产业就业，从城市外部进入这些区域。

三次产业均分别由众多行业组成，各个行业亦是相对独立的就业生命体，具有负反馈机制调节下的内稳态功能，其运行机理和模式与产业就业生命体一样，且众多行业就业生命体也均是各次产业就业生命体的一个有机组成部分，全部统辖于产业就业生命体之中。

精益城市就业集成系统中的产业虽然不像自然界生物那样立即启动调整自身的行为机制，但是，它启动行为机制的原理与生物没有区别，而且也会达到生物有机体那样的效果。

第三节　环境与公共系统就业生命体内稳态循环效应

精益城市就业集成的环境与公共系统就业生命体内稳态循环效应如图 10－3 所示。图中，环境系统主要指城市自然环境和人造环境两个方面。自然环境包括土地、河流、湖泊、湿地、树木、森林、绿地、城市农业、空气等纯自然和稍加人工作为的自然物；人造环境包括城市建设过程中为了人类居住、工作、生活等而创造的住宅区、工商业建筑区、公共和事业单位建筑区、道路桥梁、城市广场、城市景观、城市休闲场所、城市三废处理环保设施等。公共系统主要指包括城市政府和履行城市公共管理职能的事业单位所搭建的整个组织管理系统。环境和公共系统既是两个相对独立的子系统，又是两个相对独立的就业生命体，它们被嵌入到精益城市就业集成这个整体生命之中。

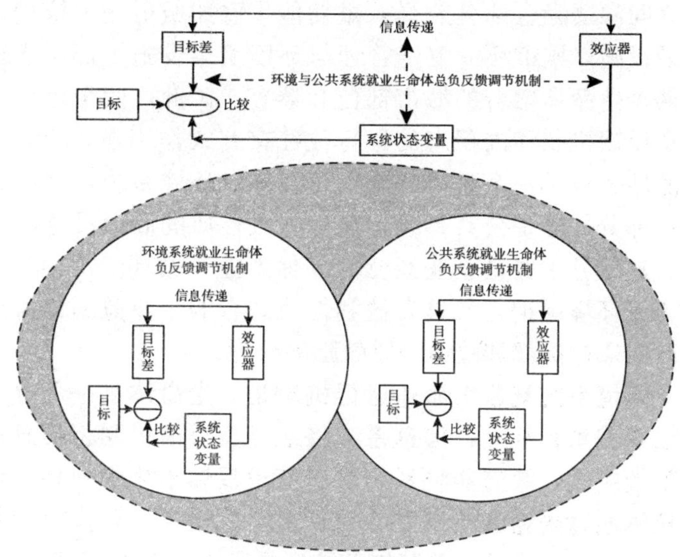

图 10—3　精益城市就业集成的环境与公共系统就业生命体内稳态循环效应

一、环境系统就业生命体内稳态循环运行机理

环境系统就业生命体在众多方面具有公共属性，故公共系统就业生命体作为整个城市的组织管理系统就必然渗透到环境生命体之中。譬如，城市人造环境不能突破城市自然环境的承载力，这就需要城市组织管理系统对环境系

统做出整体、全局、长远的设计，并在环境运行过程中进行符合精益城市就业集成的组织管理；同时，公共系统就业生命体中的许多部分本身就是环境系统的组成部分，两者之间渗透融合部分兼具双重功能。譬如城市交通管理与交通设施，城市环境卫生管理与环境卫生设施等都属于这种两个生命体融合的城市部位和器官。因此，两个生命体的负反馈机制和内稳态的运行往往交互式作用在一起，很自然地组成了一个整体的就业生命体。环境系统还会有另外一部分并非是公共系统，而是私人性质的商业设施与工作。这部分主要是企业经营的环保产业、循环经济，其既致力于环境保护，又具有盈利性质。有的企业盈利也可能是政府通过法规和政策予以鼓励的行为。

环境系统就业生命体运行机理是：生命体某一部分运行出现偏离目标差，信息系统将通过负反馈机制将信息传递给效应器，效应器将系统状态变量反馈给生命机体，促使机体通过内稳态机制调节目标差，以至生命体恢复内部平衡状态。无论是公共环境系统还是私人经营的环境系统，其运行机理一样。只是内稳态恢复平衡的能量来源存在差别。譬如，城市某一区域具有过高容积率的住宅或商业建筑区占该区域总面积超过一定比例，城市热岛现象就会打破环境生命的体温系统器官内稳态，负反馈机制将立即启动，将偏离精益城市就业集成目标差的信息，传递给公共组织管理系统的负反馈效应器，输送状态变量给环境生命的体温系统，促使城市公共管理组织调整建筑规划审批程序制度，一方面在区域规划方面采取弥补措施，如在邻近区域建设缓解热岛效应的人工湖泊、湿地、绿色景观等；另一方面，采取前瞻性政策防止类似产生热岛效应的事件重新出现；这样，环境系统生命体在负反馈调节机制作用下，始终保持内稳态循环效应处于正常工作状态。在这一过程中，恢复内稳态的调节能量来源于公共系统资源的调配，其主要能量是精益城市就业集成所具备的丰富组织资源，即正确地对公共系统具有的组织能量的优化配置能力。

二、公共系统就业生命体内稳态循环运行机理

公共系统就业生命体运行机理虽然在负反馈调节机制上与其他生命体相同，但是在具体工作方式上有一定特殊性。因为在将政府等公共组织作为精益城市就业集成生命体的一个组成部分，就需要政府等组织彻底地转变功能，既将城市政府作为整个城市的管理者，又要使其作为城市生命体的一个子系统。所以，城市政府等公共组织必须采取全新的工作方式，才能使精益城市就业集成取得成功。其工作方式特点如下：

(1) 公共系统生命体负反馈调节机制的目标特点。公共系统生命体负反馈调节机制的目标并非像产业、环境系统那样来自本身所具有的内在客观规律性，而是来自城市政府组织对于精益城市就业集成的总体规划与设计，属于政府基于城市现状所进行的一种前瞻性构想，不可避免地带有一定的认识主观性，因此，政府组织在确定目标差值的过程中必须进行精准把握。做好这项工作除了保证精益

城市就业集成总体规划与设计的科学性之外，还必须有一套调查研究系统保证规划与设计可以随着情况的变化而及时调整。譬如，城市公共医疗卫生作为公共系统就业生命体的一个有机组成部分，同时也作为一个相对独立的公共子系统生命体，政府对其地理空间分布、辐射半径、总体规模、资金投入、实体规模、经营方式、人员结构与素质、医疗质量与水平、满足社会需要程度等，仅仅是基于现实人口、经济、环境以及行业历史状况等诸多方面的一个总体谋划，至于其是否符合精益城市就业集成系统的真正需求，则需要通过有机体的负反馈机制运行才能予以验证。所以，负反馈调节机制在公共医疗卫生这一子生命系统中具有更为重要的作用。

事实上，就一般自然情况而言，如果出现城市某一区域公共医疗卫生机构数量在空间布局上密度大，且实体机构规模庞大、资金实力强、医疗质量与水平高等情况，就必然产生该区域人口集聚度高，商业机构与活动密集，交通网络拥挤繁忙，人均公共资源短缺，公共空间狭窄等一系列连锁反应，公共医疗卫生生命体子系统必然启动负反馈调节机制，督促该区域改善自身的生命运行状态。但是，由于公共医疗卫生系统所具有的资源投入沉淀惰性，实际上要使负反馈机制自然发生调节作用则是很困难的一件事情。其原因主要有几个方面：一是公共医疗卫生系统本身具有的规模效率，即由于众多的消费者聚集给系统带来的经营优势，可能使政府不会考虑改变这一区域的公共医疗卫生系统空间布局；二是公共医疗卫生系统内人员所具有的居住就业优势，使他们滋生强烈的拒绝迁移惰性，从而阻止机构做出任何地理改变；三是大规模的持续资源集聚本身会使更多的人才和高精医疗设施进一步积聚于该区域，使之产生无可替代的技术优势而使得社会亦不想提出让这些医疗机构疏散的诉求。因此，在传统粗放城市粗放就业的情况下，像公共医疗卫生系统布局失衡的情况是很自然的事情。这一点可以有许多例证。上海市市区与郊区在医疗机构、床位、卫生技术人员及其医生、护师护士的数量分别占全市比重上，2003 年市区分别占比为 64.82%、74.26%、79.35%、77.06%和 81.26%，郊区分别占比为 35.18%、25.74%、20.65%、22.94% 和 18.74%；到 2014 年，市区分别占比为 64.49%、79.74%、81.50%、80.27%和 82.53%，郊区分别占全市比重为 35.51%、20.26%、18.50%、19.73%和 17.47%（见表 5—8）。这一对比数据表明，经过 10 余年的发展，上海市区与郊区在医疗设施及其就业分布上不仅没有改观，而且还呈现进一步向市区集中的趋势。其中，医院床位、卫生技术人员及其医生、护师护士的数量分别增加了 7.38%、2.71%、4.17%和 1.56%；而郊区在这些指标上的下降幅度分别达到 21.29%、10.41%、13.99%和 6.78%，远超市区的升幅（见表 5—8）。

在精益城市就业集成的生命体中，公共医疗卫生系统的负反馈机制之所以发生调节作用，并能纠正粗放城市粗放就业情形下自然负反馈机制失灵的情况，关键在于公共医疗卫生系统真正成为一个相对独立的子生命体，而不是传统状态下的非生命体。在这里，政府非像传统情形下那样行政性地介入公共医疗卫生系统。不管这种介入是主动性的还是被动性的，它都实质性地阻碍了公共医疗卫生系统按照负反馈机制来发挥调节功能，并使得这一系统习惯地附着于政府的传统职能之中，以避免做出任何顺应反馈机制的调整。精益城市就业集成下的公共医疗卫生系统作为生命体，政府的公共职能更多的是作为这个生命体的一个组成部分出现的，其管理职能是属于一种参与式职能而非直接的指挥者。政府的职能是掌握负反馈调节机制的信息和顺应生命体的负反馈机制调节作用，并与精益城市就业集成生命体一道设计、规划和调节公共医疗卫生系统。

（2）公共系统生命体负反馈调节机制的运行特点。在整个负反馈调节机制运行上，并非完全是政府组织一手包办，而是依靠密布于精益城市就业集成系统的每一个部分、器官和因子发挥目标差值确定、信息传递、效应器工作和系统状态变量供求的作用，以使生命体持续保持内稳态循环效应。单靠城市政府人员所组成的组织去担当负反馈调节机制运行，必然受到人的有限性和政府人员不能采取利益激励的方式去发挥功能这两大问题的极大约束，公共系统要获得生命体的全部功能是困难的。公共系统要获得与精益城市就业集成中其他生命体同样的能力，就必须将自身的组织系统衔接于其他生命体之中。衔接的方式包括两个方面：一是实行城市政府各级组织的自治管理。即城市从自然地理上实行区、街道和社区三级单元自治，由各自治单元确保自治范围内的环境系统符合精益城市就业集成规划与设计目标。自治单元的自治管理将使其生成对环境的自主反馈调节机制，并与环境因素自然的链接起来，从而使自治单元具备社会生命体的能力，履行其作为城市公共系统中子生命器官的职责。二是实行城市政府各级自治组织单元与全社会各个生命体的网络性法治治理。公共系统应该彻底地融入精益城市就业集成所规划、设计、运行和维护的总生命体中，并与其它城市生命体一样受到社会法治网络的规范约束，而不是像传统城市公共系统那样凌驾于社会法治网络系统之上，以确保公共系统与社会生命体的有机无缝链接。满足了这两方面的链接，整个公共系统就业生命体内稳态循环运行就能顺畅进行。

第四节　人文精神系统就业生命体内稳态循环效应

城市是人类现代文明的最主要载体，现代城市社会是一个经济、政治、文化等各种软硬件要素的集合体，精益城市就业集成则是这种集合的一种表现形式，或者说是到目前为止的一种克服了众多城市弊端的就业价值最优生命体。以上所阐述的城市产业及行业系统就业生命体、环境与公共系统就业生命体内稳态循环效应，仅仅涉及精益城市就业集成调节维护机制的硬件运行，但这一机制要能够有效发挥对于精益城市就业集成的维护调节作用，还有赖于城市社会的核心——人文精神系统所形成的软件就业生命体也具有内稳态循环效应，以从精益城市就业集成内部支撑其整个系统的运行。这一人文精神系统软件就业生命体的体现形式就是城市文化，其所具备的良好的内稳态循环效应，将从根本上决定精益城市就业集成的样式、程度、持续性和效果。人文精神系统就业生命体是一种融入渗透到精益城市就业集成各个硬件方面的血液形态生命体，其将从物质层、行为层、制度层和意识形态层等方面全方位地发挥精益城市就业集成的软性内稳态循环效应。

一、人文精神系统就业生命体的物质层、行为层、制度层和意识形态层概念

（1）人文精神系统就业生命体的物质层概念。精益城市就业集成的经济成果会以城市就业为内容体现在城市空间布局、建筑、设施、景观、色彩等外在物质环境之上。鉴于粗放型城市粗放型就业的高投入、高消耗、高污染、低就业所造成的城市空间布局无序，城市建筑混乱，城市设施缺少全面长远规划，城市景观稀少且质量低劣等，现在的城市，其人文精神系统处于贫乏状态。以高就业、高价值、高节能、高清洁、低碳排为中心的就业集成型精益城市，不仅会在城市物质层面获得巨大的进步，其也会在城市空间布局、建筑、设施、景观等物质性外现上所蕴含的城市人文精神上得到极显著升华。这就是说，城市空间布局、建筑、设施、景观、色彩都能外显地体现就业集成所具有的人文精神。譬如，精益城市空间布局是有序的，

其既符合市场经济规律，又符合人对于这一规律的认识和把握；既能够将市场有序和无序进行恰如其分的调节，又能够将人所制定的计划的前瞻性和滞后性进行及时正确的把握；既能很好地融合人力、资本、技术、能源、信息、组织等产业资源要素，又能很好地融合土地山川、河流湖海、植被森林、天空气象等城市环境资源要素。在这一行为的背后，则是城市治理者所具有的以就业为中心的主导价值性理念的存在。城市建筑所体现的样式、风格、功能，以及建筑物的布局、群落、规模，建筑物与城市其他设施和环境的关系等也都能反映城市对于人的就业优先地位的崇尚理念。总之，城市的一切物质性外观形象无不打上人文精神系统就业生命体的深深烙印，成为精益城市就业集成的外显标志。

（2）人文精神系统就业生命体的行为层概念。这主要是指人们怎样在所在城市通过自身的行为扮演特定的角色。即精益城市就业集成生命体将是一个由现代文明人所建设的城市，其各自的就业都在以文明的方式推进城市经济、政治、文化等各方面的不断升华，其表现出来的行为都是符合所在城市就业文明要求的。同样，就业生命体行为是城市精神价值内核的外在反映。譬如，就业者的伦理、道德、价值观等都会通过就业行为体现出来。这样，经济上的就业集成便得到精神层面的保证。行为层的人文精神主要载体有三个方面：一是城市公共系统人员就业行为层。其人员组成包括城市政府公共管理系统的就业者即所谓的公务员，从事社会服务并由城市公共财政收入支付报酬的所谓事业单位人员，如文教卫生系统的就业者，以及其他拥有城市政府授予特许权利的准公共部门人员。这部分就业行为将是人文精神就业生命体的风向标志性行为，并起到体现城市就业行为的示范性和带动性作用。二是城市精英阶层的就业行为层。其人员组成以学者、企业中高级白领、各种规模以上的企事业实体和非政府组织的负责人或所有者、以及城市政府中担任领导职位的负责人等为主。这部分就业者当中存在与第一类人员重叠交叉，他们在城市中处于就业系统的关键节点，是整个城市社会的模范阶层，其行为将是构成人文精神系统就业生命体的中坚。三是城市市民的就业行为层。凡是法律上符合所在城市居住条件的人员均为市民，其涵盖了以上公共系统人员和精英阶层。市民享有法律所赋予一切权利，不再受到传统户籍制度的任何限制，不再有身份、等级和政治经济地位等人为制度上的差异。市民行为是精益城市就业集成中人文精神就业生命体的活载体，是城市品质、风貌、内涵、价值观、道德伦理的活体生命最直接最有效的外在体现。

（3）人文精神系统就业生命体的制度层概念。成文的法律法规是城市制度的一个重要方面，而这些硬制度要真正融汇到就业生命体中，变成其自主自觉的行动则需要城市良好的伦理道德、风俗习惯、思想观念、理想信念等软性制度的内在驱动。精益城市就业集成的人文精神系统就业生命体在制度层面的显现和作为主要决定于三个方面：一是城市组织领导体制。精益城市就业集成的人文精神系统就业生命体建立在组织体制民主的基础上，这个领导体制确保所有市民均拥有城市管理的参与权，确保市民作为城市主人拥有所在城市命运的最后决定权。基于此，城市组织领导体制的设计与运作，城市组织领导的方式、领导结构以及领导制度都应建立在确保城市是市民的城市这样一个目标的实现上。二是城市组织结构。这是基于城市组织领导体制的具体制度层。也就是领导体制采取什么具体形式来实现其目标的问题。城市组织体制的核心是城市管理的民主问题，而解决这一问题的钥匙则是城市各级政府组织的自治。即城市各区、街道、社区均实行民主自治，让市民履行法律所赋予的各项民主权利、责任和社会义务，真正使市民成为城市的主人，扮演起精益城市就业集成管理的计划者、组织者、指挥者、协调者和控制者的角色。这样一个自治的城市组织结构将使城市的民主型领导体制落到实处。三是城市组织制度。将人文精神系统就业生命体涉及的各个方面都纳入制度化进程之中，将是进一步确保城市组织领导体制和组织结构全面实现的基石。这就是说，城市民主制的领导体制和民主自治的组织结构都应该全面制度化，使其在实践操作中有章可循、违章能纠，能有效排除一切人为干扰而可持续运行。

（4）人文精神系统就业生命体的意识形态层概念。意识形态是城市人文精神系统就业生命体的核心和灵魂，是支配城市人文精神系统就业生命体的物质层、行为层和制度层器官有效运行的决定性器官。其主要由精益城市就业集成的信仰理念、哲学理念、价值理念、伦理道德理念等灵性、理性和悟性层面的认识成果所构成，其所体现的是对于精益城市就业集成整体生命的目的意义及其实现的终极思考结论。如果意识形态层真正把握住了精益城市就业集成整体生命的目标、方向、意义及其实现路径，则人文精神系统就业生命体的物质层、行为层和制度层都会沿着正确的道路得以实现。人文精神系统就业生命体的意识形态层的载体除了影视广播、互联网络、报纸杂志、图书馆、城市图腾、书店、广告等各类媒体之外，教育机构承担了维系良好城市意识形态的最重要责任。教育机构应该成为精益城市就业集成的信仰理念、哲学理念、价值理念、伦理道德理念的传播者和守护者。

二、人文精神系统就业生命体内稳态循环效应的运行机理

在生命体内稳态循环效应的运作机理方面，人文精神系统就业生命体与前述精益城市就业集成各个子系统的生命体一样，均遵循负反馈调节机制来维护其内部的可持续运行。其特殊之处在于，由物质层、行为层、制度层和意识形态层四大生命器官构成的人文精神系统就业生命体，将以有形和无形的多种形态渗透到精益城市就业集成总生命体的各个子生命系统及其组成生命的众多肢体器官之中。在四大生命器官中，意识形态承担着整个生命体负反馈调节机制的效应器功能。人文精神系统就业生命体内稳态循环效应的具体运行机理如图 10—4 所示：

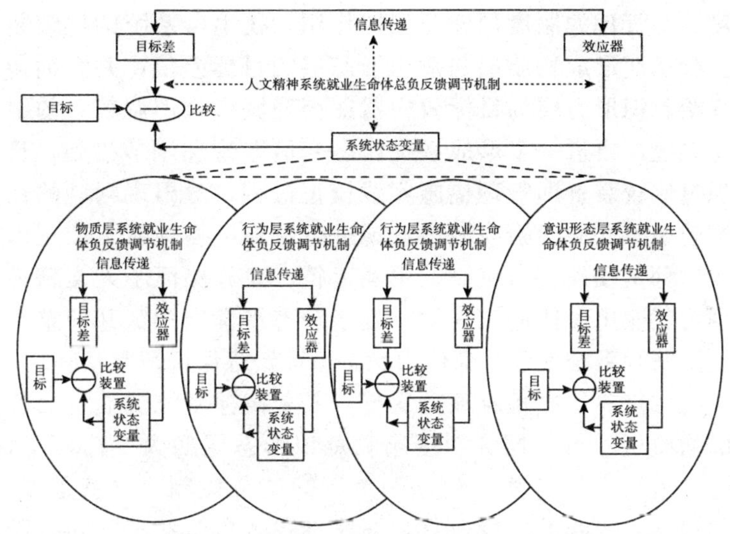

图 10—4　精益城市就业集成的人文精神系统就业生命体内稳态循环效应

(1) 总体运行。总体运行上，系统中意识形态层所形成的目标将通过比较装置，分别测试出物质层、行为层和制度层运行过程所产生的目标差值，即偏离意识形态目标的外在表现，迅速将信息传递给意识形态效应器，效应器形成系统状态变量并通过比较装置使目标差值得到调节，形成生命体的系统新平衡。这一过程往复循环以至无穷，从而使人文精神系统就业生命体持续处于内稳态循环的过程之中。譬如，物质层运行过中出现与意识形态目标的差值，像城市建设中出现不能反映城市价值理念的住宅建筑、交通设施或城市景观时，由于城市所具有的民主自治与高度参与管理的制度层充分发挥作用，故生命系统的比较装置会迅速形成物质层与意识形态层的目标差值，并无损传递给意识形态层的目标效应器即充当城市管理调解者的组织系统，再进一步形成系统状态变量即管理调节措施，且通过比较装置即管理措施实践校正过程，对出现问题的住宅建筑、交通设施或城市景观进行重新平衡性修复。正因为这种负反馈调节机制的不断运行，充分保证了人文精神系统就业生命体的四大器官处于动态平衡之中，并使整个人文精神系统就业生命体内稳态循环始终保持恒常状态。

（2）各层次相对独立运行。人文精神系统就业生命体的物质层、行为层、制度层和意识形态层四大生命器官，亦在运行中保持相对独立的负反馈调节机制。也就是说，相对独立的四大生命器官，同样具有生命体的全部功能而具备生命体的内稳态循环效应，且各自与人文精神系统就业生命体内稳态效应同步发挥作用，调节自身的生命运行状态。譬如，物质层的城市景观出现价值理念上偏离目标的差值，其系统内部会立即传递信息给负反馈调节机制的效应器，由于物质层体内效应器与意识形态效应器的渗透性链接，其将按照意识形态目标来传递系统状态变量，并通过比较装置重新与目标值达成新的平衡，结果就是城市景观的偏离现象得到纠正。

（3）各层次协调运行。人文精神系统就业生命体的物质层、行为层、制度层和意识形态层四大生命器官之间保持协调，共同推动人文精神系统就业生命体的无障碍运行。四大生命器官既在人文精神系统就业生命体中保持相对独立运行，又在这一系统中交互式依存、配合、促进，共同推动其内稳态循环效应。譬如，物质层的价值理念偏差也会反映到行为层和制度层，使其出现行为偏差和制度偏差，就像一个不符合城市意识形态的社区环境设施，必然由建造者的行为所推动，而这些行为的背后必然隐藏着制度被破坏曲解的情况。所以，对于物质层的调整也必然会有对于行为层和制度层的调整。

本章参考文献

[1] C. Bernard. Lectures on the phenomena of life common to animals and plants [M]. Springfield：Charles C Thomas Pub Ltd，1974.

[2] 马国全等．运动员生物护照在反兴奋剂中的应用分析——基于内稳态的视角 [J]．吉林体育学院学报，2015，31 (2)：62—67.

[3] 尚玉昌．普通生物学 [M]．北京：北京大学出版社，2002.

[4] 蔡建文．内稳态：科学的嬗变与哲学的回归 [J]．医学与哲学，1989 (10)：24—25.

研究结论

通过深入社会实际广泛收集数据资料，并在此基础上运用统计分析、管理集成理论、区域可持续发展多目标规划、生态学理论、数理建模与信息技术等多种科学方法与手段，对长三角都市圈劳动力空间分布演化历史轨迹、特点、规律及其精益城市就业集成模式，以及长三角都市圈精益城市就业集成模式运行机制的研究，本书得到了以下一些重要结论：

（1）长三角都市圈自 20 世纪 80 年代以来至今 30 多年产业就业形态的变迁逻辑，既与世界发达国家已经走过的产业就业形态演化之路相一致，亦与世界其他发展中国家正在行进的道路轨迹相吻合，再次印证了“配第—克拉克”定理这一就业理论的普遍适用性。随着国家经济的发展，长三角都市圈就业人员先由第一产业向第二产业转移，然后再由第二产业向第三产业转移，三次产业就业比重秩序先后经历了从第一产业就业占比最大的“一、二、三”，到第二产业就业占比最大的“二、三、一”，再到第三产业就业占比最大的“三、二、一”这样一个历史排序过程。历史事实再一次说明，经济现象背后所隐藏的规律与其他自然和社会现象所具有的内在规律一样具有普遍性和不可违背性，发现规律并遵从规律，且运用规律顺势而为应当是人类文明进步的方向。当然，因为我国所处的环境和历史条件等与其他国家存在着一定的差异性，长三角都市圈就业形态变迁过程在遵循一般规律的同时，亦在具体运行中表现出了诸多方面的特点。譬如，我国 50 年代以后留下的特殊二元社会结构所带来的农村剩余劳动力的过量囤积及其逐渐消化减少过程的特殊性，造成了 90 年代以来持续、超大规模和速度的第一产业劳动力向城市第二三产业转移奇观；城市以公有制形态出现的大量单位式就业及其逐渐消化减少过程的特殊性，造成了 90 年代中期到 21 世纪初期城市国有企业就业的超大规模和速度的调整，在当时全国有 5000 万左右公有制企业单位职工的下岗分流中，长三角都市圈就业亦深受冲击；由于 20 世纪 80 年代到 20 世纪 90 年代上半期受到全国市场经济体制改革未能取得根本性突破的影响，这一时期长三角都市圈衍生出了以公有制特殊形态出现的乡镇企业就业大发展景观，使得第二产业在远离城市的农村蓬勃兴起，从而造成了影响至今的城市区域产业就业结构问题；城市公有制事业单位就业演变由于受到利益格局、意识形态和体制改革滞后等的诸多羁绊，其就业惰性深刻地影响了城市服务业的空间分布和发展动能，造成了长三角都市圈第三产业发展仍然严重地不适应当前形势发展要求的状况；等等。这一系列基于国情和区域特点的事实，必然使得长三角都市圈就业形态的演变过程充满了自己的色彩，并衍生出了一系列并非其他国家遇到过的众多问题。同时，这也决定了我们今天解决这些问题时，必须在遵循基本规律的基础上，尽可能地找到更加适合国情区情的办法。正是基于这样的考虑，本书在提出采用精益城市就业集成这一解决长三角都市圈就业之道时，主张按照这样的秩序研究精益城市就业集成：首先，对过去 30 多年的长三角都市圈劳动力空间分布演化过程中遗留至今的一系列问题进行调适；其次，以此为基础嵌入精益城市就业集成模式；再次，找到适合的实施机制对精益城市就业集成加以全面推进。

（2）长三角都市圈 30 多年来逐渐形成的传统就业模式虽然在过去取得了显著成绩，也对区域经济发展和区域就业增长做出了巨大贡献，但是，其越来越显露的弊端即高投入、高能耗、高碳排、高污染、低就业、低价值的粗放型城市特征，亦对区域可持续就业发展形成了越来越多的掣肘；同时，由于这些障碍形成过程的特殊性，其已经不是寻求一般的解决办法就能克服的，而是需要打破传统思维，创新地寻求更为契合时代和区情实际的新方法去消除；所以，正确全面认识长三角都市圈历史和现实就业成绩和缺陷，探讨一条从根本上解决问题的就业模式或道路已经是摆在长三角社会各界的当务之急。目前学术界缺乏对于长三角都市圈就业模式的系统研究，本书的研究认为，该地区业已形成的传统就业模式弊端如第五章所述，主要是：以流动性农民工为主体的制造业集装搬运式就业模式，严重弱化了城市就业价值链的自然延伸和升级功能，大大降低了制造业对其他产业行业就业的拉动力，以致带来了新兴制造业区域就业结构的严重失衡状况；以传统城市生活中心为基础的服务业填装压缩式就业模式，阻滞了城市新区服务业发展，既降低了城市整体服务业就业分布密度，亦影响了城市各产业间就业的合理布局、有效渗融与优化；以公有制文教卫服务单位高度聚集城市中心区的生产与生活相分离的就业模式，不仅掣肘了文教卫服务业就业本身伴随城市扩张过程中的多元化拓展，更是致使城市新区服务业发展空间受限、产业结构失衡和服务业就业增长严重滞后，乃至城市整体就业进一步扩大受阻的深层原因。可以说，这些弊端的最精炼概括总结就是粗放城市的粗放就业，其与长三角都市圈劳动力空间分布演化过程中的特殊性是一对孪生物。如果要针对这一情况创新性寻求解决之道，精益城市就业集成正是其最佳选择。因此，本书提出将精益城市就业集成模式作为解决长三角都市圈就业可持续发展问题的出路。应当说，这一道路选择不是仅仅为了求得理论概念的新颖，而是针对长三角都市圈现存就业模式现实所做出的深层思考和探讨。正如本书所论证的，精益城市就业集成模式不仅是概念创新，更重要的是实际境况的迫切需要。精益城市就业集成所要成就的高就业、高价值、高节能、高清洁、低碳排的城市就业目标，正好就是对目前长三角都市圈所存在的高投入、高能耗、高污染、低就业、低价值的粗放型城市的根本性改造结果。可以预见，这一目标模式也是将来我国城市及其就业样式的新模本。

（3）本书所推崇的精益城市就业集成模式是对长三角都市圈现存就业模式的彻底改造，它一方面是基于管理集成与区域可持续发展多目标集成而建成的崭新城市生命体，其特点是重新整合了长三角都市圈的物质资源、人力资源、人口、环境和经济等城市可持续发展的关键要素；另一方面，它也是对融汇了这些整合性要素的城市各组成要素（单元）进行主动优化和选择搭配，并以最合理的结构形式构建成的一个优势互补匹配、精益求精的城市就业有机体。这两方面都指向一个总目标，即在社会资源有限约束的条件下，实现精益城市就业能量的倍增。而要实现这样一个总目标，精益城市集成就业模式就必须有一套切实可行的实施策略。

现存就业模式造成了目前长三角都市圈城市发展中高投入、高能耗、高污染、低就业、低价值的粗放现状，其改造的必要性和急迫性不言而喻。经过改造后的精益城市就业集成模式，则是由经济规划层目标、就业实体层目标和决策变量的“限定约束”层目标三类目标所组成一个动态复杂系统，它将以高就业、高价值、高节能、高清洁、低碳排为生活样式，且在整体上以持续改进、尽善尽美的就业模式出现在世人面前。

要兑现这样一个全新的精益城市集成就业模式，本书给出的实现策略：一是将长三角都市圈现存以流动性农民工为主体的制造业集装搬运式就业模式，以传统城市生活中心为基础的服务业填装压缩式就业模式，以公有制文教卫服务单位高度聚集城市中心区为特征的生产与生活相分离就业模式，全面改造成为以稳定性产业工人为主体，制造业与服务业协调发展的整体融合渗透式集成就业模式，以传统城市生活中心与新兴城市生活中心并行的多中心服务业凝聚式就业模式，以文教卫服务单位所有制多元化且空间分布均匀化的就业模式。二是将生态共生系统嵌入精益城市就业集成模式之中，运用多目标同时实现机制构建长三角都市圈城市的共生型生态就业价值链和价值网。一方面，以共生型生态就业价值链的就业质量系统均衡提升为导向，全面融合城市人口人力资源、物质资源、生态人文环境和经济协调发展等多层目标体系，循序渐进地促进精益城市就业集成的实现；另一方面，以共生型生态就业价值网的就业熵系统均衡利用为中心，全面融合城市人口人力资源、物质资源、生态人文环境和经济协调发展等多层目标体系，以保障精益城市就业集成运行过程中的就业熵系统的整体零熵排放。三是借鉴发达国家城市就业模式所积累的经验，并将其实践成功的理念、设计和措施嵌入长三角精益城市就业集成模式之中。包括借鉴日本东京的循环经济与生态人文相融合以推进就业价值增长的经验，将其成功推行三废循环利用、水资源循环利用、立体绿化、街区人本文化植养、新型城市农业等，以增加就业价值的“永续循环—立体绿化—人文街区”设计理念和实践操作经验，嵌入到长三角精益城市就业集成模式之中；同时，借鉴英国伦敦以发展清洁产业就业增长推动城市空间清洁的经验，将其成功的“法治、公众参与以及污染内部化激励”相结合的协同治理与增加就业范本，嵌入到长三角精益城市集成就业模式之中。

值得指出的是，虽然本书给出的精益城市就业集成模式只是初步的，有许多地方还需要进一步完善，但就其依据的基本原理来说，仍然是建立在符合长三角都市圈当前就业现实和未来发展趋势基础之上的，其实施策略也更多地考虑了长三角都市圈现有条件，而不是脱离实际的追求理论空想。

（4）长三角都市圈精益城市就业集成是一种城市就业生命体，其生命特征的全面显现和生命体的持续健康成长需要具备自身的运行机制。精益城市就业集成运行机制由动力生成机制、演化升华机制和调节维护机制三大方面融合而成。它们既相互独立又互相依存、互相渗透、互相促进地把充当动力生成机制的动力源和推进器角色，发挥演化升华机制的协同进化功能，以及起到调节维护机制的内稳态循环作用这三者很好地融合在一起。具体表现在三个方面：一是精益城市就业集成的动力生成机制的运行，主要依赖于城市就业熵的生态反身效应。就业熵是就业所演化出来的城市耗散结构系统，这一系统为精益城市就业集成提供了最初动力源机制并得以启动；就业熵生态反身性效应是指，精益城市就业集成所排放的就业熵会以循环的方式作用于系统，使系统像生态生物一样按照自身的机制和意志付诸自主行动，并改变就业熵已有的作用路径，从而使熵能够在系统中得到多次性重复利用，最终使城市在外部负熵输入的情况下，处于一种总熵排放最低的状态。正是这种就业熵生态反身性效应，使得精益城市就业集成动力机制获得了持续运行的推进器。二是精益城市就业集成演化升华机制的运行，主要依赖于其就业生态协同进化效应。生态学上的协同进化是指一个物种的演化必然会改变作用于其他生物的选择压力，引起其他生物也发生变化，这些变化反过来又会引起相关物种的进一步变化。精益城市就业集成作为一个就业生态系统，同样存在着与自然生态系统类似的协同进化效应。其分别从就业生态的个体间、种群内、种群间、群落间所产生的协同进化效应链里，整合形成为一个整体性的就业生态协同进化效应链，从而推动精益城市就业集成演化升华机制的持续运行。三是精益城市就业集成调节维护机制的运行，主要依赖于其就业生命体的内稳态循环效应。生物物种的内稳态是一个生命体内部的可变而同时又相对稳定的环境状态，是生命在运动中存在的一种动态平衡；这种相对稳定的动态平衡状态源于生命体内的调节机制，这一机制使得组成生命的各个器官持续地处于系统性协调之中，以保持生命内环境的相对稳定，这一生命运行过程就是生命体的内稳态循环效应。精益城市就业集成作为一个有若干子系统及其构成因子所组成的庞大生命系统，其不仅具有一般社会生命体运行过程中自发产生的内稳态调节维护机制，而且更具有一种主动的与精益城市就业集成有效嵌入和耦合的生命内稳态调节维护机制，即就业生命体的内稳态循环效应。它从产业及行业系统就业生命体内稳态循环、环境与公共系统就业生命体内稳态循环、人文精神系统就业生命体内稳态循环这三个方面来保证精益城市就业集成生命体的长期持续稳定运行。需要注意的是，精益城市就业集成运行机制主要依赖于城市就业熵的生态反身效应、就业生态协同进化效应和就业生命体的内稳态循环效应，要真正使精益城市就业集成获得这三大效应，应该还需要城市当局秉承新的理念、新的思维、新的战略、新的策略、新的措施从城市生态就业系统的宏观、中观和微观进行规划、设计和独具匠心的操作。

(5) 本书所研究的长三角都市圈精益城市就业集成是一个大胆的理论探讨，将其付诸实施则更需要超乎寻常的勇气。在目前人们极力追求经济增长速度，将外在的物质财富增加看得比内在精神财富的增加更为重要的情况下，在衡量城市当局的成绩还不是以社会就业作为最大优先考虑的背景下，要将粗放城市建设成为精益城市，以及将目前的粗放就业转换成集成就业，其困难是可想而知的。但是，从长远来说，随着时间的演进，长三角都市圈乃至全国经济增长速度的逐渐回落，应当符合从发展中国家过渡到发达国家这样一个过程所具有的一般规律，未来的经济低增长应当是规律所致而非人的能力所及。正是面对这样一种发展的未来，本书将探讨的目标着眼到未来经济低增长景况下的城市充分就业。这就是说，精益城市就业集成在长三角都市圈目前情况下存在实施障碍，但在将来必然是一个不二选择。关于这一点，本书在正文中未有论及。

本书的研究还存在许多不足之处，有不少地方未能深入与拓展，在此不再赘述。出版之后，希望获得更多学者的批评。